QUANDO
OS LATINOS
LUTAM
POR QUE NÃO EXISTEM OS
ESTADOS UNIDOS
DA AMÉRICA DO SUL?

QUANDO
OS LATINOS
LUTAM
POR QUE NÃO EXISTEM OS
ESTADOS UNIDOS
DA AMÉRICA DO SUL?

WALTER THOMAS MOLANO

Tradução: Joana Lavôr
Design gráfico: Juan Cruz Nanclares - Rosario Salinas

Imagens usadas na capa e ilustração da contracapa:
Batalla de Potrero Sauce (fragmento), Bates y Cia.
Domínio público.
Super Etendard and Sea Harrier, fonte: Departamento de Defesa dos Estados
Unidos da América. Domínio Público.
Batalla de Juncal (fragmento), José Murature. Domínio Público.

Imagens usadas como ilustrações de capas de capítulos - capítulos 1 e 2:
Archivo General de la Nación Dpto. Doc. Fotográficos.
Buenos Aires. Argentina.

Imagens usadas como ilustrações de capas de capítulos - capítulos 3 - 8:
Ataque a Pan de Azúcar, Carlos Wood. Domínio Público.
Modus-Vivendi con el Perú, Francisco Javier Vergara y Velasco.
Domínio Público.
Batalla de Juncal (fragmento), José Murature. Domínio Público.
Artilharia Brasileira, Bates y Cia. Domínio Público.
Tropas Paraguaias no Forte Alihuata, fotorreportagem de
Dr. Carlos De Sanctis. Domínio Público.

Para Mary Beth

CAPÍTULOS

PRÓLOGO

O início do século XIX foi um divisor de águas na história. A Europa enfrentava o auge de um levante revolucionário que marcaria o fim das monarquias autocráticas. A Revolução Industrial unia novas forças econômicas que transformariam a tecnologia, o processo produtivo e a distribuição de poder. Junto a isso, as novas nações das Américas que se proliferavam a partir do colapso do sistema monárquico europeu, apresentavam os recursos, a escala e o escopo necessários para se tornarem superpotências. Por outro lado, as ex-colônias da América do Norte, apesar de serem de origem inglesa, francesa e espanhola, conseguiram se aglutinar por meio de uma combinação de visão, agressões e processos de assimilação, de maneira que a América do Norte pudesse se tornar um leviatã que reinaria para além do final do século XIX. Na América do Sul, por sua vez, embora os laços sociais entre seus membros fossem estreitos, a unidade se esfacelou em um calidoscópio de pequenas e turbulentas nações assoladas por pobreza e instabilidade social, muitas vezes irrelevantes para o cenário internacional. Isso, contudo, poderia ter sido bem diferente. A América do Sul poderia ter se unido e se transformado em uma entidade única capaz de competir com o gigante norte-americano. Na realidade, ainda pode se tornar uma superpotência. Dessa forma, este livro se propõe a examinar a seguinte pergunta: "Por que não existem os Estados Unidos da América do Sul?".

A partir de um olhar estrangeiro, a América do Sul parece homogênea, suas nações parecem ter raízes culturais parecidas, idioma e identidade colonial coletivos. As suas estruturas econômicas e políticas foram ordenadas de forma semelhante, buscando maximizar processos de extração baseados em instituições coloniais que utilizavam trabalho forçado para suportar grandes empreendimentos de mineração. Grupos pequenos de europeus e seus descendentes controlaram por muito tempo as populações de escravos ou de indivíduos em situação de trabalho forçado esmorecendo a sua unidade, promovendo conflitos entre eles, e ainda, isolando-os em grupos de acordo com sua raça, casta ou religião[1]. A região prosperou economicamente até o início do século XIX, quando a sua situação começou a desmoronar com a invasão das forças de Napoleão à Península Ibérica. Os colonos sentiram muito medo de serem forçados a sair de suas casas por seus novos senhores franceses, como havia ocorrido em outras colônias, como Quebec, Pernambuco holan-

---

[1] Christin Cleaton, *Spaniards, Caciques, and Indians: Spanish Imperial Policy and the Construction of Caste in New Spain, 1521–1570* (Saarbrücken, Alemanha: VDM Verlag, 2008).

dês e várias ilhas do Caribe[2]. Com exceção do Brasil, que foi convertido à sede do Império Português — quando a Família Bragança fugiu de Lisboa junto com quinze mil membros da Corte Real —, as colônias foram bruscamente forçadas a estabelecer enquadramentos nacionais independentes, o que logo ocasionou divergências entre as suas trajetórias.

Hoje, os países sul-americanos são muito diferentes entre si, com tradições, dialetos e histórias específicos. As suas identidades sociais variam de forma expressiva, se apresentam de uma forma tão diversa como a multiplicidade de nacionalidades que colore o continente europeu. Não é de se surpreender que a região já tenha batido a sua quota de conflitos sangrentos ao longo dos séculos. Todas as guerras tiveram motivação territorial, onde demarcações coloniais pouco claras foram muitas vezes demarcadas por determinação militar, mas, de forma geral, foram induzidas pelos interesses comerciais de potências externas — particularmente Estados Unidos e Reino Unido.

Embora as maiores guerras da América do Sul não estejam dentro do léxico cotidiano da história militar ocidental, elas representaram relações extremamente violentas — há registros de um total de seiscentas mil vítimas — e críticas para o processo de estruturação do desenvolvimento regional. Há diversas obras excelentes que analisam tais conflitos, como, por exemplo, o livro de Robert Scheina *Latin America's Wars* (Volumes I e II)[3]. Scheina apresenta de forma bem fundamentada os conflitos que marcaram a região, delineando as táticas, as estratégias e o heroísmo que se observaram. A série de livros *Wars of Latin America*, de René de La Pedraja, fornece uma análise completa sobre as batalhas que se alastraram pela América do Sul e pela América Central[4]. Destaca-se, também, a obra de Miguel Angel Centeno, *Blood and Debt*, que se centra profundamente nas capacidades internas dos países da América Latina de se envolver em guerras[5]. Centeno considera que a ausência de instituições tradicionais domésticas comumente encontradas em sociedades belicosas, com, por exemplo, tradições militares fortes ou recursos fiscais, não impediu que os Estados da América Latina entrassem em conflito.

É importante observar que já existem inúmeros livros que mergulharam de forma profunda em conflitos individuais, fornecendo conhecimentos cruciais

---

[2]   John Mack Faragher, *A Great and Noble Scheme: The Tragic Story of the Expulsion of the French Acadians from their American Homeland* (Nova York: W.W. Norton, 2005).

[3]   Robert L. Scheina, *Latin America's Wars, Volume I: The Age of the Caudillo, 1791–1899* (Washington, DC: Brassey's Incorporated, 2003); Robert L. Scheina, *Latin America's Wars, Volume II: The Age of the Professional Soldier, 1900–2001* (Washington, DC: Brassey's Incorporated, 2003).

[4]   René De La Pedraja, *Wars of Latin America: 1899–1941* (Jefferson, NC: McFarland & Company, Inc., 2006); René De La Pedraja, *Wars of Latin America, 1948–1982: The Rise of the Guerrillas* (Jefferson, NC: McFarland & Company, Inc., 2013); René De La Pedraja, *Wars of Latin America, 1982–2012: The Path to Peace* (Jefferson, NC: McFarland & Company, Inc., 2013).

[5]   Miguel Angel Centeno, *Blood and Debt: War and the Nation-State in Latin America* (University Park, PA: Pennsylvania State University Press, 2002).

sobre as forças políticas, econômicas e sociais que ocasionaram a eclosão de hostilidades, bem como a condução da guerra e os resultados em si. Contrariamente, esta obra dá um passo atrás da imagem míope relacionada ao campo de batalha para examinar o contexto internacional e a maneira como cada conflito influenciou o desenho do mapa da região de diversas formas: introduzindo importantes precedentes que dificultaram processos de integração regional; disseminando as sementes da profunda desconfiança que prospera na região; afetando os fluxos comerciais e de investimentos, bem como a distribuição de poder; e, finalmente, cimentando a relação da América do Sul com outros países e a sua percepção do resto do mundo. Estabelecer quais foram as forças que motivaram cada conflito é também fundamental para se identificar os denominadores comuns envolvidos a fim de ampliar os fatores causais. Dessa forma, podemos enfrentar tais problemas e preparar terreno para a geração posterior de cooperação política e econômica.

A guerra é a forma mais extrema de violência política, é o uso de força bruta para proteger os interesses nacionais. Preferencialmente, trata-se de um instrumento ao qual só recorremos após o esgotamento dos meios diplomáticos.

Existe uma literatura rica e extensa sobre a guerra. Uma perspectiva muito interessante é o conceito de *rivalidades duradouras*. Acadêmicos como Paul F. Diehl e Gary Goertz demonstram a competição entre espécies biológicas para estudar a rivalidade entre Estados[6]. Stuart Bremer desenvolve o conceito de *díades perigosas*, que são Estados vizinhos cujas características contribuem para uma maior propensão a conflitos militares, como economias fracas e/ou pouco democráticas[7]. O problema se intensifica quando vizinhos integram um império que desaparece abruptamente[8]. No caso da América do Sul, os vice-reinados foram as unidades administrativas utilizadas pelo sistema colonial espanhol. O colapso do império no início do século XIX converteu de forma inesperada tais unidades em um punhado de Estados grandes, com tamanhos semelhantes, porém, com economias e democracias muito frágeis. Devido à natureza do sistema colonial, as fronteiras entre essas díades foram muito mal definidas e, por isso, embora a maioria das disputas tenha se resolvido pacificamente, muitas eclodiram em conflitos sangrentos.

De fato, todas as disputas da América do Sul tiveram elementos comuns cercando temáticas territoriais. Isso permite que seja estabelecida uma pergunta hipotética: o que ocasionou as guerras? Eu constatei três condições necessárias para a sua ocorrência: a primeira foi a incerteza acerca das demarcações das linhas territoriais; a segunda foi a existência de recursos naturais estratégicos nas regiões cobiçadas, seja pela presença de uma commodity ou em função da localização ge-

---

6   Paul F. Diehl e Gary Goertz, *War and Peace in International Rivalry* (Ann Arbor, MI: University of Michigan Press, 2000).

7   Stuart Bremer, "Dangerous Dyads: Conditions Affecting the Likelihood of Interstate War, 1816–1965," *Journal of Conflict Resolution* 36, no. 2 (1992): 309–341.

8   Niall Ferguson, "Complexity and Collapse: Empires on the Edge of Chaos," *Foreign Affairs*, Março/Abril 2010.

ográfica — uma localização estratégica, como a boca de uma hidrovia importante ou um porto de águas profundas, pode ser tão valiosa como o acesso a um recurso natural abundante —; e a terceira, foi a presença de um instigador externo. Nenhum desses fatores isolados geraria guerras, porém o encontro dos três tipicamente configura a tríade de condições para a ocorrência de um conflito armado.

Dessa forma, utilizando esse arcabouço conceitual, podemos analisar as forças que ocasionaram as guerras, a condução das guerras per se e os seus resultados.

As guerras inter-regionais tiveram implicações maiores para determinados países, uma vez que havia uma espécie de lista de quem são os vencedores e perdedores. O destino da Bolívia, por exemplo, foi selado durante a Guerra da Confederação e da Guerra do Pacífico. As aspirações do Paraguai, por sua vez, foram permanentemente esmagadas durante a Guerra da Tríplice Aliança.

A partir desses três redimensionamentos, a Bolívia e o Paraguai deixaram de ser territórios litorâneos, adotando uma condição que sentencia os dois Estados ao severo empobrecimento. Os conflitos da Cisplatina e do Prata reconfiguraram as fronteiras entre o Brasil e a Argentina e geraram o surgimento do Uruguai. Da mesma forma, os vários conflitos relacionados ao ciclo da borracha transformaram a Amazônia em um dos bens mais valiosos do continente — e desencadearam uma série de confrontos que permitiram que a Colômbia, o Peru, o Brasil, o Equador e a Bolívia entrassem em conflitos e alterassem seus territórios. Tais envolvimentos instauraram os traços de ódio, inveja e rivalidade que permeiam o continente até os dias atuais e consistem nas razões mais importantes para que governos da América do Sul sejam tão desconfiados uns dos outros. Por isso, apesar das enormes semelhanças, proximidades e oportunidades de promoção de cooperação, a maioria das tentativas de integração regional costumam falhar.

Esta obra analisa os conflitos inter-regionais que tiveram os mais expressivos impactos na formação da região. A pesquisa deve propositalmente ignorar as guerras de libertação, por se tratarem de campanhas contra um inimigo comum. Além disso, o livro também omite informações sobre as guerras civis, pois são influenciadas por questões internas. Embora também seja verdade que quase todos os conflitos externos também carregam um componente interno. A Guerra da Confederação, por exemplo, foi tanto uma guerra civil entre o norte e o sul do Peru, como consistiu em uma luta entre o Chile e a Confederação Peru-Boliviana. No entanto, a fim de possibilitar uma análise mais parcimoniosa, reduzi a lista para seis envolvimentos gerais[9]. Isso me permitiu adotar uma abordagem mais comparativa e aprofundada para entender como cada conflito se iniciou e como posteriormente afetou as relações inter-regionais, o desenvolvimento dos Estados e cooperação entre eles.

É possível criar um quadro comparativo que pode percorrer um longo caminho para estabelecer relações e diferenciações entre atores e eventos, tornando possí-

---

[9] O capítulo que trata das Guerras da Borracha é uma compilação de três conflitos separados. Adiciono inclusive um sétimo conflito, a Guerra das Malvinas, que não se trata de um conflito puramente inter-regional, mas é uma batalha muito importante para a região.

vel trazer à tona as variáveis mais importantes e como elas interagem. Essa metodologia tem sido utilizada de forma bem-sucedida por acadêmicos como Wim Klooster, que a aplicou em *Revolutions in the Atlantic World*[10]. A sua abordagem permite que seus pares possam dissecar os legados e fatores internacionais de cada caso, além de estudar como cada guerra alterou a balança de poder na região e afetou o seu escopo para futuras interações de cooperação.

O livro começa narrando as Guerras da Cisplatina e do Prata, que ocorreram entre a Argentina e o Brasil. Esses atritos não só permitiram o surgimento do Uruguai, como solidificaram uma rixa que permanentemente obscurece as relações entre esses dois gigantes regionais. Em seguida, analiso a Guerra da Confederação, que consistiu em uma tentativa de unificação entre Peru e Bolívia - um esforço que foi frustrado pela ação do Chile. Essa guerra serviu como bloqueio para a economia boliviana, pois o país foi forçado a basear suas transações em pequenos portos localizados ao longo do Deserto do Atacama, sendo esse seu principal acesso ao mundo exterior; e também demonstrou o lado obscuro chileno. O Chile é muito pequeno geograficamente, mas a sua tendência à agressão sempre fez dele um ator que supera sua categoria de peso.

O terceiro conflito aqui descrito, a Guerra da Tríplice Aliança, introduziu uma importante reviravolta nos confrontos regionais. Enquanto os primeiros conflitos giravam em torno de disputas territoriais, os subsequentes integravam elementos mais geopolíticos. Durante a Guerra da Confederação, o Chile lutou desesperadamente para impedir a unificação do Peru e da Bolívia porque temia que a criação de um Estado maior pudesse superar as suas próprias capacidades. O Brasil, o Uruguai e a Argentina, por sua vez, se aproveitaram da Guerra da Tríplice Aliança como uma forma de subverter as esperanças do Paraguai, que almejava utilizar a administração de tecnologias superiores para emergir como uma potência regional.

No final do século XIX, a natureza das guerras inter-regionais do continente se modificou mais uma vez. Ainda que alguns elementos territoriais e geopolíticos permanecessem na mediação dos conflitos, eles agora aparecem quando incitados por potências externas atuando na busca por acesso a recursos naturais industriais raros, tais como nitratos, borracha e petróleo. Não é de se surpreender que os conflitos que se sucederam dessa forma, chamados de guerras por procuração, tomaram forma justamente enquanto a Europa e América do Norte mergulhavam na Revolução Industrial e aumentavam a sua demanda por matérias-primas.

O primeiro dos conflitos com a nova roupagem foi a Guerra do Pacífico, ocasião em que o Chile, mais uma vez, se impôs sobre o Peru e a Bolívia, dessa vez a mando dos interesses britânicos. Bem armado e treinado, o Chile foi capaz de lançar resíduos para os dois países, reduzindo permanentemente a Bolívia a um status de país não litorâneo e ocupando a capital peruana por quatro anos.

....

[10]   Wim Klooster, *Revolutions in the Atlantic World: A Comparative History* (Nova York: New York University Press, 2009).

O próximo capítulo é uma amálgama de várias Guerras da Borracha que foram travadas na região amazônica. Assim como na Guerra do Pacífico, nesse período forças externas também exerceram influência para a geração de conflitos. Nesse caso, americanos e britânicos abriram o caminho. Já no sexto conflito, que foi a Guerra do Chaco, o quadro girava em torno de petróleo; a Bolívia e o Paraguai lutaram por um campo de hidrocarbonetos que nunca existiu.

O capítulo sobre as Malvinas não descreve uma guerra entre latinos, embora o Chile tenha desempenhado um papel importante ajudando e apoiando a Grã-Bretanha. Ainda assim, era um conflito de natureza territorial e deixou em destaque o alto nível de sofisticação militar que pode ser exibido por forças militares sul-americanas.

Os capítulos evidenciam as enormes diferenças que delineiam a região. Salientam também as razões pelas quais o desejo por processos de integração regional continua muito baixo, apesar de haver reconhecimento geral sobre os benefícios que poderiam ser conquistados por meio de mais cooperação, comércio e investimentos. Valores compartilhados, religião e elementos culturais são características raras em outras grandes regiões do planeta, mas não são suficientes para superar velhos rancores internos e externos na América do Sul. Não há dúvidas de que a relutância do continente em relação à integração é uma benção para a Europa, América do Norte e Ásia. A unificação da América do Sul poderia de fato transformar o continente em uma superpotência. Embora não se possa afirmar que manter a América do Sul dividida seja um objetivo político discutido e reconhecido em Washington, Bruxelas, ou Tóquio, a falta de integração do continente serve muito bem aos agentes do poder. De fato, uma das motivações por trás da tentativa de Simón Bolívar ("O Libertador") de estabelecer permanentemente a Grã-Colômbia, era produzir um Estado que poderia se colocar como rival dos grandes Estados emergentes na Europa e na América do Norte. Tal sonho deve ter levantado muitas sobrancelhas nos salões sofisticados de Paris, Londres e Washington; pode inclusive, ter sido a principal causa das intrigas diplomáticas usadas para semear desconfiança e discordância entre as repúblicas que nasciam.

É importante observar que muitos conflitos latino-americanos não foram abordados no livro. Além de deixar de fora as guerras de libertação e civis, não incluí conflitos menores, particularmente aqueles que ocorreram na América Central e no Caribe. A guerra entre a Grã-Colômbia e o Peru de 1828 é mencionada no capítulo sobre a Guerra da Confederação, mas foi um conflito curto, com apenas duas batalhas consideradas grandes. Algumas das guerras da América Central beiraram o ridículo, como a Guerra do Futebol, por exemplo, em que El Salvador e Honduras lutaram em função de um rancor relacionado ao futebol na véspera da Copa do Mundo de 1970.

As tensões entre os dois países vinham se intensificando há muitos anos. Enquanto Honduras era cinco vezes maior em dimensão física, El Salvador tinha o dobro da população. Outro fato gerador de problemas sociais era o grande fluxo de imigrantes salvadorenhos em ambos os países, de maneira que se pode afirmar que qualquer faísca poderia ter acendido o barril de pólvora. Nesse caso específico, o estopim residiu em um jogo de futebol. A batalha em si, no entanto, não foi motivo para risadas, já que morreram três mil pessoas na chamada "Guerra de 100 horas".

Diante disso, considero importante pontuar que decidi deixar esse conflito de fora por considerá-lo mais uma nota de rodapé na tradição militar latino-americana do que um momento determinante para o desenvolvimento regional. Um conflito semelhante foi a Guerra do Coto, travada entre o Panamá e a Costa Rica em 1921 — um conflito que se deu em função de um vilarejo fronteiriço bem pequeno.

Esta obra não analisa as diversas incursões realizadas por potências externas na América Latina, como bloqueios ou invasões. Ainda que os princípios da Doutrina Monroe alertassem os países europeus para que se mantivessem afastados das políticas da América Latina, forças externas intervinham constantemente nas questões do continente. Algumas vezes, essas intervenções eram norteadas pela busca de acesso aos mercados regionais; outras, para recuperar empréstimos inadimplentes. Com frequência, as intervenções eram destinadas a reorientar determinadas tendências políticas; e, nesse movimento, alguns utilizavam forças militares, enquanto outros executavam intervenções por meio da concessão de procurações — particularmente por meio de mercenários que se mostravam capazes de mergulhar em qualquer missão pelo preço justo.

Por último, este livro não estuda as inúmeras escaladas que *quase* resultaram em guerras. Houve muitos incidentes que quase se transformaram em hostilidades anunciadas: o conflito Beagle entre a Argentina e o Chile em 1978; a incursão colombiana ao espaço aéreo equatoriano para matar o líder das FARC, Raul Reyes, em 2008; as tensões entre a Colômbia e a Venezuela ocorridas entre 2009 e 2010. Contudo, em tais conflitos, guerras fatais foram evitadas pela presença de mentes mais amenas ou em função de intervenções externas. Mas é importante ressaltar que, embora menores, esses incidentes ressoam em diversos contextos dos conflitos analisados nestas páginas. Eles fazem parte do tecido histórico e da memória coletiva que compõem os mapas geopolíticos e sociológicos da América Latina.

Desenvolver uma análise sobre tais diferenças, semelhanças e eventos possibilita um entendimento mais robusto sobre a região — uma apreciação tanto sobre as forças que despedaçaram os países como sobre os obstáculos que esses atores precisam superar em prol da garantia de mais cooperação e integração econômica.

Tais legados constituem subtendências que moldam as discussões regionais envolvendo comércio, investimentos transfronteiriços e cooperação política. Por último, esta análise torna-se importante por propiciar uma compreensão multidimensional sobre a América Latina, transcendendo a apresentação bidimensional comumente utilizada.

1 LEGADOS COLONIAIS

LEGADOS COLONIAIS

Estudos sobre a América do Sul costumam ser introduzidos por análises sobre os legados coloniais herdados da Espanha. A Espanha do século XV era selvagem. Oito séculos de guerras intermináveis transformaram os espanhóis que chegaram ao litoral das Américas em verdadeiros conquistadores, e não exploradores.

A Península Ibérica sempre foi diferente de seus vizinhos europeus. Embora seja uma parte integrante do território continental, a barreira formada pelos Pirineus, muito próxima da África, fez com que o povo da península mantivesse afinidade mais estreita com o Magreb do que com o restante da Europa. De fato, o sul da península se tornou uma parte essencial para o Império Cartaginês no ano 575 a.C., de maneira que se transformou em uma das províncias mais prósperas da Região Mediterrânea.

Em 206 a.C., Cartago cedeu a Península Ibérica para Roma como parte do tratado de paz que colocava fim à Segunda Guerra Púnica. Conhecida por suas ricas minas, azeite de oliva e lã, a Hispânia se tornou uma parte afluente do Império Romano. Os romanos construíram grandes cidades com obras públicas muito impressionantes em Mérida, Segóvia e Alentejo. No entanto, o declínio do Império acabou permitindo que os Vândalos e Visigodos saíssem das montanhas e invadissem as guarnições romanas.

No século V d.C., Cartago saiu do poder e, consequentemente, um dos últimos pilares de estabilidade no Mediterrâneo Ocidental foi eliminado. De forma imediata, a anarquia se instaurou e gerou um vácuo por toda a planície norte do continente africano. O buraco foi rapidamente preenchido por multidões islâmicas que se proliferavam na região leste.

Menos de um século após a morte do profeta Maomé, os exércitos mouros se posicionaram sobre o Estreito de Gibraltar. Eles percorreram sua travessia na virada do século VIII e varreram toda a península ao longo dos quatro anos subsequentes, derrotando as tribos ibéricas. Esta consistiu na conquista da região chamada de Al-Andalus, ou a Terra dos Vândalos.

Sob o comando de Omíadas, que haviam fugido de uma batalha por poder em Damasco, os mouros instauraram ordem e fundaram uma civilização em um local que havia sido destruído ao longo de vários séculos caóticos. Durante os oitocentos anos seguintes, a região Al-Andalus floresceu e se tornou referência para os estudos de Ciência, Arte, Filosofia, Medicina, Arquitetura e Matemática. A região passou a ser um oásis de tolerância que possibilitou a existência de um caleidoscópio de crenças e culturas coexistindo.

No entanto, rivalidades e disputas tribais antigas existentes entre os califados dominantes das regiões que circundavam Al-Andalus eventualmente envenenaram o *status quo* da região. Embora a maioria das tribos indígenas tenha sido controlada nas batalhas resultantes dessas disputas, um pequeno grupo de Visigodos conseguiu se fixar nas montanhas ásperas da costa Cantábrica.

Com o passar do tempo, essas tribos se converteram ao Cristianismo e passaram a reivindicar uma cruzada para recuperar suas terras perdidas.

No ano 718 d.C., Pelayo, o Rei visigodo obteve a primeira vitória contra os mouros durante a chamada Batalha de Alcama. O incidente não passou de um confronto para as forças mouras, mas representou um marco psicológico importante. Lentamente, os cristãos começaram a enfrentar os invasores islâmicos. E, durante os oito séculos seguintes, eles se deslocaram mais para o sul. Estando em maior número, portando tecnologia e poder bélico superiores, derrotaram e dividiram o inimigo com facilidade.

O grande marco para essa luta ocorreu no ano 1009, quando os Hamúdidas, liderados por um Exército Berber, saquearam em um confronto sangrento a Medina Azahara, que era o palácio real do califa dos Omíadas, Hisham III. A derrota significou o fim do Califado Omíada. O Reino de Córdoba ficou fragmentado em quase duas dúzias de *taifas*, que eram reinos ou principados governados por muçulmanos.

Encorajados pelo enfraquecimento do rolo compressor mouro, os cristãos rapidamente ofereceram apoio militar aos Estados parceiros. Ao explorar as diferenças entre os mouros, os cristãos se uniram aos Estados mais fracos e avançaram mais ao sul. Na realidade, a reconquista da Espanha significou o autossacrifício do Império Mouro.

Infelizmente, conforme as forças cristãs marchavam para o Mediterrâneo, uma nuvem de obscuridade intelectual avançava sobre a Península Ibérica. Cada cidade que caía, era brutalmente saqueada; suas bibliotecas eram queimadas e as madraças (escolas), incendiadas. A região foi lentamente infectada pela mesma falta de curiosidade intelectual característica da Europa cristã durante a Idade Média. Na época, os conquistadores cristãos se esforçaram massivamente em suprimir muitos dos grandes avanços nas Artes e Ciências conquistados pelas civilizações romanas e gregas politeístas, convencidos da supremacia de suas próprias crenças monoteístas.

Em 1492, Granada, que era o último bastião do poder mouro, finalmente caiu. Esse acontecimento, somado aos saques executados na rica cidadela, fizeram com que os monarcas espanhóis decidissem investir em uma expedição liderada por genoveses, destinada a encontrar uma nova rota comercial para a Ásia. Embora Cristóvão Colombo nunca tenha admitido, a verdade é que ele nunca alcançou o seu destino pretendido. Em vez disso, ele descobriu dois continentes, cheios de produtos agrícolas inéditos e metais preciosos.

Inicialmente, os europeus tiveram que enfrentar os astecas e incas. Tomados pela ideia de conquistar os dois adversários ameaçadores, os espanhóis imediatamente resolveram adotar nesses confrontos as mesmas táticas que haviam usado contra os mouros. Assim como os mouros, as civilizações Asteca e Inca eram tecnológica e numericamente superiores, mas também tinham divisões mal feitas e possuíam diversos vizinhos cujas rivalidades antigas os motivaram a aliar-se aos invasores.

Com esse objetivo, os espanhóis articularam três táticas para obter o controle. Mantiveram a sua tradição de desconfiar profundamente de todas as tecnologias e formas culturais diferentes das suas e, como antes, não mediram esforços de força bruta para erradicar tradições e formas de organização sociais, culturais, religiosas e de liderança existentes. Os astecas e incas fizeram grandes progressos em seus estudos sobre Medicina, Astronomia e Arquitetura. Mas, infelizmente, a destruição que os espanhóis fizeram de seus registros, estruturas e propriedades reposicionou o capital de conhecimento da região centenas de anos para trás.

Em segundo lugar, eles recorreram à traição como um elemento essencial em suas campanhas militares, forjando alianças temporárias com tribos menores para avançar de forma mais agressiva contra adversários poderosos; e, após obterem pequenas vitórias nas batalhas, traíam esses aliados.

A terceira tática dos espanhóis era a antiga manobra de "dividir e conquistar", ou seja, instituía-se um sistema de castas baseado em diferenças religiosas, étnicas e tribais, e conseguia-se dominar grandes grupos, enfraquecendo-os. Esta foi a principal razão pela qual os espanhóis erradicaram todas as organizações e instituições existentes; através da imposição de uma nova ordem social e religiosa, os colonizadores foram capazes de controlar um grande segmento da população.

Infelizmente, muitos dos mecanismos usados pelos espanhóis para conquistar e manter o seu controle tornaram-se características permanentes da América Latina e, consequentemente, sérios impedimentos para o seu desenvolvimento econômico.[11]

As três táticas evoluíram então para os pilares da administração colonial espanhola e tornaram-se mais aplicáveis quando a mineração se tornou o objetivo central da lógica empresarial. A mineração demanda uma força de trabalho massiva. Para exercer e manter o controle sobre uma população tão grande, os espanhóis dividiram os indivíduos em categorias e castas, de maneira que cada grupo tinha direitos, benefícios e obrigações definidos; o que fomentou muita competição em vez de cooperação. Consequentemente, esse sistema mantinha os indivíduos em seus grupos predefinidos e em constante conflito.

Na parte inferior da pirâmide social, estavam os escravos e indígenas; acima deles, os mestiços (com uma parcela de espanhóis) e escravos libertos; logo acima, vinham os *criollos*, ou crioulos, que representavam a segunda geração de europeus,

---

[11] Misha Kokotovic, *The Colonial Divide in Peruvian Narrative: Social Conflict and Transculturation* (East Sussex, England: Sussex Academic Press, 2007); Murdo J. MacLeod e Robert Wasserstrom (Eds.), *Spaniards and Indians in Southeastern Mesoamerica: Essays on the History of Ethnic Relations* (Lincoln, NE: University of Nebraska Press, 1983).

nascidos na América Latina; e, ainda, no topo da pirâmide, estavam os *peninsulares*, que eram os espanhóis nascidos na Europa. Aqueles que haviam nascido na América Latina recebiam tratamento diferente dos imigrantes, para garantir que ninguém com o sangue misturado ocupasse um cargo importante de autoridade. É claro que essa prática enfurecia os crioulos e se tornou um dos motores da escalada para o movimento de independência.

Foi justamente a constante ênfase em uma ordem social e na estabilidade controlada por rédeas europeias que fundou na América Latina a sua inclinação conservadora. Os países com maior mobilidade social, como a Argentina e o Uruguai, tinham as menores populações indígenas. Dado que esses dois países não possuíam regiões mineradoras, suas populações nativas eram forçadas a morar no interior — ou eram exterminadas por meio de campanhas militares semelhantes àquelas adotadas na América do Norte.

Os países detentores de grandes reservas minerais, tais como as nações andinas do Peru, da Bolívia e da Colômbia, por sua vez, demandavam uma grande força de trabalho. Em vez de se livrar da população nativa, os espanhóis se aproveitavam dela estabelecendo seus rígidos sistemas sociais.

Tais legados continuam sendo compartilhados por toda a região, e o conceito de controle social permanece refletido em diversas bandeiras; tanto a Colômbia como o Brasil, por exemplo, levam a palavra "ordem" costurada em suas bandeiras nacionais. Infelizmente, adiante, a ênfase no controle social se mostrou negativa para esses países em tempos de guerra.

Vale ressaltar que tropas sem instrução e desmotivadas formam soldados fracos. Muitas vezes, a falta de lealdade e motivação para lutar acaba prolongando conflitos, e os custos relacionados aos recursos bélicos e aos soldados acabam se inflacionando. Além de afetar a organização das forças defensivas desses países.

A maioria dos militares na América Latina estava interessada em suprimir insurreições e rebeliões para manter a ordem interna. Com frequência, encontravam-se despreparados para lidar com campanhas transfronteiriças. As bases de tropas e equipamentos eram geralmente instaladas em grandes áreas urbanas, em vez de tangenciar fronteiras.

A ênfase no controle social também politizou o corpo militar; muitas vezes usado para derrubar revoltas ou reprimir adversários políticos, imbuído pelas agendas políticas mais expressivas do Alto Comando.[12]

No entanto, alguns militares agiam com natureza mais ofensiva. Este foi particularmente o caso do Chile, um país cujo território abrange uma estreita faixa de terra que abraça o litoral ocidental do continente. E, tal qual um porco-espinho

---

[12] As reformas bourbônicas de 1776, que permitiram que crioulos se tornassem oficiais nas forças armadas coloniais, converteram o corpo militar em um veículo para a mobilidade social. Como resultado, as pessoas mais ambiciosas se inscreviam no exército como tentativa de realizar suas aspirações. A politização das forças armadas eventualmente ocasionou uma tradição de golpes e ditaduras que pode ser rastreada desde os primeiros dias das repúblicas.

exibindo suas cerdas espinhosas, o Chile sempre apresentou uma preparação militar impressionante, pronto para dissuadir invasores e ao mesmo tempo impor sua vontade sobre seus vizinhos.

Além dos legados de imposições religiosas e da busca por ordem social, os espanhóis também institucionalizaram a sua forma de organização colonial. Da mesma forma como o sistema social foi estruturado para dominar uma população numerosa, as regiões coloniais foram projetadas para maximizar o controle nos processos de exploração de metais preciosos. Os colonos podiam ser donos de determinada terra, mas os direitos do subsolo e dos minerais eram propriedade da Coroa, administrados por Sevilha.

O monarca nomeava vice-reis como representantes diretos. Esses indivíduos eram assessorados por *audiências*, ou Cortes reais, que eram majoritariamente compostas por juízes responsáveis por ouvir queixas, julgar disputas e implementar decretos reais.

Inicialmente, as colônias hispano-americanas foram divididas em dois vice-reinos, que acabaram sendo reorganizados em quatro, dentre os quais a Nova Espanha era o reino mais importante. Seu foco residia nas imensas operações de prata no México, e a região incluía a América Central, o Caribe e as Filipinas. O segundo vice-reino mais importante era o Peru, que abrigava a enorme população indígena que sobreviveu ao genocídio do Império Inca e também sediava importantes operações de mineração no Alto Peru. O terceiro vice-reino mais importante era Nova Granada, que abrangia as pequenas operações de mineração desenvolvidas nos territórios atuais da Colômbia, Equador e Venezuela.

O último a ser criado foi o Vice-Reino do Rio da Prata, em 1776. Embora essa quarta região não abrigasse operações de mineração primordiais, foi projetada como um meio para conter atividades de contrabando registradas de uma parcela significativa da prata produzida em Potosí. Os vice-reinos foram subdivididos em unidades menores chamadas capitanias. Elas geralmente representavam regiões não estratégicas, que não eram mineradoras, tais como o Chile e a América Central.

Embora os vice-reinos e as capitanias tenham sido enraizados em tradições espanholas, também desenvolveram suas próprias identidades culturais, e pode-se dizer que essas identidades permanecem até hoje. Os sotaques e dialetos da América do Sul são amplamente semelhantes aos dos vice-reinos originais[13]. Por exemplo, a língua espanhola do Rio da Prata corresponde ao dialeto falado na região metropolitana de Buenos Aires, Uruguai, Mesopotâmia e Paraguai. Não é de surpreender que esse tenha sido o centro do Vice-Reino do Rio da Prata.

Mais ao sul e a oeste, o dialeto muda drasticamente nas regiões que estavam sob o comando da capitania do Chile. Da mesma forma, as regiões que compunham o Vice-Reino do Peru, que hoje consistem nos territórios do Peru e Bolívia, com-

---

[13] Manuel Alvar López, *Manual de Dialectología Hispánica: El Español de América* (Barcelona: Ariel, 1996).

partilham características linguísticas semelhantes. Por último, em territórios do Vice-Reino de Nova Granada, que evoluíram para a Colômbia, Venezuela e Equador, também é possível encontrar entonações e vocabulário similares[14]. O mesmo se verificou em relação a dietas básicas. As culinárias nacionais da América do Sul se desenvolveram unindo tradições europeias e locais. As identidades, no entanto, foram delineadas em função dos vice-reinos[15]. O uso expressivo de feijão e arroz atravessa intensamente as nações que emergiram do Vice-Reino de Nova Granada. Todavia, o uso predominante de carnes grelhadas é característico dos países que fizeram parte do Vice-Reino do Rio da Prata. O uso de tipos de grãos de milho, tais como o choclo ou o milho em si, faz parte da dieta básica de nações que antes pertenciam ao Vice-Reino do Peru. O mesmo pode ser dito em relação ao licor. A aguardente de cana-de-açúcar é mais comum na Colômbia, Venezuela e Equador, países que pertenciam ao território do Vice-Reino de Nova Granada. Tanto os chilenos como os peruanos afirmam ter inventado o pisco, uma aguardente de frutas, por isso disputam quem faz a melhor variação. Até mesmo os equatorianos entram nessa briga. Competições aparentemente triviais como essa são características arraigadas do sistema de vice-reinos, que muitas vezes encontrava-se em constante evolução.

Mudanças de monarcas espanhóis, intrigas palacianas ou competições entre vice-reis ocasionaram reformas que reconstituíram responsabilidades territoriais, ou mesmo possibilitaram a criação de novos vice-reinos. Por exemplo, os Vice-Reinos do Rio da Prata e de Nova Granada se formaram a partir do Vice-Reino do Peru.

Como a região fez parte de um império maior, suas fronteiras não foram projetadas para amparar Estados individuais. Isso se tornou um problema após a independência da Espanha, pois as linhas coloniais de demarcação tornaram-se a base jurídica para a formação de novos países independentes.

No Congresso do Panamá realizado em 1826, Simón Bolívar citou o princípio de *uti possidetis juris*, um termo jurídico romano que postula que o território e a propriedade de uma terra conquistada devem permanecer sob a posse da parte vitoriosa, o que define quais são as nações independentes. Em outras palavras, os territórios e patrimônios dos vice-reinos e capitanias permaneciam junto às forças que os haviam libertado. Infelizmente, isso mais tarde ocasionou tensões internas nos países recém-criados[16]. É importante reiterar que as autoridades coloniais espanholas estruturaram o território de forma a maximizar a eficiência e a defesa das operações de mineração, e não para aperfeiçoar as funcionalidades políticas e econômicas de nações soberanas.

---

[14] Luis Flórez, *El Español Hablado en Colombia y su Atlas Lingüístico: Presente y Futuro de la Lengua Española* (Madrid: OFINES, 1964).

[15] Kenneth F. Kiple, *A Movable Feast: Ten Millennia of Food Globalization* (Cambridge: Cambridge University Press, 2007).

[16] Paul R. Hensel e Michael E. Allison "The Colonial Legacy and Border Stability: *Uti Possidetis* and Territorial Claims in the Americas" (artigo apresentado no Encontro da Associação de Estudos Internacionais, Montreal, 2004).

Um dos lugares onde as novas demarcações causaram problemas enormes foi o Alto Peru, região que foi desmembrada e se tornou a atual Bolívia. O local se tornou o centro de dois dos mais sangrentos conflitos regionais do século XIX, a Guerra da Confederação e a Guerra do Pacífico. O desfecho foi o isolamento do país do resto do mundo, o que o transformou em uma das nações mais pobres do planeta.

Outro importante legado do colonialismo espanhol foi o sistema comercial mercantilista. As colônias eram mercados cativos para os comerciantes e corretores espanhóis e não eram autorizadas a realizar comércio com outras nações ou se industrializar; o que significava que tinham que importar a maioria de seus bens manufaturados de agentes autorizados. Com isso, a Espanha maximizou os lucros em todas as etapas das operações de mineração, englobando também o comércio de suprimentos.

Essa prática não só criou enormes ineficiências e retardou o desenvolvimento econômico, como prejudicou o comércio inter-regional, a comunicação e a confiança. Todas as atividades comerciais eram bilaterais, articuladas somente com a Espanha. Como consequência, quase não houve interligação entre as diversas colônias, e a falta de interação fomentou muita desconfiança — que se manifestou por meio de inveja, rivalidades e até mesmo guerra.

Infelizmente o legado ainda sobrevive. As conexões entre os países latino-americanos são extremamente limitadas. Geralmente são poucas as fronteiras abertas. Há somente duas décadas atrás, a maioria das ligações telefônicas e voos entre os países da América do Sul tinham que passar pelos Estados Unidos ou pela Europa. Lamentavelmente, ainda existe uma grande parcela de profundas animosidades entre os Estados da América do Sul.

Obviamente, esses legados coloniais deixaram marcas inesquecíveis na psique sul-americana. Eles não só explicam alguns dos problemas econômicos e sociais inerentes que geraram um subdesenvolvimento crônico, mas também são responsáveis pelo estabelecimento da base para conflitos futuros.

Além disso, a falta de integração e a ênfase no comércio bilateral ajudam os acadêmicos a compreender por que o comércio e os investimentos regionais continuam tão fracos. Em 2010, por exemplo, o registro de comércio entre países da América Latina foi de 133 bilhões de dólares, representando apenas 6,5 por cento do total das exportações e importações[17]. Enquanto isso, o comércio inter-regional na Europa foi responsável por quase um terço de toda a atividade comercial externa.

O quadro se mostrou ainda mais grave em relação aos investimentos estrangeiros diretos e de portfólio entre vizinhos. Nesse mesmo ano, menos de 4 por cento dos investimentos estrangeiros diretos da região foram direcionados a outros países latino-americanos; e os investimentos de portfólio foram ainda menores. A América Latina tem um enorme potencial para expandir o comércio e os investimentos.

---

[17] 2011. "Latin America Inter-Region Trade Soared 24.6% in 2010." *MercoPress*, 2 de fevereiro. Fonte: http://en.mercopress.com/2011/02/02/latin-america-inter-region-trade-soared-24.6-in-2010.

Com um PIB combinado que disputa com os Estados Unidos, China e países da Europa, e apresentando uma população de mais de meio bilhão de pessoas — sem mencionar que se trata de uma sociedade majoritariamente jovem, de um modo geral —, a América Latina poderia se tornar uma engrenagem do crescimento econômico global. Mas não o é. Os capítulos seguintes irão detalhar os conflitos que aprofundaram as antipatias entre esses países, a fim de estabelecer uma melhor compreensão dos fatores que impediram a cooperação regional e a integração econômica.

AS GUERRAS DA CISPLATINA E DO PRATA: ESTE LADO E AQUELE

2

AS GUERRAS DA CISPLATINA E DO PRATA: ESTE LADO E AQUELE

No dia 1º de dezembro de 1807, um regimento comandado pelo General Jean-Andoche Junot marchou em direção a Lisboa. Junot estava sob ordens estritas de prender o príncipe Regente Dom João VI e outros membros da família real em função de sua recusa em aderir ao Sistema Continental de Napoleão. Contudo, ao chegar, Junot encontrou a capital deserta. Dois dias antes, em 29 de novembro, a Família Bragança havia fugido para o Brasil junto com quinze mil cidadãos e membros da Corte Real; eles foram transportados e receberam a proteção de cinquenta e oito navios de guerra britânicos. Esse deslocamento da monarquia marcou o início de uma era em que a colônia portuguesa foi impregnada por ambições territoriais que reformularam as fronteiras da América do Sul.

A presença de Portugal na América do Sul se iniciou seis anos após a assinatura do Tratado de Tordesilhas de 1494, quando Pedro Álvares Cabral desembarcou na atual Bahia, no Brasil. O acordo tinha sido uma solução diplomática para o conflito ocorrido depois de Colombo retornar de sua viagem de descoberta. O Reino de Portugal reivindicou o território da África, mas queria ter certeza de que as novas descobertas não prejudicariam o seu domínio. Portanto, os dois lados decidiram dividir o globo utilizando uma linha de demarcação a 370 léguas, aproximadamente dois mil quilômetros, a oeste das Ilhas de Cabo Verde.

A Espanha recebeu direitos exclusivos sobre quaisquer terras descobertas a oeste da linha, enquanto Portugal passou a controlar tudo do lado leste. O que os dois reinos desconheciam era o fato de que o lado leste da América do Sul se concentrava no domínio português. Dessa forma, o desembarque de Cabral em 1500 permitiu que Portugal reivindicasse legalmente uma parte da América do Sul, ainda que o Novo Mundo tivesse sido anteriormente considerado domínio exclusivo da Espanha. Isso colocou dois dos reinos mais poderosos da Europa em contato direto, e se transformou na gênese dos conflitos subsequentes.

Graças às suas lucrativas indústrias de madeira e açúcar, a nova colônia portuguesa prosperou, mas nela faltavam os metais preciosos que eram abundantes nas colônias espanholas. Por isso, o Brasil não exerceu um papel tão importante no sistema imperial português. Tratava-se de uma peça de xadrez dentro de um enorme tabuleiro, que incluía as colônias da África e da Ásia.

A maioria das colônias brasileiras foram distribuídas ao longo da Costa do Atlântico. Assim, a administração era relativamente simples, de forma que o transporte marítimo consistia na principal forma de comunicação. Isto permitiu que os portugueses utilizassem Salvador, a capital da Bahia, como sua base, evitando a segmentação da colônia em vice-reinos distintos, como os espanhóis fizeram em seus territórios.

A descoberta de ouro e pedras preciosas bem no interior do Rio de Janeiro, no final do século XVII, elevou consideravelmente a importância da colônia. Praticamente da noite para o dia, a aldeia de Vila Rica se tornou o centro da chamada corrida do ouro. Em 1720, a região foi separada da Capitania de São Paulo e renomeada como Minas Gerais. Durante o século seguinte, as minas produziram 1.200 toneladas de ouro, o que representou 80 por cento da produção global. Não é de surpreender que o centro do poder colonial se deslocasse para o sul. Consequentemente, o vice-rei se mudou para o Rio de Janeiro para exercer maior controle sobre as operações lucrativas.

O boom do ouro proporcionou uma nova vida ao Império Português. A tributação de 20 por cento de todo o ouro produzido permitiu que o império modernizasse as suas forças armadas e aprofundasse as suas operações comerciais globais. Portanto, no momento em que Dom João fugia da invasão napoleônica, o Brasil já havia se tornado a joia da coroa do Império Português; que foi a principal razão pela qual ele escolheu o país como sede do exílio por ele mesmo imposto.

No dia 22 de janeiro de 1808, a frota britânica chegou a Salvador e os cansados tripulantes puderam desembarcar. A travessia havia sido dura para a Corte Real. Dois dos navios sofreram infestações massivas de piolhos; seus passageiros e damas da corte foram forçados a raspar o cabelo e envolver suas cabeças calvas em turbantes. Quando as damas de turbante apareceram, o povo da Bahia pensou que essa devia ser a última moda na Europa e todos foram rapidamente fazer o mesmo. A comitiva descansou por várias semanas antes de prosseguir para o Rio de Janeiro, aonde só chegaram no dia 7 de março.

A fuga de Lisboa não foi apenas um feito histórico, como também marcou a única realocação de uma corte imperial europeia para o chamado Novo Mundo. Foi um evento importante para a América do Sul, especialmente para o Brasil. Embora a região fosse próspera em função de suas lucrativas operações de mineração, permanecia estagnada. Nela, encontravam-se muitos oásis de educação e cultura, mas as elites locais não eram sofisticadas. Felizmente, as coisas estavam prestes a mudar.

A Casa de Bragança era uma importante dinastia europeia, que comandava um dos maiores impérios do planeta. Seu corpo diplomático era talentoso e bem versado em manobras geopolíticas, direito internacional e pensamento estratégico.

O alto comando militar foi treinado conforme as tecnologias e táticas mais avançadas da época. A frota do Reino de Portugal, por sua vez, era composta por fragatas fortemente armadas, ou por homens de guerra, e foi considerada uma das mais mortais frotas de navios de guerra em alto-mar, cujas tripulações eram extremamente bem disciplinadas.

Apesar do tamanho reduzido do país, as instituições do regime de Portugal lhe forneceram as formas e os meios para competir contra rivais europeus maiores. E a transferência desses recursos para o Brasil reavivou a colônia. Em pouco tempo, as ambições e manobras que eram recorrentes em tribunais europeus passaram a tomar forma nos escaldantes trópicos da América do Sul.

Ao desfazer as malas, os fugitivos portugueses sabiam que seu mundo estava desmoronando. A Espanha estava atravessando um período turbulento. A economia estava destruída após tantos anos em guerra. As insatisfações gerais com a incerteza política e econômica se transformaram em tumultos sangrentos.

Poucos dias após a chegada de Dom João VI ao Rio de Janeiro, o monarca espanhol, Carlos IV, foi forçado a abdicar. Seu filho, Fernando VII, o substituiu, se agarrando ao poder por apenas seis semanas. Seu reinado foi interrompido por Napoleão, que, percebendo essa fraqueza, instalou no trono o seu irmão mais velho, José Bonaparte.

Isso levantou muita consternação nas colônias, conforme os portugueses viam a sua terra natal se desintegrar em uma série de juntas que continuavam lutando. Uma a uma, as juntas sofreram ataques franceses, o que as tornou isoladas e vulneráveis.

Mesmo antes do início da invasão napoleônica, as principais potências europeias já vinham tentando conquistar as colônias mais valiosas. Em 1806 e 1808, as forças britânicas tentaram invadir o rico porto de Buenos Aires, sendo derrotadas e repelidas por milícias locais. Os colonos acreditavam que era apenas uma questão de tempo até que os novos senhores franceses chegassem para dar fim ao seu afortunado modo da vida. Esse movimento já havia ocorrido muitas vezes anteriormente, incluindo a expulsão dos mouros da Península Ibérica no início do século XVI. É por isso que em 1810, após o colapso da Junta de Sevilha, a maioria das colônias espanholas declarou independência.

No entanto, nem todas as colônias se separaram. Cidades com grandes guarnições reais, tais como Lima e Montevidéu, permaneceram leais à Espanha por muito mais tempo. Tornaram-se os bastiões dos contra-ataques sangrentos que envolveram a região por chamas por mais de uma década. Foi em meio a esse caos que o tribunal português recém-chegado decidiu colocar suas habilidades em prática para se apropriar das terras remanescentes do império espanhol, e o conflito evoluiu adiante para as Guerras da Cisplatina e do Prata.

Dom João VI era um homem corpulento que não deveria jamais se tornar um rei. Sendo o segundo na linha de sucessão, ele foi empurrado para o papel quando o seu irmão mais velho, Dom José, faleceu de varíola em 1788. Havia grandes esperanças em Dom José. Ele era inteligente e abraçava os ideais iluministas. Havia também muito otimismo acerca da ideia de que ele modernizaria o país e tiraria Portugal de seu estado feudal.

Infelizmente, seu irmão mais novo era o seu extremo oposto. Dom João era conservador e defendia cegamente os princípios do absolutismo. Para complicar a situação, a sua mãe, Maria I, foi declarada louca em 1792. Dom João tinha sido nomeado príncipe regente, e poderia reinar dessa forma até que ela morresse, quando ele seria nomeado rei. Sua ascensão ao poder coincidiu com a Revolução Francesa e com a turbulência que se espalhou pelo resto do continente[18]. Em função disso, ele governou com mãos de ferro, e introduziu a atmosfera autoritária à nova sede de seu governo.

Sob o governo de Dom João, o Brasil foi transformado na materialização do estado soberano português. Não era mais uma colônia. Era o "novo" Portugal, sendo o Rio de Janeiro a sua capital. Durante os anos seguintes, a comitiva real se preocupou em estruturar a cidade construindo palácios, gerenciando instituições e solidificando a infraestrutura. O governo criou universidades, importou máquinas de impressão e fundou bancos. O monarca lançou as bases para grandes obras públicas, incluindo a construção dos jardins botânicos no Rio de Janeiro e da Casa da Moeda[19].

Porém, houve problemas nos aposentos privados da família real. Embora Dom João apresentasse um comportamento autoritário, ele era fraco — e era casado com uma espanhola de temperamento forte, Dona Carlota Joaquina. Ela era a filha do rei espanhol abdicado, Carlos IV, e a irmã do soberano deposto, Fernando VII. Extremamente ambiciosa, planejou uma forma de esculpir uma nova monarquia na costa ocidental do Atlântico — ela seria a rainha do Rio da Prata. Usando as suas conexões políticas com a Espanha e com países das Américas, ela arquitetou um plano para assumir o controle das antigas colônias espanholas, alegando que sua linhagem real a tornara a sucessora legítima. Essa iniciativa ficou conhecida como Carlotismo[20].

Portugal sempre teve interesse em controlar o Rio da Prata. Os rios que corriam para a foz possuíam acesso fluvial para as margens do sudoeste do Brasil, principalmente para os estados do Rio Grande do Sul, Mato Grosso e Santa Catarina. A sede administrativa de uma das mais poderosas colônias espanholas, Buenos Aires, localizava-se na costa ocidental; porém, o lado oriental era relativamente vazio.

Já o território que na época ficou conhecido como Banda Oriental não possuía recursos naturais e era habitado por populações de mestiços, os chamados gaúchos. Eles concentravam a maior parte de suas atividades produtivas na criação de gado nas vastas pradarias que se estendiam ao longo dos territórios que hoje constituem a Argentina, o Uruguai e o sul do Brasil[21]. Para impor uma presença mais distinta, os portugueses criaram o forte militar de Colônia do Sacramento, exatamente do outro lado do Rio da Prata, oposto a Buenos Aires, mas nunca conquistaram a presença que almejavam. Essa oportunidade viria após as guerras napoleônicas.

....

[18] Oliveira Lima, *Dom João VI No Brasil: 1808–1821* (Rio de Janeiro: De Rodrigues & Co. 1908).

[19] Anyda Marchant, "Dom João's Botanical Garden," *Hispanic American Historical Review* 41, no. 2 (1961), 259–274.

[20] Thomas E. Skidmore, *Brazil: Five Centuries of Change*, 2ª Ed. (Oxford: Oxford University Press, 2010).

[21] Walter Rela, *Colonia del Sacramento: Historia Política, Militar, Diplomática 1678–1778* (Montevideo, Uruguay: Academia Uruguaya de Historia, 2006).

O plano de Dona Carlota era começar com os territórios localizados no lado mais próximo do Rio da Prata e depois avançar para outras colônias. Dessa forma, a corte portuguesa inaugurou uma série de eventos que culminaram nas Guerras da Cisplatina e do Prata. *Cis* é uma palavra latina que significa "o lado próximo de alguma coisa". *Plata* é a palavra em espanhol para prata, o que faz com que o Río de la Plata seja o "Rio da Prata". Em inglês, *Platine* significa "perto do Rio da Prata". Portanto, Cisplatina significa "deste lado do rio da prata".

A anexação da margem mais próxima do rio forneceria uma base para que o corpo militar real pudesse lançar uma campanha para assumir o outro lado, que consistia em uma das colônias mais ricas do império espanhol.

Após a derrota de Napoleão em 1815, o ritmo das coisas se acelerou. Com o déspota francês derrotado, a corte poderia voltar para casa em segurança. No entanto, Dom João queria ficar, pois estava feliz em sua capital tropical; assim como a rainha, que estava planejando unir seu reino dos escombros do império espanhol. Como resultado, o governo decidiu elevar o posto avançado colonial para o mesmo status que Portugal, criando o Reino Unido de Portugal, Brasil e Algarves.

Conforme mencionado anteriormente, o fim das guerras napoleônicas também colocou antigos colonizadores espanhóis em ação. Muitos acreditavam que era apenas uma questão de tempo até que seus antigos senhores coloniais desembarcassem na costa do continente para recuperar o que havia sido deles.

Enquanto as fronteiras ainda não eram oficiais, os territórios menores encontravam-se especialmente ansiosos para tentar esculpir seus próprios estados soberanos. A Banda Oriental estava entre eles, pois era um território espremido entre duas forças hostis. Ao norte, a rainha portuguesa nutria um desejo não muito oculto de anexá-la. Em 1811, as tropas reais invadiram a Banda Oriental a mando do governador espanhol de Montevidéu e forças rebeldes locais sitiaram o porto. As tropas reais encarregadas de controlar os rebeldes foram derrotadas, mas muitos pensaram que seria apenas uma questão de tempo até que eles retornassem. A oeste, por outro lado, o poder monopolizador de Buenos Aires queria reinstaurar o vice-reino anterior sob o controle de seu punho de ferro.

Almejando desesperadamente tornar-se independente, a Banda Oriental recorreu a José Gervasio Artigas, o líder de espírito livre da milícia rebelde. Artigas estava formando uma coalizão para romper o domínio hegemônico de Buenos Aires e Brasil. A confederação ficou conhecida como a Liga Federal e era constituída pelas províncias que tinham acesso aos principais rios que fluíam para o Rio da Prata, principalmente Santa Fe, Entre Rios, Córdoba e a Banda Oriental[22]. Essas quatro províncias desejavam abrir seus portos para o comércio internacional, mas eram impedidas por Buenos Aires, já que isso poderia fragmentar seu monopólio

---

[22] Carlos María Ramírez, *Artigas: Debate Entre "El Sud-América" de Buenos Aires y "La Razón" de Montevideo* (Montevideo: A. Barreiro y Ramos, 1884).

sobre todas as atividades comerciais externas. Consequentemente, o movimento liderado por Artigas tornou-se uma séria ameaça para Buenos Aires.

Embora estivessem preocupados com o líder rebelde, os crioulos foram obrigados a olhar para o outro lado quando Portugal invadiu o Uruguai novamente em janeiro de 1817. Finalmente, as ambições de Dona Carlota tomaram forma. Contudo, a posição de Portugal era tênue. Artigas permaneceu na corrida e seus aliados gaúchos estavam constantemente importunando as guarnições e os comboios de abastecimento portugueses. Em janeiro de 1820, as forças reais finalmente derrotaram o líder rebelde na Batalha de Tacuarembó, colocando um fim às suas atividades subversivas. Um ano mais tarde, a Banda Oriental foi formalmente anexada pelo Reino do Brasil e renomeada para Província Cisplatina.

Felizmente, o Brasil tinha condições de pagar por essas caras expedições militares porque sua economia estava indo bem. Na segunda metade do século XVIII, o boom do ouro se enfraqueceu, mas foi substituído pela ascensão de exportações de algodão, café e cacau. A aurora da Revolução Industrial aumentou a demanda por commodities. Consequentemente, as tarifas de exportação rechearam os cofres reais. A maior parte dos impostos que eram antes direcionados a Portugal permanecia agora no Brasil, permitindo que o ex-governo colonial pudesse investir em novas obras públicas e disseminar a riqueza entre os seus súditos leais. Retribuindo o resgate britânico, Dom João concordou em abrir os portos do Brasil para a Grã-Bretanha, permitindo a entrada de uma ampla gama de bens de luxo europeus.

Contudo, as coisas não estavam tão animadoras em casa. Portugal andava em ruínas. Sem a entrada de sua renda colonial, a economia portuguesa tinha que lutar para ficar de pé. Em 1820, algumas insurreições começaram a explodir. Havia uma grande dose de frustração entre essas elites que ficaram para trás na Europa para lutar contra Napoleão.

A cidade do Porto, a segunda maior do país, foi a primeira a se revoltar. Seus líderes demandaram a formação de um novo governo e exigiram o retorno do rei para repatriar sua enorme riqueza colonial. Desde que a corte real se mudara para o Rio de Janeiro, Portugal fora reduzido a um status secundário. Seu exército ficou sob o comando de William Carr Beresford, um dos generais britânicos derrotados pela milícia de Buenos Aires em 1806. A partir do momento em que as importações britânicas receberam status preferencial, as indústrias portuguesas ficaram ainda mais enfraquecidas. Havia também um sentimento de vergonha em Lisboa por receber ordens de um posto avançado colonial; mas Dom João não queria trocar seu paraíso exuberante pelo frio úmido de Lisboa. Os crioulos também lhe imploraram para ficar. Eles perceberam que a partida do rei reduziria a colônia ao seu status anterior — e seria também retomada a prática de enviar todos os impostos para o exterior — e, consequentemente, a infraestrutura ruiria e seus estilos de vida luxuosos evaporariam.

Todavia, Dom João não tinha escolha. Naquele momento, ele não era mais príncipe regente, mas o rei. Sua mãe, Maria I, morrera em 1816, passando a coroa para seu filho. Se ele não voltasse para casa, o país se fragmentaria e sua monarquia entraria em colapso. Por esse motivo, após treze anos vivendo no Rio de Janeiro, Dom João e quatro mil membros da corte real embarcaram em navios para regressar a Lisboa. Muitas lágrimas escorreram pelo rosto do rei conforme as colinas verdejantes do Rio de Janeiro desapareciam diante do horizonte. Contudo, ele deixou seu filho, Pedro I, para governar o reino[23].

O retorno de Dom João para Lisboa não saiu conforme o planejado. Ele foi forçado a jurar lealdade à nova constituição e reduzido a Chefe Titular. A colônia também foi subjugada. No final do mesmo ano, o Reino do Brasil foi abolido e todos os territórios coloniais voltaram a se subordinar a Lisboa. Oficiais portugueses foram delegados a assumir o comando das unidades militares brasileiras e Dom Pedro recebeu ordens para voltar para casa.

Ele se recusou. Em vez disso, Dom Pedro declarou a independência e formou o Império do Brasil no final de 1822, sendo coroado imperador[24]. Durante os dois anos seguintes, o novo governo travou uma série de conflitos com as guarnições reais que ficaram para trás, mas elas não estavam à altura da poderosa colônia. Em 1825, os dois lados finalmente chegaram a uma solução amigável. O Brasil se tornou um Estado soberano. Em troca, o país concordou em assumir todas as dívidas de guerra contraídas por Portugal — era o preço que tinha que pagar pela liberdade.

Infelizmente, a instabilidade política permitiu que as questões não resolvidas na Província Cisplatina ressurgissem. A depredação realizada pela rainha na Banda Oriental e suas ambições por esculpir um novo reino foram os motivos originais por trás da anexação da província, mas agora a rainha estava do outro lado do Atlântico. Portanto, já não estava claro como o país que acabara de se tornar independente deveria prosseguir.

A reação inicial de Buenos Aires à invasão portuguesa da Banda Oriental foi silenciada. Na realidade, de alguma forma o Estado era cúmplice da invasão, pois estava agradecido por se livrar de Artigas. No entanto, a derrota dos rebeldes não acabou com a Liga Federal. Ao contrário, um mês após a Batalha de Tacuarembó, em 1820, a Liga Federal derrotou Buenos Aires na Batalha de Cepeda. Isto permitiu que as províncias se unissem e buscassem encerrar a guerra contra a Espanha. Entretanto, a anexação da Província Cisplatina ao novo Império do Brasil era inaceitável para os criolos e eles pleitearam com o imperador a transferência do controle da região para a população falante da língua espanhola. Uma vez que isso não ocorreu, começou a crescer um movimento por independência. Liderados pelos Trinta e Três Orientais, um conjunto de jovens exilados da Banda Oriental e um grupo de uruguaios prepararam uma pequena força invasiva, cujo objetivo era retomar o país. No dia 19 de abril de 1825, eles desembarcaram na Praia da Agraciada e avançaram para Montevidéu.

....

[23] João Paulo Guerra, *Descolonização Portuguesa: O Regresso das Caravelas,* 1st ed. (Alfragide, Portugal: Oficina do Livro, 2012).

[24] Marcus D. Góes, *João: O Trópico Coroado* (Rio de Janeiro: Biblioteca do Exército Editora, 2008).

Primeiramente, o governo do Rio de Janeiro ignorou tais eventos consideran-do-os parte de uma revolta menor. Mas Dom Pedro estava sob muita pressão para agir de forma decisiva. Ele chegou ao Brasil aos seis anos de idade e passou a maior parte de sua vida nas Américas. Embora tenha recebido educação adequada por tutores da corte, ele não era tão polido como a maioria dos seus pares europeus. Além disso, ele também possuía um traço liberal que o colocava sob constante suspeita. Com os rebeldes avançando, era evidente que o jovem monarca precisava apresentar uma solução. Este foi o seu primeiro teste como soberano e estavam todos assistindo. Porém, com a saída das forças reais, seus recursos militares tinham se tornado limitados. Uma grande parte do exército remanescente havia sido enviada para Pernambuco para sufocar uma rebelião. Junto a isso, Dom Pedro também percebeu que Buenos Aires estava contribuindo para a revolta da Cisplatina. Diante disso, ele decidiu reagir da melhor forma ao seu alcance: ordenou que sua frota imperial bloqueasse o Rio da Prata, cortando assim a principal artéria para o coração da economia da cidade[25].

Um dos legados deixados pelos portugueses foi o seu profundo compromisso com uma marinha forte, o que permitiu que o pequeno país exercesse uma influência enorme. Esta foi uma lição incorporada na psique brasileira, e a qual se tornaria um fator importante para a determinação dos resultados militares futuros.

O bloqueio se mostrou eficaz do ponto de vista econômico, mas os argentinos não se renderam. Dom Pedro sabia que precisava de um exército para efetivamente impor a sua vontade, mas tinha pouquíssimos soldados. A maioria dos profissionais do exército havia retornado para a Europa, deixando para trás apenas algumas guarnições de milícias mal treinadas. Sendo assim, Dom Pedro deu início a um extenso programa de rearmamento. Nesse meio tempo, contratou os serviços de mercenários irlandeses e alemães veteranos de outras guerras latino-americanas de libertação para lançar uma ofensiva contra Buenos Aires.

O programa de rearmamento, as operações de bloqueio e a atuação dos mercenários unidos à contração da dívida de guerra de Portugal drenaram os recursos financeiros do país. Além disso, o Brasil estava agora diante de um adversário diferente do seu confronto da Cisplatina anterior. Não se tratava mais de um grupo desorganizado de gaúchos, o Brasil agora enfrentava o vasto poder de Buenos Aires.

Por outro lado, os argentinos não estavam à altura da força naval da Marinha Imperial Brasileira. Eles tinham quatorze bergantins contra oitenta navios de guerra brasileiros. Felizmente, eles tinham uma arma secreta e versátil sob a forma de um comandante da pequena frota, o argentino nascido na Irlanda, William (Guillermo) Brown. Brown era qualificado como marinheiro mercante e foi convocado a servir pela Marinha Real da Grã-Bretanha. Quando ele finalmente conseguiu chegar à Argentina, iniciou seu serviço durante a Guerra da Independência Argentina e fundou a Marinha da Argentina.

---

[25] Leslie Bethell (Ed.), *Colonial Brazil* (Cambridge: Cambridge University Press, 1987).

Brown era um lutador tenaz, conhecido por aceitar condições difíceis. Portanto, embora estivesse enfrentando uma força muito maior, conseguiu dar um golpe poderoso na chamada Batalha de Juncal, em fevereiro de 1827. O audacioso Brown fez uso de uma combinação de forças anfíbias e marítimas para emboscar a Marinha Imperial e furar temporariamente o bloqueio. Assim que a travessia do rio foi normalizada, Buenos Aires correu atrás de reforçar suas forças militares na Banda Oriental. No mesmo mês, os argentinos aproveitaram o impulso para derrotar o Exército Imperial Brasileiro na Batalha de Ituzaingó, ganhando assim o controle da Província Cisplatina.

Vale ressaltar, contudo, que o conflito estava longe de ser resolvido. A Marinha Imperial Brasileira se reagrupou e reafirmou o bloqueio. Mas os argentinos não se renderiam. O problema para o Brasil era que, conforme os gastos das operações militares e navais se tornavam um dreno na economia, o Rio de Janeiro era pressionado a encerrar a guerra.

Este era o panorama até que John Ponsonby entrou em cena. Londres ordenou que o diplomata britânico encontrasse uma solução para o conflito na Cisplatina — de uma forma favorável para a Grã-Bretanha, é claro; isso significava conceder-lhes livre navegação no Rio da Prata, porque os britânicos também reconheciam a importância estratégica do estuário. Desde o colapso dos impérios espanhol, português e francês, a Grã-Bretanha promovera-se como a principal potência do mundo desenvolvendo relações comerciais extensas e colônias estrangeiras. Ponsonby surgiu apresentando duas proposições. A primeira era a reincorporação da Banda Oriental para a Argentina em troca de uma compensação pesada para o Brasil, o que ele sabia que nunca seria aceito. A segunda era a independência da província, criando um novo estado soberano[26]. A Banda Oriental já vivenciava um movimento de independência poderoso, e a criação do Uruguai serviu como um amortecedor de conflitos entre o Brasil e a Argentina. Este foi o período em que diplomatas recorreram à criação de estados tampão para separar rivais, como a Bélgica e Luxemburgo, por exemplo.

Inicialmente, Dom Pedro e o presidente da Argentina, Bernardino Rivadavia, rejeitaram as propostas. No entanto, o rombo econômico produzido pelo bloqueio os levou a ceder. A decisão provocou reações populares, tanto na Argentina quanto no Brasil. O ocorrido ocasionou o colapso do governo de Rivadavia e de seu sucessor, Manuel Dorrego. Esse sucessor tentou reiniciar a guerra, mas as limitações econômicas forçaram-no a aceitar a independência do Uruguai. No final, Rivadavia fugiu para a Espanha, onde permaneceu até o final de sua vida. Dorrego não teve tanta sorte e foi executado por traição.

A insatisfação do Brasil com Dom Pedro foi igualmente dura. Após o envolvimento do monarca em uma série de escândalos pessoais com uma conselheira da

[26] David F. Marley, *Wars of the Americas: A Chronology of Armed Conflict in the New World, 1492 to the Present*. (Santa Bárbara, CA: ABC-CLIO, 1998).

corte, sua reputação foi reduzida a farrapos. Ele não apenas havia sido forçado a entregar uma parte de seu país, conquistada a duras penas, como também teve que abrir mão do acesso brasileiro aos rios Paraná e Uruguai. Isso teria consequências econômicas desastrosas para os estados do sudoeste. Três anos depois, Dom Pedro foi forçado a abdicar e passou o poder para seu filho de seis anos de idade, Pedro II; retornando então à Europa.

A transformação do Uruguai em um estado soberano significou que o Rio da Prata havia se tornado uma hidrovia internacional, permitindo assim a livre navegação, o que também criou um tampão entre as duas maiores nações da América do Sul. Juntamente com o Paraguai, o novo estado soberano limitaria o contato direto entre eles. No entanto, a criação do estado-tampão não impediu o início de outro conflito entre a Argentina e o Brasil. Menos de duas décadas depois, os dois lados entraram em conflito novamente; seria a chamada Guerra do Prata.

Após a Guerra da Cisplatina, a Argentina e o Uruguai ficaram imersos em um período prolongado de instabilidade política. Buenos Aires passou a ser influenciada por Juan Manuel de Rosas, um fazendeiro rico que governava de acordo com seus interesses comerciais, muitos dos quais estavam em desacordo com as preferências de outras províncias. Isso resultou em uma constante luta interna.

O imenso poder de Buenos Aires está relacionado com sua posição geográfica dominante na foz do Rio da Prata. Graças à sua localização, a região serviu por muito tempo como a porta dos fundos para as gigantes minas de prata de Potosí. A cidade inicialmente prosperou como um centro de contrabando, importando bens de luxo baratos para revendê-los a preços muito mais altos para os mineiros. A quantidade de metais preciosos descendo o rio foi tão expressiva que o estuário ficou conhecido como o Rio da Prata e a região passou a ser conhecida como Argentina, a terra da prata[27].

Em 1776, a monarquia espanhola introduziu um conjunto de alterações conhecidas como as Reformas Bourbônicas. Dentre muitas outras modificações, a monarquia distinguiu a importância de Buenos Aires, designando à região um vice-reino e transferindo a ele o controle de Potosí. Consequentemente, a alfândega de Buenos Aires se tornou uma das mais importantes fontes de receita para a Espanha. Após a independência, a cidade manteve sua hegemonia econômica, tornando-se o único portal para as províncias[28]. Esse fato colocou a cidade em disputa com o resto do país, uma vez que todos ambicionavam a receita produzida pela alfândega e pelas imensas operações comerciais portuárias e estavam ansiosos por compartilhar os bens.

Ninguém tinha mais ambições do que Justo José de Urquiza, um fazendeiro rico da província vizinha Entre Ríos. Urquiza liderava um vasto império comercial

---

[27] Walter Thomas Molano, *In the Land of Silver: 200 Years of Argentine Political-Economic Development* (North Charleston, SC: CreateSpace, 2012).

[28] Roberto P. Payró, *El Río de la Plata: De Colonias a Naciones Independientes: De Solís a Rosas,1516–1852* (Buenos Aires: Alianza Editorial, 2006).

que abrangia agricultura, transporte e atividade bancária. Era também um líder militar responsável por um poderoso exército privado que utilizou para defender seus interesses econômicos e políticos. Urquiza e Rosas foram inicialmente aliados, mas a rivalidade entre os dois tornou-se litigiosa quando Rosas tentou derrubar Urquiza. As propriedades e patrimônios de Rosas se estendiam por toda a província de Buenos Aires; e ele usou o porto como ponto de embarque para os produtos que vendia para o exterior. As propriedades de Urquiza, localizadas no delta fértil de Entre Ríos, eram igualmente prósperas.

Com a expansão de seus empreendimentos, Urquiza tentou despachar suas exportações por meio de seus próprios cais e armazéns, particularmente no porto do Paraná. Isso lhe permitiria arrecadar tarifas e taxas de serviço associadas ao comércio internacional, mas Rosas não o permitiu. Ele rejeitou propostas semelhantes de outros portos, como Rosário e Córdoba, que eram localizados ao longo do Rio Paraná. Ele claramente entendeu que o poder de Buenos Aires se derivava de seu monopólio sobre o comércio internacional e por isso recusou-se a abrir mão dele. Isso ocasionou a rivalidade entre os dois homens e gerou constantes cabos de guerra entre Buenos Aires e as demais províncias.

Do outro lado do rio, o ambiente político era igualmente caótico. Logo após o processo de independência, o Uruguai entrou em guerra civil. O país estava dividido entre dois polos — os interesses comerciais de Montevidéu contra o resto do país. A razão para tal cisma era de ordem geográfica. O Uruguai possui um litoral imenso, mas apenas um grande porto. Isto permitiu que Montevidéu, tal qual Buenos Aires, exercesse um controle monopolizador sobre o comércio exterior do país.

O porto de Montevidéu é profundo e possui acesso fácil para o Atlântico e para o estuário do Rio da Prata. É um porto muito melhor do que o de Buenos Aires, que é superficial e precisa ser constantemente dragado. Esse foi o motivo pelo qual a frota espanhola escolheu Montevidéu como sede, assim como a cidade se manteve fiel à coroa por muito tempo, ainda que a maior parte da região tivesse declarado sua independência. Com frequência era dito que Rosas considerava que Montevidéu poderia eventualmente se tornar a porta de entrada da região se fizesse parte de um mesmo país, prejudicando assim seus imensos interesses comerciais. Talvez seja por isso que ele permitiu que o Uruguai se mantivesse independente.

As facções políticas do Uruguai se aglutinaram em dois partidos principais. Os Colorados representavam Montevidéu e os Blancos, todos os outros. Devido à conhecida rivalidade entre Buenos Aires e Montevidéu, Rosas naturalmente apoiou os Blancos, uma vez que eles se opunham a Montevidéu. Os diferentes eleitorados prescreveram suas políticas. Montevidéu era um caldeirão de nacionalidades e ideias: os Colorados eram liberais, enquanto os Blancos eram conservadores e representavam proprietários rurais, que agradavam Rosas. Isso gerou grandes acordos de cooperação entre Rosas e os Blancos e, consequentemente, houve um momento em que os Blancos se tornaram um apêndice do aparelho político de Rosas. Com seu apoio, os Blancos derrotaram os Colorados, terminando assim a guerra civil uruguaia.

Entre 1838 e 1840, Buenos Aires sofreu um novo bloqueio, desta vez provocado pelos franceses — em resposta à atuação do país na Guerra da Confederação, que será o tema de um capítulo subsequente. O Uruguai estava sob o controle do presidente Manuel Oribe, um aliado de Rosas. Ao vislumbrar uma oportunidade para tomar o poder, Fructuoso Rivera, o líder dos Colorados, apelou para os franceses pedindo-lhes ajuda para derrubar o governo. Os franceses aceitaram, pois acreditaram que isso poderia romper a ligação entre os dois países e enfraquecer a influência de Buenos Aires. Como resultado, Oribe fugiu para a Argentina.

O Uruguai mergulhou em um período de agitações civis que ficou conhecido como a Grande Guerra. Durante treze anos, o país foi abalado por combates intermináveis. Com o apoio da Argentina, os Blancos derrotaram os Colorados em uma série de batalhas. Os sobreviventes recuaram para Montevidéu, seu último bastião de apoio político. Os Blancos então responderam criando um cerco.

Em 1840, após o fim da Guerra da Confederação, a Marinha francesa suspendeu o bloqueio a Buenos Aires, mas o cerco de Montevidéu permaneceu no local. O grande porto da cidade permitiu que o cerco fosse reabastecido pelo mar, mas as condições de vida ainda assim eram péssimas. Muitos dos imigrantes que viviam na cidade formaram legiões estrangeiras para ajudar na defesa. As duas maiores legiões eram compostas de franceses e italianos, sendo a segunda orientada pelos comandos de um professor de matemática itinerante, Giuseppe Garibaldi, que usou sua experiência para se tornar uma figura central no Ressurgimento italiano.

O mundo se concentrou em imaginar o porto sitiado. Em 1845, a Grã-Bretanha e a França anunciaram outro bloqueio a Buenos Aires, desta vez para contrariar a ajuda que os Blancos estavam fornecendo no cerco de Montevidéu. O bloqueio durou cinco anos e aniquilou a economia argentina, que já vinha enfraquecida. Além de quebrar o cerco a Montevidéu, a Grã-Bretanha procurou melhorar o acesso ao Paraguai, que tinha o potencial de se tornar uma importante fonte de algodão[29]. Uma demanda exponencial por algodão em suas fábricas têxteis obrigou os comerciantes britânicos a vasculhar o planeta atrás de fontes alternativas. A única rota para o Paraguai, no entanto, era através do rio Paraná, que cruzava o território argentino. Dessa forma, a Grã-Bretanha queria forçar os argentinos a permitir acesso gratuito a seus navios, mas eles recusaram. O bloqueio foi finalmente suspenso em 1850, quando os dois países perceberam que o custo da operação era muito alto e muito pouco progresso estava sendo obtido.

Enquanto a Argentina e o Uruguai eram abalados por suas disputas internas, a situação no Brasil não era muito diferente. Pedro II, jovem demais para governar depois que seu pai abdicou, foi assessorado por um pequeno grupo de regentes, mas as brigas constantes entre eles criaram um ambiente instável que logo entrou em erupção por meio de rebeliões declaradas. A primeira insurreição ocorreu em

[29] Andrew Graham-Yooll, *Imperial Skirmishes: War and Gunboat Diplomacy in Latin America* (New York: Interlink Books, 1983).

1835, quando o Pará se revoltou. O estado se localiza na entrada do rio Amazonas. A mais de três mil quilômetros do Rio de Janeiro, o estado estava isolado dos processos de tomada de decisão que ocorriam na capital. Além disso, encontrava-se atormentado pela pobreza profunda, sendo que a maior parte de sua riqueza era controlada por um pequeno grupo de crioulos. O levante foi chamado de Cabanagem, em homenagem às cabanas simples que eram usadas pelos pobres. O Rio de Janeiro enviou tropas para prender os líderes e reprimir o tumulto, mas a situação permaneceu tensa. Nesse mesmo ano, o Rio Grande do Sul tentou se separar do restante do país; tratava-se de um movimento para criar a República Rio-Grandense. A rebelião ficou conhecida como a Revolução Farroupilha, devido aos trapos usados pelos combatentes. A república deveria ser uma variação da Liga Federal que tinha sido promovida por Artigas. Desta vez, o movimento incluía o Uruguai e o Paraguai, tendo os seguidores conectados entre si essencialmente por identidades culturais. Dada a prevalência das culturas gaúcha e guarani nas planícies do Sudeste, havia um forte sentimento de pertencimento entre as comunidades vizinhas[30]. O Brasil e a Argentina sentiram que a solidariedade entre as comunidades representava uma ameaça existencial; e essa foi a causa primordial para o estopim da Guerra da Tríplice Aliança, algumas décadas mais tarde.

Diante disso, tropas imperiais foram enviadas ao Rio Grande do Sul para restaurar a ordem, mas pairava um sentimento de que o Brasil estava desmoronando. Parte do problema foi a falta de uma liderança bem definida. De acordo com a Constituição, Pedro II não poderia ser nomeado monarca até que completasse dezoito anos. No entanto, o governo decidiu acelerar o processo e coroá-lo em 1841, quando ele tinha apenas quinze anos. A coroação ajudou a centralizar o poder no símbolo da monarquia, mas não amenizou o clima de instabilidade. Em 1848, uma revolta no estado de Pernambuco marcou a terceira insurreição desde que Pedro II assumiu o poder. A chamada Revolta Praieira se deu como uma reação às rebeliões que movimentavam a Europa. Os rebeldes demandavam a introdução da democracia e de liberdades civis.

Não é de se surpreender que o governo tenha se tornado obcecado por estabilizar a atmosfera política. A situação no Rio Grande do Sul permaneceu instável; o governo se recusou a permitir que o estado se separasse. A perda da Província Cisplatina havia produzido tanta inquietação social que Dom Pedro I tinha sido obrigado a abdicar. Logo, a separação dessa parte integrante do Brasil produziria um maior retrocesso político e colocaria em perigo o futuro da monarquia.

O governo do Rio de Janeiro concluiu então que era necessário interromper a guerra civil no Uruguai a fim de buscar extinguir movimentos semelhantes que brotavam em seu território . A única forma de fazê-lo era impedir o envolvimento da Argentina no Uruguai, mas isso significaria declarar guerra contra Juan Manuel

30 [30] Antonio Augusto Fagundes, *Revolução Farroupilha: Cronologia do Decênio Heróico, 1835 à 1845*, 2ª Ed. (Porto Alegre, Brasil: Martins Livrerio, 2003).

de Rosas. Sem nenhuma alternativa, o governo avançou para aliar-se aos inimigos de Rosas.

O tirano argentino tinha dois principais adversários, Justo José de Urquiza e os Colorados de Montevidéu. O Rio de Janeiro então enviou missões diplomáticas para entrar em contato com esses dois grupos almejando formar uma grande coalizão. Em 1849, o governo brasileiro começou a amparar abertamente os Colorados sitiados em Montevidéu e tal ajuda também se transformou em apoio militar contra os Blancos. Percebendo o que estava ocorrendo, a Argentina soube que a guerra com o Brasil estava a caminho.

Ao mesmo tempo, os brasileiros convenceram Urquiza a participar de sua empreitada. O plano englobaria duas etapas: a primeira seria a invasão de forças aliadas ao Uruguai, com as forças brasileiras entrando pelo norte e o grupo de soldados de Urquiza pelo oeste; a segunda seria o deslocamento da Marinha do Brasil para prevenir qualquer tentativa de retaliação de Buenos Aires. Isso permitiria que os aliados derrotassem os Blancos e rompessem o cerco de Montevidéu.

No final de maio de 1851, a aliança foi anunciada formalmente e as tropas imperiais desembarcaram no Uruguai em agosto. A Argentina então não teve outra escolha e declarou guerra ao Brasil. No mês seguinte, uma força de invasão de dezesseis mil soldados brasileiros penetrou no território a partir do norte e outros quinze mil gaúchos de Entre Ríos entraram a partir do oeste. Os dois grupos convergiram em Montevidéu. Percebendo que estavam cercados e que haviam sido excluídos da Argentina, os Blancos se renderam sem disparar um tiro[31]. Dessa forma, os integrantes do exército argentino foram incorporados à força brasileira e dirigiram-se para Buenos Aires.

No início de fevereiro de 1852, os aliados chegaram à periferia da capital, prontos para dominar Rosas. Os argentinos estavam esperando e os dois rivais se encontraram na cidade de Caseros. Os polos eram numericamente equivalentes, mas a motivação das tropas de Rosas entrou em colapso quando descobriram a imensa coalizão que já estava formada em sua frente. As tropas de Rosas sabiam que tinham pouca chance de derrotar o poder imperial do Brasil e os gaúchos de Urquiza. Essa descoberta aniquilou sua vontade de lutar. A batalha de Caseros durou apenas três horas antes que os homens de Rosas começassem a fugir ou mudar de lado. Percebendo que tudo estava perdido, o líder argentino fugiu. Ele apresentou sua demissão e embarcou em um navio de guerra britânico para a Inglaterra. Esse foi o marco do fim da Guerra do Prata.

As Guerras da Cisplatina e do Prata nasceram da ambição de uma rainha por estabelecer um novo império, mas sua partida para Lisboa encerrou tal fundação. Como resultado, o Brasil ficou com um território instável que gerou dois graves problemas políticos. O primeiro foi o atrito inerente relativo ao fato de possuir fronteira

---

[31] Beatriz Bosch, *Urquiza: Gobernador de Entre Ríos, 1842–1852*, 2ª Ed. (Paraná, Argentina: Editorial de Entre Ríos, 2001).

com um vizinho poderoso como a Argentina, que era dominante demais para ceder aos caprichos do Rio de Janeiro. Haveria sempre um potencial para confrontos militares na região. Uma segunda dificuldade era a cultura arraigada dos gaúchos e guaranis, que prosperava nas planícies do sudeste da América do Sul. O expressivo anseio dessas pessoas pela proclamação da independência manifestou-se na Revolução Farroupilha, que ameaçou a integridade geográfica do Brasil.

A excisão do Uruguai como um país independente serviu então como uma forma de solucionar esses dois problemas. Como um estado-tampão, ele separou o Brasil e a Argentina. A nova fronteira também confinaria as influências que alimentavam os fogos separatistas no Rio Grande do Sul.

A Argentina, por outro lado, não estava tão ansiosa para criar um estado-tampão independente. Rosas permitiu, inicialmente, sua criação como uma maneira de diluir a ameaça competitiva para Buenos Aires, mas sua intervenção constante manteve o Uruguai em um estado permanente de subjugação. A instabilidade permanente finalmente convenceu o Rio de Janeiro de que não haveria outra escolha senão organizar uma aliança para derrubar Rosas. Contudo, a cultura guarani continuaria a ser um espinho no lado brasileiro e a ferida em breve iria estourar na Guerra da Tríplice Aliança.

3

A GUERRA DA CONFEDERAÇÃO: ALTO PERU, BAIXO PERU E CHILE

A GUERRA DA CONFEDERAÇÃO:
ALTO PERU, BAIXO PERU E CHILE

Em uma manhã fria de 1837, o onipotente ministro chileno Diego Portales estava viajando em sua carruagem quando foi forçado a parar. Suas escoltas militares ordenaram que saísse e o assassinaram brutalmente. Embora Portales fosse detestado pela maioria, sua morte violenta fez com que a nação se mobilizasse para apoiar uma guerra impopular contra a Bolívia e o Peru — a Guerra da Confederação — que intensificou ainda mais os problemas causados pelo colapso abrupto da monarquia espanhola e a subsequente fragmentação do império. As colônias eram relativamente estáveis e prósperas, mas o processo de libertação desencadeou uma enxurrada de forças que levaram à erupção de guerras civis e conflitos fronteiriços.

Diferentemente de outras revoluções, a ideologia não era o principal motor da busca por independência na América Latina. O objetivo central era a preservação do status quo. Os crioulos e europeus que estavam cercados por um número esmagadoramente superior de escravos e nativos, não se atreviam a promover os ideais do Iluminismo, tais como autodeterminação e liberdade. As poucas máquinas de impressão estavam majoritariamente dedicadas a questões religiosas e assuntos administrativos[32]. Alguns crioulos, como José Antonio de Rojas no Chile e Francisco de Miranda na Venezuela, eram ricos o suficiente e tinham recebido educação na Europa. Portanto, procuravam uma forma liberal de governo. Outros, como Simón Bolívar e Bernardo O'Higgins, diziam querer derrubar a ordem social rígida por meio da libertação de escravos e destruição do sistema de castas que mantinha a população indígena em servidão... apenas para revogar muitas dessas liberdades civis logo após sua concessão ao final da guerra. Os liberais eram a minoria e muitas vezes entravam em desacordo com a maioria conservadora que impulsionava as lutas. Dessa forma, a essência da revolução residia na tentativa das classes mais altas de preservar seu modo de vida.

Tentativas anteriores de melhorar as condições sociais haviam feito a inquietação social reluzir. Em 1542, sob o comando dos jesuítas, Carlos I introduziu as Leis Novas, um conjunto de medidas para eliminar o sistema de *encomienda*. Por meio das novas leis, os espanhóis obtinham terras em troca de sua promessa de converter escravos indígenas ao Cristianismo. Blasco Núñez Vela, o primeiro vice-rei do

---

[32] Eduardo Cavieres e Crístobal Aljovín de Losada, *Chile-Perú, Perú-Chile en el Siglo XIX: La Formación del Estado, la Economía y la Sociedad* (Valparaíso, Chile: Ediciones Universitarias de Valparaíso, Pontificia Universidad Católica de Valparaíso, 2005).

Peru, foi enviado pela Espanha com ordens estritas para implementar as Leis No-vas. Percebendo que a suspensão da escravidão destruiria suas operações lucrativas de mineração, os colonos armaram-se rapidamente contra o vice-rei. Um exército liderado pelo irmão de Francisco Pizarro, Gonzalo, derrotou e assassinou Núñez.

Em 1548, a revolta foi contida e Pizarro foi executado. Todavia, o monarca es-panhol anulou as Leis Novas, temendo que acabar com a escravidão ocasionaria a secessão de sua colônia mais próspera. O precedente foi definido e não foi surpresa alguma que, quando as elites crioulas finalmente decidiram se estabelecer por con-ta própria, sua inspiração foi a necessidade de preservar seu sistema socioeconô-mico. Alguns lutaram por melhores oportunidades de negócios quebrando o jugo espanhol e abrindo suas portas para o livre comércio. Isso não só lhes permitiria ter acesso a mais bens, mas as tarifas também se tornariam uma importante fonte de receita para o governo. Outros, por sua vez, eram motivados pela ambição polí-tica, de forma que não queriam limitar suas possibilidades de ascensão já que não haviam nascido na Europa. Portanto, os princípios do Iluminismo nunca represen-taram um pilar da luta por independência[33].

Os conceitos de igualdade do Iluminismo enfraqueciam a rígida hierarquia social e, portanto, incorporá-los teria destruído o sistema de trabalho colonial. O profundo sentimento de conservadorismo era particularmente forte em Lima, que foi o bastião da autoridade espanhola e uma das últimas colônias a cair. Após a independência, os peruanos se dedicaram a recriar a riqueza, o poder e a glória do antigo vice-reino.

Conforme mencionado anteriormente, as colônias espanholas eram inicial-mente organizadas em duas grandes unidades de governo, cada uma concentran-do-se em administrar uma das principais civilizações, os astecas e os incas; além disso, também se encarregavam da supervisão das operações de mineração em Zacatecas e Potosí. Conforme as colônias prosperaram, a Espanha esculpia vice--reinos menores, encolhendo os territórios e os recursos dos originais. O capítulo anterior discutiu como as Reformas Bourbônicas de 1776 representaram um im-portante divisor de águas para o Vice-reino do Peru por terem transferido a Real Audiência de Charcas para o recém-criado Vice-reino do Rio da Prata. Tal reestru-turação desmembrou quase a metade do território peruano, e sua principal fonte de receita, e é por isso que a elite peruana tornou-se tão obcecada pela recuperação da antiga posse territorial após a guerra de independência.

Os peruanos sempre consideraram Charcas uma parte integrante do seu ter-ritório, traçando sua linhagem desde o Império Inca. A Real Audiência de Charcas

---

[33] Outro aspecto interessante do movimento de independência da América Latina foi a forte pre-sença do clero católico. A Igreja Católica desempenhou um importante papel, de maneira que personalidades religiosas se tornaram membros integrantes dos novos governos provisórios. Isso se deu em parte devido à animosidade residual contra o território espanhol em função da expulsão dos jesuítas da América Latina em 1767; e em parte devido à compreensão dos colonos de que poderiam controlar a ordem social por meio da religião.

foi criada em 1559 para conceder ao Rei Filipe II controle pessoal sobre a área lucrativa de mineração. A região ficou conhecida como Alto Peru por estar localizada no altiplano (ou altas planícies). E o restante do país era conhecido como Baixo Peru, por se localizar mais próximo do nível do mar. O comércio entre as regiões do Alto Peru e Baixo Peru declinou quando o território foi transferido para o Vice-reino do Rio da Prata, mas os laços culturais e sociais permaneceram fortes. Houve um movimento fluido de pessoas, de forma que famílias e empresas abarcavam ambas as regiões.

Para manter o controle sobre um território tão vasto, os espanhóis governaram com pulso firme. Eles aplicaram a hierarquia social por meio do rígido sistema de castas e uma forte dose de religião[34]. No entanto, o movimento de independência aniquilou as instituições coloniais, o que resultou em caos. Quando as tropas monarquistas foram encaminhadas e grande parte do clero fugiu, a lei e a ordem entraram em colapso. A robustez da terra, os canais de comunicação fracos e a presença massiva de populações indígenas e misturadas aumentaram o sentimento de anarquia.

Alguns indivíduos poderosos locais restabeleceram a ordem no processo de criação de feudos que eles tentaram transformar em países soberanos. Como mencionado no primeiro capítulo, Simón Bolívar aplicou o princípio romano de *uti possidetis juris* para evitar que o império se fragmentasse em dezenas de pequenos estados. Dessa forma, o novo mapa latino-americano seria quase um espelho dos vice-reinos, capitanias e audiências originais.

Os historiadores tendem a usar termos geopolíticos para explicar a decisão de transformar Charcas em um estado independente. Eles argumentam que se tratava de uma jogada de Bolívar para limitar o poder do Peru e da Argentina criando um estado-tampão, semelhante ao que tinha acontecido na criação do Uruguai. Há muita verdade nessa explicação, mas a motivação principal era a necessidade de Marshall Antonio José de Sucre de buscar formas de arrecadar receitas para pagar seu exército[35]. Sucre foi o general em quem Bolívar mais confiou.

Em 9 de dezembro de 1824, Sucre liderou um exército de oitenta e cinco mil homens contra um contingente de monarquistas um pouco maior na chamada Batalha de Ayacucho. O conflito culminou na derrota do último regimento espanhol restante e na captura do vice-rei, José de la Serna. Contudo, conforme a fumaça dos canhões se dissipava, Sucre se deparava com um problema urgente: ele estava sem dinheiro e possuía um enorme contingente de soldados e mercenários exigindo ser pagos; se não o fizesse, poderia haver um motim. Além disso, dentro dos termos da rendição espanhola, ficou acordado que os generais sul-americanos continuariam a pagar os salários dos oficiais derrotados e os enviariam para seu salvo-conduto na Espanha.

....

[34] Leslie Bethell, *Colonial Spanish America* (Cambridge: Cambridge University Press, 1987).

[35] José Luis Roca, *Ni con Lima ni con Buenos Aires: La Formación de un Estado Nacional en Charcas* (Lima: Instituto Francés de Estudios Andinos, 2007).

O Baixo Peru foi posto para fora. Sua economia havia sido aniquilada, em grande parte graças à expropriação da propriedade realizada pelo ajudante de San Martin, Bernardo de Monteagudo. As atividades comerciais entraram em colapso quando a maioria dos espanhóis e estrangeiros foi expulsa. Sucre sabia que a cobrança de impostos no Alto Peru ainda era forte em função das operações de mineração de prata. Como o campo de batalha em Ayacucho ficava no pé do altiplano, ele rapidamente traçou seu caminho para Charcas, com a intenção de esculpir nele um estado soberano; dessa forma, ele ponderou que poderia se apropriar das receitas fiscais para pagar seus homens. Ao saber das intenções de Sucre, Bolívar ficou furioso. Ele não considerava Charcas um estado soberano viável; uma vez que não dispunha de um porto de águas profundas, não havia qualquer forma de sobreviver como uma nação comercial.

No entanto, Bolívar também sabia que entregar a região para a Argentina ou o Peru desestabilizaria o continente, criando um gigante que alteraria a balança de poder. O libertador oscilou por um bom tempo e até mesmo viveu no Alto Peru por um período de cinco meses — atuando brevemente como presidente. Ele se tornou um admirador do povo e finalmente cedeu à ideia da independência quando a legislatura nomeou o país Bolívia em sua homenagem.

As preocupações de Bolívar acerca da viabilidade econômica do país eram válidas. Tecnicamente, a Bolívia tinha acesso ao Pacífico através da região do Atacama, mas a maioria do seu comércio tradicionalmente fluía por meio do porto de Arica e, em menor grau, por Ilo; sendo que ambos estão no sul do Peru. Bolívar pleiteou com os peruanos a transferência do porto de Arica para a nova nação, mas eles recusaram — usando o argumento do *uti possidetis juris* como motivo para que o território não fosse subdividido. Consequentemente, ele se esforçou para estabelecer o porto boliviano em Cobija, mas sua localização era impraticável. Para alcançá-lo, os comerciantes precisavam atravessar o Atacama, um dos desertos mais inóspitos do mundo. Ele não só era desprovido de pessoas e da infraestrutura necessárias para operar um centro de comércio, mas Cobija também estava longe dos centros de atividade econômica da Bolívia. O tempo de viagem da capital de Santa Cruz era de dezoito dias de mula, uma viagem que perpassava picos nevados através de um deserto inóspito. Em contrapartida, a viagem para Arica levava apenas três dias.

A decisão de redirecionar o comércio da Bolívia para Cobija também produziu uma reação negativa no sul do Peru. Durante séculos, as comunidades de Cuzco e Arequipa produziram muitos dos produtos que foram usados em Potosí. Por isso, as ligações comerciais e sociais eram estreitas. No entanto, a economia do sul do Peru sofreu após o ano 1776, quando Charcas foi transferida para o Vice-reino do Rio da Prata. Sob o novo acordo, grande parte do comércio foi redirecionada para Buenos Aires.

Contudo, algumas atividades comerciais ainda sobreviveram e todos os envios de mercúrio chegavam por meio de Arica. O mercúrio foi vital para as operações de mineração, pois era usado no processo de fusão, que se tornou um imperativo quando o minério de melhor qualidade se esgotou e os mineiros foram forçados a recorrer a materiais inferiores. A principal fonte de mercúrio era de um conjunto de minas em Huancavelica, no centro do Peru. O metal líquido era levado por mulas até o porto de Pisco e redirecionado para Arica, onde era transportado para as operações de prata[36].

O comércio entre Charcas e a Argentina foi interrompido durante a Guerra da Independência, depois que Buenos Aires se rebelou. Como resultado, todo o comércio foi desviado para o sul do Peru, levando ao ressurgimento de velhos laços comerciais. A presença de monarquistas em Charcas permaneceu forte durante toda a guerra, de forma que a colônia nunca se separou. Formou-se então uma junta para repelir as repetidas incursões de rebeldes argentinos. No entanto, o desvio do comércio para Cobija após a independência enfraqueceu mais uma vez os laços comerciais do país com o sul do Peru.

Embora houvesse uma afinidade natural entre o sul do Peru e a Bolívia, nem todos gostavam da ideia de cooperação. Ao sul, o país recém-criado do Chile estava tentando encontrar seu caminho. Como a maioria dos países que foram gerados a partir do império espanhol, os chilenos estavam batalhando para delinear a administração da sua nação. O país foi dividido em dois campos. Um lado defendia a centralização do poder em um governo autoritário forte e o outro demandava um arranjo de estados regionais democrático e mais ameno[37].

Inicialmente, as diferenças de opiniões eram discutidas em panfletos e avaliadas em debates públicos, mas logo as divergências decaíram se transformando em um confronto militar entre os líderes dos campos, Bernardo O'Higgins e Ramón Freire. O'Higgins foi um personagem memorável. Ele era o filho ilegítimo de Ambrosio O'Higgins, o antigo vice-rei do Chile e do Peru. Embora fosse irlandês, O'Higgins pai tinha alcançado sua posição de prestígio porque tinha nascido na Europa — uma questão que irritava os criolos. O vice-rei nunca conheceu seu filho, mas o menino recebeu excelente educação no exterior. Após seu retorno, o jovem inexperiente tornou-se um dos heróis do movimento pela independência e, em 1817, tornou-se o Diretor Supremo O'Higgins. Embora fosse um liberal de coração, ele desenvolveu um estilo duro e autoritário. Algum tempo depois, explodiu no sul uma rebelião liderada por Freire.

Ao contrário de O'Higgins, Freire não havia vindo de uma família rica. Ele era um órfão que tinha crescido em uma sucessão de casas e famílias no sul da cidade de Concepción. Uniu-se ao movimento de independência em uma idade precoce e subiu na hierarquia. Após a guerra, ele voltou para casa em um país arruinado.

---

[36] Nicholas A. Robins, *Mercury, Mining, and Empire: The Human and Ecological Cost of Colonial Silver Mining in the Andes* (Bloomington, IN: Indiana University Press, 2011).

[37] Muitos debates pesando essas duas abordagens para o governo se repetiram ao longo da história latino-americana. Infelizmente, a intensa competição entre o centralismo e o federalismo continua a ser um impedimento para o crescimento e desenvolvimento da região.

Fazendas e fábricas haviam sido destruídas e milhares de indivíduos estavam passando fome. Freire associou o mal-estar econômico à falha de O'Higgins na transferência dos recursos necessários para estabilizar as regiões e comunidades. Os jornais abraçaram a causa liberal e atacaram o Diretor Supremo.

Sentindo que estava perdendo apoio e recusando-se a mergulhar o país em uma guerra civil, O'Higgins renunciou em 1823, passando o bastão para seu adversário. Como o novo Diretor Supremo, Freire imediatamente começou a descentralizar o Chile, reescrevendo a constituição e delegando mais controle aos governos locais.

No entanto, Freire enfrentou um obstáculo econômico maior que só poderia ser resolvido a nível nacional. Durante a guerra, o governo chileno havia feito um empréstimo de um milhão de libras em uma casa da moeda em Londres, a Hullet & Co., para financiar a campanha no Peru. Desde a proclamação da independência, a suspensão do comércio com Lima estava devastando a economia. Enquanto Lima permanecia um reduto monarquista, os comerciantes peruanos eram proibidos de negociar com os estados rebeldes.

O Chile não possuía a abundância de metais preciosos que serviam como fontes de riqueza em outras colônias. O Estado havia desistido das operações de mineração durante a segunda metade do século XVIII, quando as Reformas Bourbônicas finalmente permitiram que as colônias comercializassem entre si e, quase da noite para o dia, os produtores de trigo chilenos começaram a prosperar conforme exportavam seus grãos para as cidades áridas do norte no Peru.

Durante a guerra, todavia, a perda do mercado peruano significou um baque para comerciantes, agricultores e proprietários de terras do Chile; essa foi uma das razões para que eles apoiassem a independência do Peru. Com esse objetivo, em 1819, o Chile designou José de San Martín, um experiente general argentino, para liderar uma força expedicionária até Lima. Para garantir os fundos necessários para comprar navios de guerra, armas e pagar os mercenários, o governo chileno, recém-independente, contraiu um empréstimo. Eles conseguiram financiar a expedição, mas o empréstimo deixou a nova nação altamente endividada.

Para liquidar a dívida, o governo recorreu a um empresário com ligações políticas, Diego Portales. Baixo, com cabelos escuros e olhos penetrantes, o personagem misógino e desagradável já havia demonstrado no passado o desejo de integrar o clero. Ao perceber uma oportunidade única de negócios, Portales concordou em liquidar a dívida do país sob a condição de que o governo lhe concedesse o monopólio da importação de bens socialmente proibidos, como tabaco, bebidas alcoólicas e cartas de jogos. A operação tinha tudo para ser lucrativa, mas não foi. Sob a iniciativa de descentralização de Freire, as tropas e os oficiais que eram usados para patrulhar o comércio de contrabando haviam sido liberados. Dessa forma, os comerciantes conseguiram driblar os controles tarifários, enfraquecendo o monopólio de Portales. Ele rapidamente se endividou com os banqueiros de Londres e o Chile passou a ser menosprezado pela comunidade financeira internacional. A elite econômica do país foi severamente afetada quando outros financiadores de Londres cortaram as linhas de crédito, amortizando ainda mais o comércio[38].

Foi nesse contexto que Portales começou a apoiar uma nova corrente política que ganhava popularidade no sul. Assim como Freire, José Joaquín Prieto era um veterano da guerra contra a Espanha. Ele era um aliado de O'Higgins e apoiava um governo centralizado forte, temendo que a descentralização pudesse deixar o país vulnerável a invasões e instabilidade política interna — uma visão tipicamente compartilhada pela maioria das elites crioulas. Cansado das políticas liberais de Freire, em 1829, Prieto organizou uma força de mil homens e marchou para Santiago.

Portales estudou o exército que avançava e viu uma oportunidade para estabelecer um regime autoritário que melhoraria suas operações de negócios. Como Prieto possuía pouca quantidade de munição, armas e fundos, foi receptivo à oferta de financiamento de Portales. Durante os seis meses subsequentes, o Chile foi tomado pela guerra civil. Por fim, em abril de 1830, Prieto obteve uma vitória impressionante na Batalha de Lircay, o que colocou o país sob o seu jugo conservador. O novo governo foi liderado por José Tomás Ovalle, que laureou Portales nomeando-o Ministro da Defesa, de Assuntos Internos e de Relações Exteriores.

Sendo o agente de maior poder do Chile, Portales consolidou sua posição enviando Freire para o exílio e dispensando 136 oficiais superiores que haviam lutado contra os conservadores. Como muitos deles eram veteranos da Guerra da Independência, a ação desencadeou uma reação violenta pública. No entanto, Portales permaneceu altamente popular entre as elites comerciais do país. Ao conduzir o primeiro censo, solicitar uma pesquisa nacional para mapear os depósitos minerais do Chile e construir a infraestrutura, ele introduziu medidas para impulsionar os negócios. Contudo, a principal preocupação de Portales era a promoção de seus próprios interesses comerciais.

Nesse meio tempo, as coisas andavam mal na Bolívia. Outrora a jóia da coroa do império espanhol, estava caindo aos pedaços. As minas de Potosí foram abandonadas após a guerra, permitindo que os poços inundassem. Houve também uma resistência generalizada a Sucre e sua força de ocupação de soldados colombianos, cuja cultura ia de encontro às tradições do altiplano. As elites bolivianas também protestaram em função do elevado nível de tributação; houve queixas de que a derrota dos espanhóis só tinha originado a imposição de novos senhores feudais colombianos. Além disso, alguns países vizinhos também articulavam manobras para desestabilizar a Bolívia. Oficiais e soldados colombianos foram diversas vezes subornados por agentes peruanos e argentinos a se revoltarem, de forma que Sucre foi forçado a dissipar pelo menos quatro motins.

Enfurecida com as tentativas peruanas de enfraquecer a estabilidade da Bolívia e com sua recusa de transferência do porto de Arica, a Grã-Colômbia de Bolívar

[38] Francisco Antonio Encina, *Portales: Introducción a la Historia de la Época de Diego Portales, 1830–1891* (Santiago, Chile: Nascimento, 1934).

declarou guerra ao Peru em junho de 1828. O libertador ordenou ao exército de Sucre que abandonasse as terras altas para confrontar o inimigo, mas sua saída da Bolívia só piorou as coisas. Na sua ausência, a situação se tornou caótica, permitindo que os caudilhos locais assumissem. A lei e a ordem só foram restauradas quando Andrés de Santa Cruz chegou do Peru.

Santa Cruz era um mestiço de uma família próspera em Charcas. As Reformas Bourbônicas permitiram que mestiços e crioulos jovens, que antes eram restritos ao posto de soldados rasos, ascendessem socialmente, já que nas reformas tornavam-se membros do corpo de oficiais. Consequentemente, as famílias crioulas ficavam ansiosas para alistar seus filhos. Não foi diferente com a família de Santa Cruz. Andrés de Santa Cruz se alistou no exército espanhol como um cadete militar munido por uma grande ambição de escalar a escada social.

As milícias reais e guarnições militares se espalharam por todos os vice-reinos, mas havia uma concentração mais expressiva em Lima devido à sua importância. Os conventos, mosteiros, palácios e catedrais barrocos localizados no centro de Lima servem até hoje como testamentos físicos da riqueza e do poder abundantes da região. Lima era fonte de inveja na América do Sul, de forma que as altas sociedades de Santiago, Bogotá e Buenos Aires aspiravam copiar seu estilo. Dada a sua importância, Lima também foi o centro do alto comando militar espanhol e, por isso, todos os crioulos ambiciosos queriam ser alocados para lá. Foi por isso que poucos deles se uniram à causa rebelde até que o resultado estivesse garantido.

Como a maioria de seus pares, Santa Cruz lutou bravamente ao lado dos monarquistas até ser capturado um mês após a Batalha de Pasco. Nesse momento, o oficial de patente intermediária foi levado até San Martin e mudou de lado. Já havia se espalhado a notícia de que uma força expedicionária de vinte mil recrutas tinha se revoltado na Espanha, desencadeando uma rebelião contra as políticas reacionárias de Fernando VII. Os monarquistas perceberam que, já que os espanhóis tinham problemas internos mais urgentes, eles haviam sido isolados e era apenas uma questão de tempo até que fossem derrotados.

Isso deu ao sempre ambicioso Santa Cruz uma nova oportunidade para avançar, abraçando a causa liberal. Ele subiu na hierarquia, ganhou a confiança de Bolívar e foi nomeado chefe de gabinete. O libertador ordenou que ele permanecesse no Peru enquanto voltava para a Colômbia em 1826 para tratar de uma intriga política que ocorria na ocasião. Enquanto Bolívar esteve ausente, Santa Cruz envolveu-se na política local e atuou até mesmo como presidente interino. Entretanto, como era de origem boliviana, nunca foi plenamente aceito pela sociedade peruana, de forma que acabou se retirando para sua terra natal. Por sorte, seu país estava no meio de uma convulsão; a população, desesperada por um líder capaz de restabelecer a ordem, o proclamou presidente logo após sua chegada[39].

---

[39]   Oscar de Santa Cruz, *El General Andrés de Santa Cruz, Gran Mariscal de Zepita y el Gran Perú: Documentos Históricos* (La Paz, Bolivia: Escuela Tipográfica Salesiana, 1924).

Santa Cruz estabilizou o país: ele pacificou os caudilhos e reativou a economia. Como muitos bolivianos, suas ligações pessoais com o sul do Peru eram fortes. Sua esposa era da região e, portanto, ele manteve laços comerciais estreitos com seus familiares. Ele compreendeu que a Bolívia se beneficiaria enormemente da união com o seu vizinho, mas Lima e o norte do Peru se opuseram à ideia. O estabelecimento de uma cooperação mais consistente com a Bolívia permitiria que o sul prosperasse, o que redirecionaria a relação de poder para longe do norte; portanto, Lima teimou e se recusou a permitir mais integração. Se Santa Cruz quisesse realizar seu sonho, ele teria que torná-lo realidade.

A oportunidade chegou mais tarde, no mesmo ano, quando o governo do presidente peruano José de la Mar ruiu. A guerra contra a Grã-Colômbia desandou. Apesar de jovem, bonito e ambicioso, ele não era um bom estrategista e sofreu reviravoltas dramáticas nas batalhas de Saraguro e Tarqui. Depois de ser derrotado e perder o apoio popular, foi derrubado por seu antigo aliado, o general Agustín Gamarra.

Como a maioria de seus pares peruanos, Gamarra era mestiço. Ele nasceu em Cuzco e se juntou à milícia real quando tinha vinte e quatro anos. Em 1814, ele presenciou a ação durante as incursões de rebeldes argentinos. Gamarra teve excelente desempenho e obteve o posto de coronel em 1820; mas, assim como Santa Cruz, mudou de lado ao perceber que a guerra estava perdida. Após a guerra, ele aceitou uma comissão no exército peruano, mas logo entrou em desacordo com o presidente. Cansado dos atos desastrosos de José de la Mar na guerra contra a Grã-Colômbia, Gamarra liderou um golpe para derrubá-lo. Ele assumiu a presidência e pediu a paz, a fim de voltar toda a sua atenção para a estabilização do caos interno que estava consumindo a nação.

A abundância de oficiais crioulos desempregados e ambiciosos era um grande problema em todas as colônias, mas especialmente no Peru, devido às suas grandes guarnições. A maioria dos oficiais e soldados europeus foi repatriada depois que se rendeu, mas os crioulos não tinham futuro na Europa. Lá, eles seriam discriminados e incapazes de avançar. Suas raízes estavam nas Américas. A incorporação desses oficiais nos exércitos rebeldes ajudou a virar a maré contra a Espanha, mas eles se tornaram uma fonte de instabilidade após a guerra.

Em 1833, o mandato constitucional de Gamarra terminou e uma convenção nacional nomeou o general Luis José de Orbegoso para substituí-lo. Os dois eram rivais e Gamarra tentou derrubar o novo líder supremo, mas os cidadãos de Lima se manifestaram e o obrigaram a se retirar. Em janeiro de 1834, ele foi para a Bolívia e propôs a Santa Cruz que se ele o ajudasse a derrotar Orbegoso, ele mesmo formularia a unificação entre o Peru e a Bolívia. O líder boliviano ficou eufórico com a ideia de finalmente realizar seu sonho, mas ele desconfiava profundamente de Gamarra. O general peruano havia sido seu subcomandante e, por isso, Santa Cruz sabia o quão traiçoeiro Gamarra poderia ser. Além disso, ele acabara de testemunhar a traição de Gamarra a José de la Mar. Em vista disso, Santa Cruz decidiu aceitar uma negociação semelhante de Orbegoso.

Surpreso com a rejeição de Santa Cruz, Gamarra retornou a Lima, onde foi capturado e deportado para Costa Rica. Enquanto isso, Felipe Santiago Salaverry, outro arrivista militar, arrancou as rédeas de Orbegoso e se apressou para engajar Santa Cruz[40]. Contudo, as competências militares de Salaverry não eram páreas para o experiente general. Salaverry não tinha a seriedade e a perspicácia de Santa Cruz — nem as suas forças. Logo após a independência, a Bolívia possuía um dos melhores exércitos da América do Sul, contando com sargentos europeus e oficiais de linha. Entre alguns dos mais formidáveis líderes mercenários estavam o general Otto Philipp Braun, um oficial prussiano, e Francisco Burdett O'Connor, da Irlanda. Esses dois oficiais eram os tenentes em quem Santa Cruz mais confiava — e esse era o segredo por trás de muitas de suas vitórias.

Os bolivianos montaram uma força militar e marcharam para agregar o exército de Salaverry, que havia desembarcado em Cobija. A força peruana se deslocou para o interior em direção à capital regional de Arequipa esperando encontrar uma recepção calorosa de seus compatriotas. Todavia, o sul do Peru era mais solidário a Santa Cruz do que a Salaverry, e a população lhe deu pouco apoio. Na manhã de 7 de fevereiro de 1836, seus soldados foram emboscados em Socabaya. Embora as duas forças fossem equivalentes em número, Santa Cruz tinha uma cavalaria maior e pôde derrotar o inimigo. O desafortunado Salaverry foi capturado, levado para Arequipa e executado. Apoderando-se do exército derrotado, Santa Cruz marchou para Lima e declarou a criação da Confederação Peru-Boliviana em 28 de outubro de 1836[41].

A Confederação consistia em três partes iguais: a Bolívia, o sul do Peru e o norte do Peru. O general Ramón Herrera foi nomeado presidente do sul do Peru, o general José Miguel de Velasco, presidente da Bolívia, e a Orbegoso foi concedido o norte do Peru. Santa Cruz levou o título de "Protetor da Confederação", atribuindo a posição a si mesmo para sempre. Os peruanos o acolheram porque era conhecido por sua forte liderança, mas nem todo mundo estava animado com o novo formato organizacional. Um grupo proeminente de cidadãos do norte preferia a incorporação da Bolívia ao Peru; eles não gostavam da ideia de uma confederação de semelhantes uma vez que tal arranjo diminuía a importância de Lima. Tomado pela nova causa, o sempre ambicioso Gamarra retornou a Lima, supostamente para organizar o Movimento de Restauração, que procurou resgatar as antigas condições para os dois países.

O Chile também se opôs à Confederação. Durante o período colonial, o Chile havia sido subordinado a Lima, e isso os deixou com um certo sentimento de inferioridade. Santiago era considerada uma guarnição fronteiriça, mas a transforma-

---

[40] David P. Werlich, *Peru: A Short History* (Carbondale: Southern Illinois University Press, 1978).

[41] Carlos Donoso Rojas e Jaime Rosenblitt Berdichesky, *Guerra, Región, y Nació: La Confederación Peru-Boliviana, 1836–1839* (Santiago do Chile: Ediciones de la Dirección de Bibliotecas, Archivos y Museos, 2009).

ção do Chile em uma nação soberana permitiu que ela se igualasse[42]. A Confederação parecia ser a reencarnação do antigo Vice-reino do Peru, de forma que muitos chilenos acreditavam que ele se tornaria uma nova potência hegemônica capaz de impor a sua vontade sobre seu antigo vassalo. Além disso, o Chile começou a perceber que seu futuro residia nos trechos vazios do Deserto do Atacama. Tal qual os Estados Unidos utilizaram a doutrina do Destino Manifesto como justificativa para a apropriação e anexação de territórios, o Chile acreditava que suas reivindicações legítimas de prosperidade iam além de sua fronteira com o norte. No entanto, a união entre Peru e Bolívia impedia tal cenário. Desse modo, o Chile decidiu fazer um ataque preventivo.

As preocupações geopolíticas não eram o único fator por trás da animosidade do Chile para com a Confederação. Os interesses econômicos de Portales também estavam em jogo. Embora as empresas chilenas aceitassem de bom grado financiar a libertação do Peru, o fim do conflito introduziu novas complicações comerciais. Os portos de Callao, no Peru, e de Valparaíso, no Chile, são os melhores portos da costa pacífica Sul-americana. À medida que as novas nações começaram a prosperar, os dois portos passaram a competir. Valparaíso, um porto de águas profundas relativamente perto de Cape Horn e do Estreito de Magalhães, recebe a defesa natural de falésias altas, mas fornece pouco abrigo contra tempestades oceânicas. Já o porto de Callao é cercado pela Ilha de San Lorenzo, que oferece proteção contra os elementos e também tem mais potencial para o comércio regional, dada a sua localização central na costa do Pacífico. Como Valparaíso começou a perder para Callao, foi reduzido às atividades comerciais de Portales. Outros empresários chilenos compartilhavam sentimentos semelhantes, particularmente depois que Lima aumentou a taxação sobre as importações de grãos. Em 1835, os dois países tentaram acalmar a situação por meio da assinatura de um tratado para promover cooperação e comércio. Não obstante, a iniciativa não foi suficiente para amenizar a crescente inimizade contra o Peru.

As elites econômicas do Chile ansiavam por guerra, mas o público não estava interessado. As brasas da revolução ainda fumegavam e o nacionalismo ainda não tinha se tornado expressivo. Peruanos e chilenos eram vizinhos e suas populações se viam como irmãos, não inimigos. As coisas mudaram no final de 1836, quando o ex-presidente do Chile, Ramón Freire, foi descoberto ao largo da costa com duas fragatas e uma força de invasão em direção à ilha de Chiloé, no sul do Chile. Ao longo do caminho, a tripulação de um dos navios fez um motim e capturou o líder rebelde. Eles o julgaram e o obrigaram a voltar para o exílio.

Nunca ficou claro se Santa Cruz teve participação na campanha que falhou, mas o ocorrido foi suficiente para que Portales culpasse a Confederação. Ele enviou uma delegação diplomática apresentando cinco demandas a Lima. A primeira

---

[42] Guillermo Feliú Cruz, Historiografía Colonial de Chile (Santiago de Chile: Fondo Histórico y Bibliográfico José Toribio Medina, 1958).

era que o Peru assumisse as dívidas contraídas pelo Chile durante o movimento de libertação do país contra a Espanha; isso o absolveria de ter que pagar novamente a Hullet & Co. A segunda era o fim da guerra comercial entre Valparaíso e Callao, uma medida que impulsionaria seus interesses comerciais. A terceira, que o Peru e a Bolívia limitassem o tamanho das suas forças armadas. A quarta era a indenização total de custos referentes à contenção da força expedicionária de Freire. E a última de suas demandas era a dissolução da Confederação.

Santa Cruz, que passara a ser conhecido como o protetor, preocupava-se em evitar a guerra, particularmente com o Chile que, embora fosse relativamente pequeno, carregava a reputação de ser tenaz. Durante os três séculos anteriores, os soldados chilenos foram considerados ferozes e experientes por sua atuação nas guerras com as tribos Mapuche do sul. Diante disso, Santa Cruz aceitou todas as condições, exceto a última; ele se recusou a dissolver a Confederação, porque se o fizesse, seu cargo ficaria obsoleto, além de reavivar problemas nos portos da Bolívia. Após seu retorno a Valparaíso, a delegação diplomática se reportou a Portales, que rejeitou a oferta do adversário e declarou guerra em 28 de dezembro de 1836.

Com a guerra prestes a estourar, o maquiavélico Portales preparava-se para consolidar sua posição em casa e internacionalmente. Ele introduziu a lei marcial, eliminou as liberdades civis, fechou o congresso e instituiu a pena de morte para qualquer acusação de traição. Ele lançou também uma série de iniciativas diplomáticas no cenário externo. Primeiro, formou uma aliança com Gamarra e seu Movimento de Restauração. Ainda que o movimento representasse as elites econômicas do norte do Peru e incluísse o porto rival de Callao, o principal objetivo de Portales era eliminar a Confederação Peru-Boliviana. Para consegui-lo, ele enviou um esquadrão chileno para bloquear a frota peruana e garantir a supremacia de sua marinha nos mares. Ao mesmo tempo, ele nomeou o almirante Manuel Blanco Encalada para preparar uma força expedicionária para liderar o exército da restauração. Por último, enviou embaixadores ao Equador e Argentina para convencê-los a participar de sua campanha. A delegação enviada ao Equador foi bem recebida, porém, como o país estava no meio de um conflito sangrento entre Guayaquil e Quito, o governo decidiu permanecer neutro.

A missão diplomática para Buenos Aires foi mais bem-sucedida. Durante um ano, Portales havia cortejado o déspota argentino Juan Manuel de Rosas, compartilhando informações de que Santa Cruz estava ajudando os guerrilheiros ao enviar incursões para o norte da Argentina. Portales apresentou documentos que mostravam um plano detalhado para esculpir um novo estado soberano no norte da Argentina. Guerrilhas unitárias também estavam fazendo incursões no Uruguai e Rosas temia que tais atividades combinadas desestabilizassem seu país[43]. Ele estava no início de seu mandato e sob ataques constantes de seus inimigos políticos. Portanto, essa informação o convenceu a declarar guerra contra a Confederação.

----

[43] Rojas e Berdichesky, Guerra, Región, y Nació.

Portales ainda não sabia que sua maior ameaça não viria do exterior, mas de dentro de suas próprias patentes. Mesmo Portales tendo expurgado do alto comando 136 oficiais superiores que haviam lutado ao lado de Freire, ainda havia muitos oficiais de patentes intermediárias e subalternos que apoiavam a causa liberal. Em junho de 1837, Portales viajou para inspecionar as instalações militares de Quillota. Muitos oficiais pensavam que a guerra contra a Confederação era apenas um pretexto para eliminar os elementos liberais restantes das patentes. Por isso, enquanto os soldados estavam sendo revistados, o coronel José Antonio Vidaurre prendeu Portales e o colocou atrás das grades.

A notícia sobre o motim logo se espalhou, mas a revolta não se difundiu. Pelo contrário, Encalada interrompeu seus preparativos para a invasão e enfraqueceu a insurreição. Percebendo que sua jogada havia falhado, Vidaurre forçou Portales a escrever uma carta ordenando ao general Encalada que se rendesse. Mas o general percebeu que a ordem havia sido escrita sob coação e se recusou a fazê-lo. Conforme os dois lados se preparavam para a batalha, os rebeldes decidiram transportar Portales para um novo local. No caminho, sua carruagem foi detida e ele, executado.

O estilo autoritário de Portales era muito impopular, assim como o era a ideia de iniciar uma guerra contra a Confederação, mas seu brutal assassinato mobilizou a nação. O público e a mídia culparam Santa Cruz pelo assassinato, incitando um fervor patriótico que induziu os homens a se alistarem. Com os preparativos para a invasão a todo vapor, o foco se deslocou para a costa peruana e a fronteira da Bolívia com a Argentina.

O primeiro contato entre o Chile e a Confederação ocorreu no mar. O bloqueio de Callao originava resultados variados. Embora o porto não estivesse completamente isolado, o tráfego marítimo estava limitado. Havia também vários pequenos combates navais, particularmente ao largo da costa do Equador, mas os conflitos mais significativos ocorreram ao longo da fronteira com a Argentina. Santa Cruz tentou aplacar os argentinos, mas Rosas já havia declarado guerra. Devido à fronteira boliviana ficar bem longe de Buenos Aires, os membros da Confederação puderam atacar primeiro. Sob o comando do general Otto Philipp Braun, as tropas da Confederação avançaram profundamente na província de Jujuy. Isso forçou os argentinos a adotarem posições defensivas, apesar de terem sido responsáveis pelo início do conflito. Em pouco tempo, Buenos Aires correu para enviar tropas, armas e munição a fim de evitar o colapso das províncias do norte. Para piorar a situação, Santa Cruz negociou uma série de tratados de cooperação comercial com os Estados Unidos, Grã-Bretanha e França. Em troca, eles diplomaticamente reconheceram a Confederação e pressionaram Buenos Aires a romper, mas a capital se recusou a ceder.

Os franceses ficaram indignados com a arrogância dos argentinos, especialmente porque já tinham uma longa lista de queixas, tais como a imposição do serviço militar aos cidadãos franceses e a recusa argentina de conceder à França o status comercial de "a nação mais cooperativa".

Quando Buenos Aires se recusou a aderir às novas exigências, Paris ordenou o bloqueio do Rio da Prata em 1838, o que só contribuiu para os problemas econômicos da Argentina. Como mencionado no capítulo anterior, o embargo só foi suspenso depois da guerra.

Enquanto isso, no Chile, os militares preparavam seu ataque. No dia 15 de setembro de 1837, a frota expedicionária partiu de Valparaíso. O exército da restauração, que estava sob o comando do almirante Encalada, era composto por 3.200 soldados chilenos e 420 soldados peruanos. Embora o bloqueio de Callao não restringisse todo o comércio, impedia que as forças navais da Confederação navegassem para interceptar a força expedicionária. A invasão aliada também deveria coincidir com uma nova ofensiva da Argentina contra a Bolívia. A ideia era que Santa Cruz seria forçado a dividir seu exército em duas frentes, sendo uma parte instalada na fronteira com a Argentina e a outra, na costa em que se localizava o exército da restauração. Contudo, na véspera da batalha, os argentinos reconsideraram. Suas forças já não haviam tido sucesso em confrontos com os bolivianos, portanto, com medo de pôr em perigo suas províncias do norte, eles desistiram no último minuto.

Duas semanas após a partida da frota do Movimento de Restauração de Valparaíso, os navios chegaram a Cobija e as tropas marcharam para Arequipa. Eles procederam guiados por uma série de premissas erradas e conclusões ruins do serviço de inteligência das unidades de reconhecimento: eles acreditavam que encontrariam voluntários ao longo do caminho, que os fazendeiros peruanos contribuiriam com provisões e que as deserções massivas de patentes da Confederação ocasionariam o aumento dos números de suas patentes. Nada disso se mostrou verídico. Como ficou evidente durante a ofensiva de Salaverry contra Santa Cruz, o sul do Peru foi receptivo à causa da Confederação.

Um mau pressentimento começou a crescer à medida que a força expedicionária adentrava cada vez mais o território inimigo, refazendo os passos desastrosos de Salaverry do ano anterior. Ao se aproximar de Arequipa, a força se deparou com as tropas de Santa Cruz à espera do outro lado do rio Paucarpata. Os dois exércitos tinham boas estratégias, mas as tropas da Confederação estavam em um terreno elevado. Quando os dois já estavam posicionados um contra o outro, o líder da Confederação ordenou à artilharia que disparasse uma saraivada sobre as cabeças dos chilenos. Ele, então, enviou para Encalada uma nota propondo uma negociação. Os chilenos concordaram e apresentaram suas demandas. Após alguns dias, a Confederação assinou o Tratado de Paucarpata, em que concordava em atender a todos os termos ali propostos, inclusive o reconhecimento total da dívida externa do Chile, embora eles ainda se recusassem a aderir à demanda de dissolução da Confederação.

Encalada sabia que a dissolução da Confederação era um de seus principais objetivos, mas percebeu o quão desastrosa era sua situação. Com Portales morto, ele presumiu que o governo estaria mais interessado em encontrar uma resolução pacífica para o conflito. Ele também estava isolado e com poucos suprimentos. Além disso, o desvio argentino nunca se materializou, e todo o exército da Confederação o ameaçava. Como Encalada não queria acabar como Salaverry, articulou uma forma de garantir o melhor acordo possível e se retirou com suas forças intactas[44].

Infelizmente, ao regressar a Valparaíso, sua recepção não foi favorável. O almirante foi ridicularizado e submetido à lei marcial por ter conduzido as negociações de forma tão insatisfatória — por ter concordado com os mesmos termos da missão diplomática preliminar que já havia sido rejeitada no ano anterior. No final, o almirante foi exonerado de todas as acusações. Todavia, o Chile se recusou a ratificar o tratado e começou a trabalhar em uma nova campanha ofensiva.

Nos primeiros dias de janeiro de 1838, o governo chileno criou uma segunda força de invasão, dessa vez com o general Manuel Bulnes no leme. O robusto general vinha de uma distinta família militar. Seu pai, um capitão do Exército Real, obteve uma comissão para que seu filho estudasse no corpo de infantaria, mas quando o jovem foi nomeado ajudante de um general da brigada espanhola durante a Guerra da Independência, ele se recusou a aceitar a nomeação. Os espanhóis suspeitaram corretamente que, quando mais jovem, Bulnes simpatizara com a causa rebelde e, por isso, o exilaram em uma ilha distante no Pacífico. Bulnes acabou fugindo e se uniu aos rebeldes, participando de várias das mais importantes batalhas chilenas. Ele então se associou ao seu tio, José Joaquín Prieto. Além de suas poderosas conexões, o líder corpulento era um hábil estrategista. Na ocasião da Guerra da Confederação, ele era um oficial de alta patente e recebeu o comando da Segunda Expedição da Restauração e o comando do Exército Unido da Restauração, que incluía os peruanos que estavam lutando sob o domínio do oportunista Gamarra.

Confiante de que o protetor ainda estava no sul do Peru, Bulnes decidiu concentrar seus esforços para tomar Lima. Ao avançar para o sul, ele poderia sitiar a capital e cortar as linhas de abastecimento da Confederação. No entanto, antes disso, ele precisava neutralizar a força naval que eles tinham organizado ao longo da costa sul do Peru. No dia 12 de janeiro de 1838, um esquadrão de fragatas liderado pelo almirante Robert Simpson, um mercenário inglês, surpreendeu e atacou um destacamento menor de navios de guerra da Confederação no porto de Islay, na costa de Arequipa. Os dois lados se atacaram, mas as forças da Confederação dispunham de menos poderio bélico. Por isso, quando o crepúsculo se transformou em noite, eles fugiram, permitindo assim que a frota invasiva prosseguisse para o norte. Enquanto isso, o apoio de Lima à guerra declinava. O presidente Orbegoso, sempre oportunista, decidiu romper com a Confederação e pedir a paz assim que a força expedicionária chilena chegou ao porto de Callao. Não é de se surpreender que o general Bulnes logo desconfiasse do tratado de paz de Orbegoso, conhecendo sua reputação de traição. Não obstante, ele usou as negociações para dar um des-

---

[44] Fabio Galdámez Lastra, *Historia Militar de Chile: Estudio Crítico de la Campaña de 1838–1839* (Santiago de Chile: Trabajo Premiado En El Certámen Del Centenario, 1910).

canso às suas tropas, pois todos estavam cansados da longa viagem. Em 7 de agosto de 1838, a força de invasão finalmente desembarcou em Ancón, trinta milhas ao norte de Lima. As tropas de Orbegoso adotaram posições defensivas e esperaram a chegada dos chilenos. Depois de duas semanas, o exército chegou a Portada de Guías, uma das entradas para a cidade antiga e fortificada.

Um pequeno destacamento da cavalaria, liderado por Ramón Castilla, que seria presidente do Peru posteriormente, estava sondando as defesas exteriores quando foi emboscado. Recusando-se a dar-lhes abrigo, Bulnes solicitou canhões e disparou nas linhas dos inimigos. Os defensores recuaram e se reagruparam em uma pequena ponte de pedra. Com o anoitecer se aproximando, o general chileno não queria perder seu *momentum* e ordenou uma carga de cavalaria. Os cavaleiros trovejantes caíram sobre os soldados, incutindo pânico e induzindo-os a correr.

Os soldados fugiram da cidade e Orbegoso ficou escondido. Esses tipos de ataques diretos caracterizaram as táticas de Bulnes por toda a campanha. Ele era ousado e decisivo e obtinha sucesso imediato, independentemente do quão desesperadora a situação fosse. As forças da Confederação estavam desordenadas e um contingente de setecentos soldados, em sua maioria bolivianos, fugiu para a Fortaleza Real Felipe, que protegia a entrada para o porto. No final, os peruanos sofreram uma tremenda derrota. Mais de mil soldados foram mortos, enquanto que o exército da restauração perdeu apenas quarenta homens.

Naquela mesma noite, ocorreram dois grandes eventos. O primeiro foi a ajuramentação de Gamarra como presidente do Peru e o segundo, que a fortaleza foi sitiada. Além dos setecentos soldados da Confederação que fugiram na batalha de Portada de Guías, o forte foi ocupado por um contingente de quinhentos homens, sob o comando do coronel Manuel de la Guarda. Dessa forma, os chilenos precisavam se certificar de mantê-los encurralados.

As tropas da Confederação continuaram a convergir na fortaleza. O comandante estava disposto a lhes fornecer refúgio, mas se recusou a permitir que seu líder, Marshall Domingo Nieto, entrasse. Como Orbegoso, Nieto se mostrou covarde na Batalha de Portada de Guías, fugindo no meio da luta. Quando ele tentou entrar no forte, Manuel de la Guarda o exilou, colocando-o à força em um navio com destino a Guayaquil. Orbegoso também tentou entrar no forte. Ele foi autorizado a entrar, mas foi preso por sua conduta covarde. Durante os dois meses subsequentes, mil e duzentos homens viveram sob estado de sítio, bloqueados pela Marinha chilena no mar e cercados pelo exército do Movimento de Restauração na costa.

Embora Bulnes fosse um excelente estrategista em campo, ele não era adepto a realizar operações estáticas. A área que circundava o forte era pantanosa e infestada por mosquitos. Muitos chilenos adoeceram durante o cerco, o que fez as patentes diminuírem. Além disso, o general não tinha equipamento e as armas necessárias para quebrar as formidáveis defesas do forte. Ele havia sido construído em meados dos anos 1700 com grossas paredes de pedra para a defesa contra ataques de piratas. Bulnes também não tinha as máquinas de cerco e canhões capazes de romper as muralhas. Além disso, seu exército estava amplamente disperso. Ele contava com um grande contingente de homens na Serra para proteger Lima das abordagens ocidentais bem como com uma grande disposição de soldados guardando os flancos do norte e do sul.

A organização e a disposição bélica militar do Chile, bem como seu apoio naval, fizeram com que a força se tornasse admirável ao longo das regiões costeiras, mas a situação era diferente nas passagens das estreitas montanhas dos Andes. Eles tinham pouco conhecimento do território e não estavam acostumados com o clima e a altitude. Dessa forma, os soldados da Confederação poderiam ser facilmente derrotados.

Um conflito semelhante ocorreu em 18 de setembro de 1838, quando 272 soldados chilenos foram emboscados na cidade de Matucana, localizada cinquenta milhas ao leste de Lima. Os atacantes, que pertenciam a uma frente importante do exército da Confederação de Santa Cruz, marcharam para o norte, em direção à capital. O batalhão chileno, que estava comemorando o Dia da Independência disparando uma salva de 21 armas, foi subitamente surpreendido. Quando os soldados de Santa Cruz apareceram na montanha escarpada, o caos reinou e tudo indicava que os chilenos seriam rendidos. Felizmente, seu treinamento superior permitiu que eles se reagrupassem e fizessem um contra-ataque. O batalhão conseguiu se retirar, mas o choque deixou claro para o alto comando que controlar os altiplanos andinos seria um empreendimento difícil.

Do mesmo modo, a marinha chilena estava tendo problemas para aplicar seu bloqueio. Uma das dificuldades enfrentadas foi a pressão constante da comunidade internacional. Vários navios dos Estados Unidos, França e Grã-Bretanha se posicionaram bem próximo à frota chilena e demandaram livre acesso a Callao. Assim, a marinha foi forçada a afrouxar seu controle, permitindo algum tráfego no porto. A flexibilização do bloqueio permitiu que de la Guarda transportasse suprimentos e equipamentos. No início de novembro, chegou a Lima a notícia de que Santa Cruz estava nos arredores da cidade. Bulnes sabia que seria um alvo fácil se não se mudasse, já que o Protetor poderia sitiar a capital. Ele não apenas teria que atender às necessidades de seus homens, como precisaria alimentar a população de Lima. Sendo assim, decidiu abandonar a cidade e encontrar um lugar mais favorável para combater o inimigo[45].

No dia 8 de novembro, Bulnes ordenou sua infantaria e artilharia a embarcar; enquanto isso, a cavalaria recebeu ordens para marchar para o norte. Uma esquadra pequena ficou encarregada de fazer um bloqueio enquanto o resto da frota transportava o exército. Uma semana depois, a força anfíbia chegou a Trujillo. Os homens desembarcaram e se encontraram com a cavalaria. As recém-reunidas for-

---

[45] Gonzalo Búlnes, *Historia de la Campaña del Perú en 1838* (Santiago de Chile: Imprenta de los Tiempos, 1878)

ças da Restauração continuaram a avançar rumo ao norte do Peru. Sua fuga permitiu aos confederados retomar Lima, liberar o forte sitiado e começar a traçar planos para uma nova campanha ofensiva.

Santa Cruz sabia que a principal fraqueza dos chilenos eram suas linhas de abastecimento, por isso ameaçar a frota era a melhor forma de prejudicar a força invasora. Para fortalecer seus próprios recursos navais, o Protetor emitiu cartas de corso oferecendo a navios estrangeiros a oportunidade de saquear legalmente navios chilenos. Diversos capitães aceitaram a oferta. Em 24 de novembro de 1838, sob o comando do capitão francês Juan Blanchet, uma esquadra pequena de piratas britânicos, mexicanos e peruanos partiu de Callao.

Por muitos meses, a esquadra de bloqueio estivera a postos, sob o comando de Jorge Bynnon, um mercenário galês. Os navios de Bynnon encontravam-se em más condições, os suprimentos eram escassos e a moral estava em baixa. No dia anterior ao ataque, o comandante enviou um comunicado ao almirantado pedindo suprimentos e reforço porque sabia que sua esquadra não seria capaz de repelir um ataque no estado em que se encontrava. Quando os piratas de Blanchet se aproximaram, Bynnon não teve escolha senão suspender o bloqueio e escapar buscando a segurança do mar aberto.

Com o bloqueio desfeito, Santa Cruz preparou seus homens para a ofensiva final. Supondo que Bulnes tinha suprimentos escassos, as tropas confederadas iniciaram uma perseguição. No entanto, o exército da Restauração não estava fora de forma. O norte do Peru era simpático à causa rebelde, e estava disposto a dar assistência. Tudo o que Santa Cruz precisava fazer era escolher o lugar certo para a batalha.

Enquanto marchava em direção ao norte, Bulnes tentava retardar o avanço de Santa Cruz destruindo pontes e armando emboscadas. Em 17 de dezembro, um esquadrão de dez soldados chilenos impediu que uma companhia de cinquenta bolivianos tomasse a ponte de Laclla. Um mês depois, a retaguarda do exército da Restauração entrou em contato direto com a vanguarda dos confederados na ponte sobre o Rio Buin. O general chileno ordenou que três batalhões atrasassem as forças da Confederação, enquanto seus homens avançavam em direção a Yungay, uma cidade no meio do vale Callejón Huaylas, ou vale de Huaylas. A batalha resultou num empate, mas Santa Cruz perdeu um de seus melhores homens, General de la Guarda – o valente coronel que resistiu ao cerco em Callao.

Duas semanas depois, os exércitos finalmente se encontraram em Yungay. Os dois lados estavam equiparados, com seis mil homens cada, aproximadamente. Eles haviam suportado semanas de marchas forçadas, e a moral estava em baixa. Por volta de um quarto das tropas de Santa Cruz eram bolivianas, enquanto um quinto do exército da Restauração era peruano. Assim, os comandos eram uma mistura de nacionalidades e oficiais.

Bulnes tinha como assistente Ramón Castilla, o oficial de cavalaria que havia batalhado com o inimigo em Portada de Guías. O Protetor, que já havia sido auxiliado pelos generais Braun e O'Connor, estava sozinho desta vez. Sua intenção, no entanto, não era travar a batalha. Com o inimigo desligado dos seus navios de suprimentos, Santa Cruz imaginou que eles negociariam. Mas os chilenos sabiam que essa não era uma opção. Tendo visto as recepções que seus antecessores haviam recebido quando voltaram de mãos vazias, eles sabiam que não tinham outra opção senão derrotar a confederação, ou morrer tentando.

Para estimular Bulnes, Santa Cruz fez a situação parecer aterradora. Suas tropas tomaram a parte elevada do terreno ocupando Punyan e Pan de Azúcar, dois morros proeminentes que dominam o vale. O Callejón Huaylas, ou Vale dos Huaylas, é um vale longo e estreito entre duas cordilheiras: de um lado, a Cordillera Blanca (Cordilheira Branca), coberta de neve, e de outro a Cordillera Negra (Cordilheira Negra). O relevo oferece muito pouca chance de manobrar ou escapar. O rio Santa corre pelo cânion estreito. O rio Ancash, de vazão muito menor, corre pela base do Pan de Azúcar e deságua no Santa.

Ao controlar o Callejón Huaylas, a Confederação dominava a melhor posição estratégica do vale. O campo de batalha era de fato severo para o exército da Restauração. Os defensores tinham o terreno elevado, mas Bulnes se sobressaía nessas condições e permaneceu firme. Ele havia sido bem-sucedido anteriormente quando atacara de forma categórica, mantendo a ofensiva independentemente de suas perdas. Ele planejava seguir a mesma estratégia na batalha de Yungay.

O exército de Bulnes atacou na alvorada, e todas as peças começaram a se encaixar. Ele ordenou que o batalhão Aconcágua tomasse Punyan, o menor dos dois morros do vale. O coronel Pedro Silva estava na ofensiva, com três batalhões na reserva. O morro era ligeiramente inclinado, e o coronel Eusebio Guilarte estava esperando no topo com um batalhão de defensores da Confederação. Ele também tinha três companhias na reserva. Conforme os chilenos foram chegando ao cume, Guilarte subitamente ordenou que seus homens abandonassem o terreno – sem disparar um tiro sequer. Em muitos sentidos, a guerra da Confederação era uma guerra civil entre o Norte e o Sul do Peru, e trocar de lado não era totalmente incomum. Com essa deserção, os chilenos rapidamente tomaram o morro, fortalecendo o espírito de batalha e a moral dos homens.

Às nove da manhã, Bulnes começou seu segundo ataque. Desta vez contra o mais formidável Pan de Azúcar. A tarefa foi atribuída ao coronel Jerónimo Valenzuela, que recebeu quatrocentos homens. O sol equatorial ainda raiava, quando os soldados começaram a subir os penhascos íngremes. Muitos deles usaram seus rifles como picaretas para se erguer. Os soldados da Confederação atiraram contra e arremessaram pedras nos atacantes. Conforme eram atingidos, homens feridos ou mergulhavam para a morte ou rolavam na montanha colidindo com os que estavam abaixo deles. Passados alguns minutos, um terço dos atacantes havia sido eliminado, inclusive o coronel Valenzuela. Contudo, as forças de Restauração perseveraram. Menos da metade da tropa chegou ao topo, mas aqueles que o fizeram saltaram sobre os parapeitos, fixaram suas baionetas e atacaram. O resultado foi um verdadeiro banho de sangue. Enfurecidos, os chilenos massacraram as linhas de defesa, apunhalando até mesmo soldados que se rendiam. Uma das divisões foi liderada por Candelaria Pérez, uma jovem chilena que se alistou quando o exército da Restauração entrou em Lima. Anteriormente, ela trabalhou como empregada doméstica para uma família holandesa que se mudou para Callao. No exército, ela subiu para o posto de sargento. Durante o ataque, todos os oficiais de sua divisão foram mortos, o que a colocou no comando como oficial da patente. Ela conseguiu conduzir sua divisão para tomar a colina em meio a uma troca de tiros, se tornando uma heroína nacional.

As baixas do lado chileno em Pan de Azúcar foram muito altas, mas eles continuaram a pressionar o ataque. Divisão após divisão chegavam até a montanha, superando enormes dificuldades para alcançar as tropas da Confederação. O ataque funcionou e, com o passar do dia, parecia que as forças de Santa Cruz haviam sido todas derrotadas, de modo que o Protetor ordenou que seu quarto batalhão atravessasse o rio Ancash e atacasse os chilenos por trás. Santa Cruz imaginou que, estando presos entre os defensores da montanha e o quarto batalhão, os atacantes chilenos cairiam, mas ele estava errado. Bulnes respondeu ao ocorrido solicitando que seu batalhão de Colchagua entrasse em ação. As tropas se posicionaram e dispararam contra as forças da Confederação que os atacavam, eliminando um terço dos homens.

Com a situação se tornando claramente mais favorável para os chilenos, Santa Cruz decidiu recorrer à principal parte de seu exército, que estava escavada em um conjunto de trincheiras e fortificações de um lado do rio Ancash. Embora o rio não tenha um fluxo grande durante o final do ano, seus bancos íngremes apresentam um obstáculo interessante. No entanto, o Protetor solicitou os soldados da Confederação que fixassem baionetas e atacassem. Nesse ponto do conflito, os chilenos estavam na defensiva e Bulnes pediu reforços para repelir o ataque.

A Confederação se reagrupou do outro lado do Ancash, mas os chilenos contra-atacaram antes mesmo de se direcionarem ao seu lado do rio para recarregar. Perdeu-se tanto sangue nos intermináveis cruzamentos do rio, que a água começou a fluir em um tom opaco de vermelho. De repente, a gangorra sofreu uma parada abrupta quando os últimos defensores da Confederação de Pan de Azúcar se renderam, e as cores da bandeira chilena foram erguidas no topo da montanha. Como um grito de euforia eclodiu entre as patentes, Bulnes percebeu que tinha recuperado o *momentum*. Ele preparou um último ataque frontal. Com uma nova bateria de artilharia mobilizada em Punyan ameaçando as forças da Confederação, o exército da Restauração se alinhou e se preparou para atacar.

No alto da margem oposta, as tropas da Confederação esperavam atrás de uma muralha de defesa construída às pressas. Bulnes imaginou que sua tática tinha 10 por cento de chance de dar certo, mas mesmo essa hipótese de sucesso era suficiente para que ele avançasse. Conforme os chilenos e peruanos do norte avançavam, a cavalaria manobrava por trás deles, de forma que aconteceu tudo de uma vez, eles atacaram, quebrando as linhas da Confederação e gerando a desordem. Ao ver suas tropas fragmentadas e se desintegrando, Santa Cruz abandonou o campo de batalha.

Disfarçado, Santa Cruz fez seu caminho de volta para o sul do Peru e da Bolívia. Tudo estava perdido. Ele não era mais o protetor e não tinha mais o apoio do povo. Na realidade, foi forçado a fugir do país e nunca mais voltar. Bulnes, ao contrário, retornou como um herói. Seu sucesso militar o ajudou a lançar uma carreira política e ele foi arrastado para a presidência dois anos depois.

Como um sonho que se derrete na primeira luz da aurora, a Batalha de Yungay marcou o fim da Confederação. Quando o exército da Restauração retornou a Lima, as tropas percorreram a cidade orgulhosamente. Não houve atos de hostilidade ou agitação; isso ficou para uma guerra posterior. Ao final, o desempenho militar do Chile transformou a nação, gerando um forte sentimento de patriotismo que curou as feridas desenvolvidas durante a guerra civil. Além disso, deu ao país a sensação de vigor que o permitiria competir contra seus adversários acima de sua categoria de peso durante os dois anos seguintes.

O Chile foi capaz de comprometer-se com uma aliança que era muito maior em tamanho, população e riqueza. O conflito aguçaria seu apetite pelas riquezas minerais presentes no deserto do norte e daria ao país a confiança para enfrentar os mesmos dois adversários novamente antes do final do século. A guerra também convenceu a elite do país a manter um robusto exército permanente e uma marinha formidável para projetar seu poder interna e internacionalmente.

A Guerra da Confederação tornou-se o cadinho de fogo que permitiu que os estados em guerra pudessem forjar suas identidades nacionais. A guerra permitiu que pessoas diferentes, atormentadas por anos de colonização, segmentação de castas e conflitos civis, pudessem se unir sob uma única bandeira. Infelizmente, a guerra também dissipou sementes de animosidade que ocasionaram rivalidades nacionais que marcam até hoje a falta de comunicação e cooperação entre membros regionais, ainda que compartilhem origens semelhantes.

A guerra destruiu a Confederação Peru-Boliviana e em pouco tempo os protagonistas colocariam as mãos na garganta um do outro. Além disso, a ideia de uma união entre a Bolívia e o Peru continua sendo uma ideia viva até hoje. Antes de assumir seu cargo em 2011, o presidente peruano Ollanta Humala levantou mais uma vez a questão sobre a união entre os dois países. A Guerra da Confederação pode ter sido um conflito obscuro ocorrido há dois séculos, mas o assunto ressoa até hoje.

Por fim, a guerra destacou forças que desencadearam conflitos na América do Sul. Disputas territoriais estiveram no cerne do problema. Dessa vez, foi o acesso da Bolívia ao Oceano Pacífico e se o mesmo deveria ocorrer através de Arica ou Cobija. Enquanto isso, uma panóplia de poderes externos agiram como instigadores que exacerbaram o estado de animosidade. No entanto, tais forças externas desempenhariam um papel mais evidente em conflitos posteriores.

4 A GUERRA DA TRÍPLICE ALIANÇA: TODOS CONTRA UM

A GUERRA DA TRÍPLICE ALIANÇA:
TODOS CONTRA UM

No dia 1º de março de 1870, o presidente paraguaio Francisco Solano López fez uma parada nas margens do rio Aquidabán. Ele estava em fuga, escondendo-se na floresta tropical de seu devastado país. Seu pequeno destacamento de duzentos soldados era tudo o que restara do exército paraguaio patriota que outrora havia sido poderoso. Em meio a uma escaramuça em Cerro Corá, mais cedo naquele dia, ele havia sofrido ferimentos no estômago e na cabeça e agora estava separado de seus homens. Subitamente, foi emboscado pelo general brasileiro José Antônio Correia da Câmara junto a um esquadrão de seis soldados. Recusando-se a se render, Solano López fugiu do inimigo, sendo mortalmente ferido no processo. Esse desfecho violento deu um fim à guerra mais sangrenta da história latino-americana e consignou uma nação promissora às cinzas da história.

Tal qual a Guerra Civil Americana (1861-1865) e a Guerra Franco-Prussiana (1870-1871), a Guerra da Tríplice Aliança foi um conflito que anunciou algumas das armas e técnicas mortais que seriam implantadas durante o século XX. Navios de guerra blindados, metralhadoras, balões de observação, telégrafos e a técnica do uso de trincheiras foram a base do conflito. Ela também marcou um dos primeiros exemplos de guerra total, em que trezentos mil soldados de quatro países beligerantes se encontraram no campo de batalha. Ao final, o Paraguai foi destruído. O país perdeu mais de 60 por cento de sua população, 40 por cento de seu território e grande parte de sua dignidade — ficando com uma memória que ainda arde na psique nacional.

O Paraguai pertenceu ao Vice-reino do Rio da Prata. Desprovido de recursos minerais, o país era mais conhecido por sua grande população de índios guaranis. Por esse motivo, foi posto sob os auspícios da Igreja Católica, que estabeleceu um sistema de missões a fim de promover o proselitismo e utilizar a mão de obra indígena para produzir produtos para os mineiros de Potosí[46]. Quando a Guerra da Independência começou, o Paraguai, assim como a Bolívia, separou-se e ficou isolado. Houve tentativas dos rebeldes de Buenos Aires de reivindicar a tomada do país. O general argentino Manuel Belgrano foi designado à inútil tarefa de recuperar o território, mas não obteve sucesso. Eventualmente, os líderes revolucionários perderam o interesse e voltaram as atenções para a questão mais urgente, que era erradicar a ameaça espanhola ao flanco ocidental.

----

[46] Nelsy Echávez-Solano e Kenya C. Dworkin y Méndez (Eds.), *Spanish and Empire* (Nashville, TN: Vanderbilt University Press, 2007).

Após a guerra, as Províncias Unidas dedicaram-se a solucionar suas disputas internas, deixando as questões do Paraguai e da Bolívia de lado. Ao mesmo tempo, o Brasil preferiu manter um tampão em seu conflito com a Argentina. As Guerras Platina e Cisplatina foram experiências dolorosas e o tampão entre os dois vizinhos serviu para amenizar as tensões. Por esse motivo, o Brasil foi o primeiro país a reconhecer o Paraguai como uma nação independente e soberana.

O Paraguai não tinha grandes depósitos de metais preciosos, mas tinha uma abundância de terras férteis e uma grande força de trabalho. Todavia, contava ainda com uma grande desvantagem: era um território não litorâneo. Ao norte e a leste estava o Brasil, a oeste, a Bolívia, e ao sul, a Argentina. Portanto, o único acesso paraguaio ao restante do mundo se dava através dos rios que desembocavam no Rio da Prata. Esse fato forçou o governo a manter uma relação de dependência com a Argentina, o que se tornou uma fonte constante de tensão política. Cercado por essas grandes e poderosas nações, o exército paraguaio precisava estar sempre em pé de guerra. Diante disso, assim como a antiga Troia, a pequena nação manteve uma longa tradição de autoritarismo, militarismo e poder centralizado.

O sistema administrativo do Paraguai havia sido hierárquico desde seus dias como uma colônia jesuíta, quando pequenos grupos clérigos governavam a grande população indígena. Isso significou um legado de autocracia para o país, mas com uma tendência humanista que facilitou a ascensão de líderes paternalistas fortes[47]. O primeiro deles foi José Gaspar Rodríguez de Francia, seguido por seu sobrinho, Carlos Antonio López e, em seguida, o filho de Carlos, Francisco Solano López.

Existem duas versões populares acerca de seus legados históricos. Alguns historiadores os apresentam como senhores feudais que escravizaram a população indígena para tornarem-se tremendamente ricos. Outros os descrevem como visionários utópicos que fizeram uso da propriedade estatal para promover o desenvolvimento da nação. Na realidade, eles foram a combinação dos dois e, independentemente de terem sido despóticos ou patriarcais, foram autocráticos. As políticas macroeconômicas do Paraguai poderiam ser caracterizadas como autárquicas, estadistas e mercantilistas; houve limitações de importações, da iniciativa privada e de investimento estrangeiro. Como resultado, para crescer, o país foi obrigado a contar com taxas maiores de poupança e de substituição de importações.

Os pilares do modelo econômico foram as plantações estatais; logo após a independência, o governo nacionalizou as terras que pertenciam aos oficiais monarquistas, simpatizantes e inimigos políticos, convertendo-as em enormes fazendas estatais produtoras de erva-mate, tabaco, grãos, algodão e madeira para exportação, o que gerou a receita necessária para construir a primeira estrada de ferro e um telégrafo na região. A redivisão também permitiu que o governo estabelecesse estaleiros, atividades siderúrgicas e o maior exército permanente da América do

---

[47] Edberto Oscar Acevedo, *La Intendencia del Paraguay en el Virreinato del Río de la Plata* (Buenos Aires: Ediciones Ciudad Argentina, 1996).

Sul. O exército paraguaio era bem equipado e treinado de acordo com a mais avançada tecnologia e técnicas dos mercenários europeus da época.

A organização da economia paraguaia era muito diferente da de seus vizinhos, além de ser mais próspera. Seu modelo econômico orientado pelo Estado criava uma distribuição de renda mais igualitária, o que entrava em significativo contraste com a grande concentração de riqueza presente na Argentina e no Brasil. Além disso, a sociedade paraguaia também era estruturada de forma diferente. Ao contrário de muitas das outras colônias latino-americanas, que restringiam o acesso à educação da população procurando perpetuar os cismas que moldavam suas hierarquias sociais, o governo paraguaio promovia a educação pública; inclusive concedendo bolsas de estudo para membros de classes inferiores para estudar no exterior, facilitando assim a mobilidade social.

Existem também visões contrastantes sobre a política externa do Paraguai. Muitos apresentam o país como um estado expansionista, com aspirações de obter acesso direto ao Atlântico, enquanto outros o descrevem como defensivo, com preocupações genuínas sobre seus grandes e hegemônicos vizinhos. O segundo grupo argumenta que as tendências de supremacia demonstradas pela Argentina e Brasil ameaçavam a soberania das nações regionais menores. Por essa razão, esses teóricos dizem que a Guerra da Tríplice Aliança não significou exatamente uma apropriação de terras por parte do Paraguai, já que, na realidade, tratava-se de uma luta pela sobrevivência.

Essa dicotomia de percepções é crucial para a representação do conflito. A história é escrita pelos vencedores. Nesse caso, o Brasil, a Argentina e o Uruguai normalmente descrevem o Paraguai como o agressor, em vez de a vítima, de uma guerra genocida. Para perpetuar essa visão, os aliados incendiaram os arquivos nacionais de Assunção. A maior parte das histórias que sobrevivem sobre o conflito foi escrita em Buenos Aires e no Rio de Janeiro. Não obstante, muitas crônicas de jornal, diários e cartas sobreviveram, criando uma imagem muito mais complexa do que a narrativa comum.

O primeiro grande marco do conflito ocorreu em 1862, quando o bastão presidencial foi passado para Francisco Solano López. Extremamente mimado quando jovem, ele era impetuoso e autocrático. Aos dezoito anos de idade, foi promovido ao posto de general de brigada. Aos vinte e seis, foi enviado para a Europa com poderes plenipotenciários e passou um ano e meio na Grã-Bretanha, França e Itália. Ele ficou extasiado com os contos de Napoleão e desenvolveu um fascínio romântico pelas guerras napoleônicas, solicitando uniformes semelhantes para suas tropas e uma réplica exata da coroa de ouro de Bonaparte. Em Paris, López conheceu Eliza Lynch, uma cortesã irlandesa. Ele a levou para Assunção para ser sua amada e companheira. Após sua chegada, em 1855, seu pai o nomeou ministro da guerra e ele então atuou nessa posição até se tornar presidente sete anos depois.

A balança de poder regional fluía bem quando Solano López vestiu a faixa presidencial em 1862. Um ano antes, as forças militares de Buenos Aires, sob o comando de Bartolomeu Mitre, entraram em conflito com o exército da Confederação argentina, na chamada Batalha de Pavón. As forças da Confederação, lideradas por José Justo de Urquiza, estavam ganhando o confronto, quando Urquiza repentinamente abandonou o campo de batalha. Percebendo que seus adversários estavam se enfraquecendo, Mitre, que já começara a recuar, retomou o ataque e deu uma guinada. Isso marcou uma virada crucial para a história do país. Desde sua independência meio século antes, a Argentina tinha sido assolada por uma disputa entre unitaristas e federalistas. Quando Urquiza decidiu abandonar Pavón, o movimento federalista desmoronou e o país se consolidou sob o modelo unitarista[48].

Um dos oficiais de maior confiança de Mitre era o general Venâncio Flores, um uruguaio com uma personalidade extremamente violenta. Um mês após a vitória em Pavón, seus homens surpreenderam um contingente de trezentas tropas federalistas em Cañada de Gomez. Em vez de aprisionar os soldados, ele ordenou que suas gargantas fossem cortadas. Sanguinário e ambicioso, ele era consumido pelo desejo de tomar a presidência de seu país. Conforme discutido em outro capítulo, desde sua independência, o Uruguai tinha sido destruído por uma luta entre as duas principais facções políticas, os Blancos e os Colorados. Cansados do derramamento de sangue, eles assinaram uma trégua em 1860 e criaram a coalizão fusionista Colorado–Blanco, nomeando Bernardo Berro, um Blanco, como chefe de estado.

O fim da guerra civil argentina convenceu Flores que era hora de voltar para casa. Ele pediu ajuda a Mitre para derrubar o governo legitimamente eleito. O líder argentino concordou e lhe forneceu fundos, armas e soldados. Em 19 de abril de 1863, Flores desembarcou em um pequeno território uruguaio apropriadamente chamado de Rincón de las Gallinas (esquina das galinhas), que ficava um pouco ao sul de Fray Bentos, onde ele começou a montar uma nova insurgência que seria chamada de Cruzada Libertadora. A retomada das hostilidades ocasionou o colapso da coalizão fusionista, quando os Colorados decidiram se aliar a Flores. No entanto, Flores não foi capaz de derrubar o governo[49].

Berro tinha punho forte. Ele era um aristocrata de uma grande família proprietária de terras e havia sido o primeiro presidente do país. Agora, ele estava em seu segundo mandato. Flores desembarcou com homens, equipamentos e munição, mas não foi o suficiente para derrotar a nação. Dessa forma, ele foi forçado a uma campanha de guerrilha. Em março de 1864, o mandato de Berro acabou, mas o conflito em curso impediu que houvesse eleições. Sendo assim, ele foi substituído de forma interina pelo presidente do senado, Atanasio Aguirre, que também era Blanco. Ele conseguiu manter Flores afastado, mas a situação estava prestes a mudar.

Desde o fim da Guerra Cisplatina, as relações do Uruguai com o Brasil haviam se mantido tempestuosas. A comercialização contrabandista era galopante e ban-

---

[48] Isidoro J. Ruiz Moreno, *El Misterio De Pavón: Las Operaciones Militares y sus Consecuencias Políticas* (Buenos Aires: Claridad, 2005).

[49] Gordon Ross, *Argentina and Uruguay* (New York: Macmillan, 1916).

didos atacavam fazendas em ambos os lados da fronteira. Em maio de 1864, o governo imperial do Brasil apresentou ao Uruguai uma lista de incidentes e exigiu indenização; Aguirre recusou. Como resposta, o imperador do Brasil ordenou a invasão do Uruguai. O objetivo era ocupar o porto fluvial de Paysandú, a segunda maior cidade do país, para exigir retribuição.

A iniciativa estava sob o comando do Marquês de Tamandaré, o Almirante Joaquim Marques Lisboa, que ordenou que uma esquadra de cinco navios de guerra brasileiros subisse o rio Uruguai. Visto que o rio era dominado pelo Uruguai e a Argentina, os brasileiros solicitaram uma passagem com segurança a Buenos Aires, que aderiu com prazer ao requerimento. Esse fato foi uma surpresa para o governo uruguaio, pois a Argentina vinha abertamente ajudando ações subversivas de Flores. Sendo então fortemente pressionado pelas forças hegemônicas da Argentina e do Brasil, Berro apelou para seus vizinhos, Solano López e Urquiza.

As forças de Urquiza eram formidáveis, apesar de sua reversão em Pavón. Ele era de longe o homem mais rico da Argentina: possuía dezenas de milhares de gaúchos sob o seu comando e era proprietário da província de Entre Ríos.

Uma delegação uruguaia viajou até sua casa e lhe informou que Montevidéu não tinha qualquer chance contra a Argentina e o Brasil; advertiram-no também de que o que estava acontecendo no Uruguai era um prenúncio do que aconteceria com ele. Urquiza, no entanto, estava cansado da causa federalista e das constantes brigas entre as diversas facções políticas. Ele havia se resignado a aceitar a supremacia de Buenos Aires e estava concentrado em ampliar sua enorme riqueza[50].

Solano López, por sua vez, não era tão complacente. O Paraguai era um país soberano e ele sabia que o que estava ocorrendo no Uruguai anunciava o que o esperava mais à frente. Buenos Aires tinha ficado distraído pelas disputas internas por cinquenta anos, mas com o término da guerra civil, estava agora buscando reivindicar os territórios do antigo vice-reino. O Brasil também estava em uma missão semelhante, querendo dominar os estados menores ao longo de seu flanco sul. Sendo assim, Solano López decidiu agir. Em 12 de novembro de 1864, a Marinha paraguaia capturou o navio a vapor brasileiro *Marquês de Olinda* quando estava navegando para o norte no rio Paraguai. Tal agressão constituiu um ato de guerra e não tinha mais como voltar atrás.

Solano López já vinha se preparando para uma situação como essa desde que se tornara ministro da guerra. Alguns anos antes, ele havia ordenado que espiões paraguaios fizessem reconhecimento das regiões do sul do Brasil, estabelecendo táticas e planos para uma invasão preventiva. Suas tropas estavam bem preparadas para a luta. Embora seus vizinhos fossem maiores e mais ricos, suas forças terrestres não eram tão bem organizadas. O Paraguai tinha um exército permanente de quarenta e quatro mil homens. Já a Argentina, após suas guerras civis, contava com um exército reduzido a

---

50 William Hartley Jeffrey, *Mitre and Urquiza: A Chapter in the Unification of the Argentine Republic* (Madison, NJ: Library Publishers, 1952).

menos de cinco mil soldados, sendo que a maioria deles estava posicionada ao longo da fronteira sul para se defender contra ataques indígenas. O exército do Brasil, por sua vez, era maior, com mais de dezesseis mil soldados, cuja maior concentração estava no Rio Grande do Sul, onde haviam se fixado desde o conflito da Farroupilha. O exército do Uruguai era o menor dos três aliados, com menos de dois mil homens.

A situação era diferente na frente naval. Graças ao seu programa de construção naval e aquisições estrangeiras, a Marinha paraguaia tinha vinte e nove navios de guerra; a Marinha argentina tinha um total de cinco navios; e o Uruguai não tinha nenhum. Enquanto isso, a Marinha do Brasil possuía quarenta e dois navios de guerra; sua frota havia sido significativamente reduzida desde a independência, mas ainda era formidável. Como foi mencionado no capítulo sobre as Guerras Cisplatina e Platina, o legado português de uma marinha forte proporcionou uma vantagem militar decisiva.

Apesar de o ato de agressão inicial ter partido do Paraguai, o Brasil estava focado em se vingar do Uruguai[51]. No dia 1º de dezembro de 1864, o Brasil atacou a cidade uruguaia de Paysandú com uma força combinada de vinte mil soldados e marinheiros, assistidos por rebeldes uruguaios liderados por Venâncio Flores. Bombardeada por terra e mar, a cidade foi reduzida a escombros. Uma semana depois, mulheres, crianças e idosos foram evacuados para uma ilha próxima. Ainda havia esperança de que Urquiza se juntaria à luta para virar o jogo. Muitos argentinos de Entre Ríos se voluntariaram para a defesa contra o cerco, mas Urquiza não se mexia. Pelo contrário, ele traiu seu vizinho vendendo trinta mil cavalos para os brasileiros a um preço muito inflado, comprando assim sua neutralidade.

Testemunhando a impunidade com que o Brasil, com a ajuda da Argentina, estava tratando Uruguai, o Paraguai decidiu agir de forma mais decisiva. Proclamando que a invasão do Uruguai era um claro ato de agressão, o país declarou guerra ao Brasil em 13 de dezembro de 1864. Dez dias mais tarde, um batalhão de quatro mil e duzentos soldados embarcou em sete transportes militares seguindo para o norte do rio Paraguai. Seu destino era a cidade brasileira de Coimbra, no estado de Mato Grosso do Sul.

Em 27 de dezembro, eles realizaram um ataque surpresa contra uma guarnição de 155 homens. Os brasileiros resistiram por dois dias antes de escaparem rio acima para a cidade militar de Corumbá. A fortificação em que se abrigaram era maior e era defendida por quinhentos soldados; mas quando o comandante percebeu que estava em uma posição altamente inferior física e belicamente, decidiu retirar-se para Cuiabá, capital do Mato Grosso, onde ele poderia contar com mais recursos. Como o rio era raso demais para os navios a vapor prosseguirem, as tropas paraguaias se instalaram em Corumbá, cavando trincheiras e instalando peças de artilharia — e lá permaneceram até o fim da guerra.

....

[51] Guido Rodríguez Alcalá e José Eduardo Alcázar, *Paraguay y Brasil: Documentos sobre las Relaciones Binacionales, 1844–1864* (Asunción: Editorial Tiempo de Historia, 2007).

Outra guarnição paraguaia simultaneamente lançou uma incursão para o flanco sudeste do Mato Grosso do Sul. Eles chegaram ao posto militar de Dourados, que era defendido por um pequeno grupo de dezesseis homens. Após uma luta sangrenta em que todos os soldados brasileiros morreram, a força de invasão continuou em direção ao norte, parando em Miranda. Consequentemente, o exército paraguaio estabeleceu duas frentes distintas dentro do território brasileiro. Sua estratégia era criar uma investida por meio de ataques diversivos, que distrairiam as forças imperiais da maior operação que estava prestes a marchar para o sul através da Argentina e unir forças com o Uruguai.

Em Paysandú, a situação estava ficando desesperadora. Totalmente desarmada e em minoria, a cidade se rendeu em 2 de janeiro de 1865. Quando Leandro Gómez, o líder da guarnição, se aproximou dos brasileiros para propor os termos, ele foi preso e entregue ao general Flores. Ignorando as convenções de guerra, o general uruguaio ordenou a morte de Gómez, marcando assim o fim do cerco. Em seguida, Flores liderou seus rebeldes e uma força de oito mil soldados imperiais em direção a Montevidéu.

Nesse ínterim, o mandato de Aguirre havia terminado. Ele foi substituído pelo senado por um presidente interino, Tómas Villalba. Com medo de um banho de sangue e uma repetição do que ocorreu em Paysandú, Villalba começou a negociar. Os dois lados concordaram em permitir que o general bárbaro assumisse até que as eleições fossem viáveis. Além disso, ele perdoou Blancos e Colorados para evitar represálias. A posse de Flores como o legítimo chefe do Uruguai reduziu o país ao status de fantoche estatal, sob o comando total da Argentina e do Brasil.

O desenrolar dos acontecimentos no Uruguai preocupou Solano López, pois embora a posição do Brasil fosse clara, ele não sabia o que fazer com a Argentina. Buenos Aires continuava reivindicando neutralidade, mas a atitude complacente de Mitre em relação ao trânsito de navios de guerra brasileiros em rios argentinos e seu apoio aberto a Flores sugeriam outra coisa. Almejando investigar as verdadeiras intenções da Argentina, Solano López pediu permissão ao exército paraguaio para atravessar a província argentina de Corrientes para ajudar os uruguaios sitiados. Mitre recusou o pedido alegando que a Argentina era neutra e não poderia permitir que os beligerantes entrassem.

Os paraguaios então ressaltaram que Mitre havia permitido que os navios de guerra brasileiros subissem o rio Uruguai para ajudar no cerco de Paysandu e o indagaram como ele poderia chamar seu comportamento de neutro; mas não houve resposta. A sorte estava lançada. A guerra contra a Argentina era inevitável, mas antes, Solano López tinha mais uma ação diplomática a realizar. Ele enviou um emissário ao encontro de Urquiza, propondo uma aliança contra Buenos Aires e chegando ao ponto de prometer-lhe a presidência da Argentina em caso de vitória. Porém o caudilho não estava mais interessado em defender causas perdidas[52].

---

[52] Miguel Angel De Marco, *La Guerra del Paraguay*, 1ª ed. (Buenos Aires: Planeta, 2003

Sem alternativas, Solano López solicitou que o congresso paraguaio declarasse guerra à Argentina. Houve debates durante mais de um mês e, por fim, a guerra foi declarada em 13 de Março de 1865, concedendo a ele poderes marciais e o comando do exército paraguaio. Sua estratégia era invadir a província de Corrientes, na esperança de que a população local se juntasse à sua causa. Repleta de índios guaranis e seus descendentes, a província compartilhava uma grande afinidade com o Paraguai e os paraguaios. A invasão tinha duas vertentes. Uma pressionaria o Rio Paraná em direção à cidade de Corrientes; e a outra pressionaria o outro lado da província ao longo do rio Uruguai.

A campanha foi dirigida a partir de Humaitá, uma fortaleza que ficava no encontro dos rios Paraguai e Paraná, controlando o acesso fluvial à capital de Assunção; em outras palavras, Humaitá era a porta da frente para a nação. A fortificação impenetrável era defendida por paredes espessas em círculos e baterias de artilharia separadas. Assim que o conflito começou, Solano López transferiu seu quartel-general para lá para comandar a campanha.

A cidade de Corrientes era um importante centro comercial argentino. Sendo a capital da província e levando o mesmo nome, a grande cidade portuária ficou estagnada em uma série de blefes. Com hostilidades iminentes, o governador solicitou armas e tropas de Buenos Aires, mas Mitre ignorou os pedidos. Ele ainda estava lidando com insurreições no oeste e precisava racionar seus recursos; além disso, ele não sabia sobre a declaração de guerra do Paraguai, uma vez que o documento ainda estava a caminho. De forma preventiva, ele enviou dois navios de guerra antigos para auxiliar na defesa da cidade. Mal sabia o que o esperava.

Na quinta-feira santa de 1865, foi enviada uma esquadra de cinco navios de guerra paraguaios transportando cinco mil soldados para tomar a cidade. A flotilha, sob o comando do general Wenceslao Robles, passou sorrateiramente pelas docas da cidade sob a escuridão da noite almejando cercar e surpreender a cidade.

A queda de Corrientes desencadeou abalos sísmicos em Buenos Aires, especialmente pela constatação de que a cidade havia caído sem nenhum disparo de tiro em autodefesa. Como Solano López imaginara, a população acolheu os paraguaios. Inclusive, uma delegação de cidadãos proeminentes até recebeu as tropas invasoras sacudindo bandeiras paraguaias. Temendo que sua nação recém-consolidada fosse fragmentada, Mitre se comprometeu a acabar com o conflito e a ir para Assunção em menos de três meses. Enquanto isso, Solano López redobrou seus esforços, adicionando vinte mil soldados à força de invasão. Robles deixou um contingente de mil e quinhentos soldados para proteger a cidade e continuou descendo o rio Paraná.

Mitre estava em estado de choque: o Paraguai tinha que ser destruído antes que a situação saísse do controle. Conhecendo suas limitações, ele convidou o inimigo de seu país, o Brasil, para se unir à empreitada, além de seu novo estado aliado, o Uruguai. Conforme logo se tornaria evidente, o Brasil precisava da guerra para reprimir seus próprios grupos separatistas.

O tratado tripartite, que foi assinado no dia 1º de maio de 1865, foi mantido em segredo por aprovar um enorme uso de força contra uma nação muito menor. O tratado consistia na formalização da aliança improvisada que havia tomado forma no ano anterior no Uruguai e funcionou como um reforço para os medos de Solano López em relação à propensão de o Brasil e a Argentina exercerem um domínio hegemônico. A formalmente conhecida como Tríplice Aliança nomeou Mitre como o chefe da expedição.

Mitre agora tinha de restaurar seu país. Para fazê-lo, ele mudou a narrativa política nacional. Até aquele momento, o debate ideológico havia focado a disputa entre as formas de governo unitarista e federalista. Não obstante, a Batalha de Pavón tornou o argumento questionável. Após a batalha, Buenos Aires concordou com um sistema de partilha de receitas conhecido como coparticipação, que distribuiria as receitas aduaneiras para as províncias. Consequentemente, surgiu uma forma híbrida de administração, pois as receitas eram divididas de acordo com o Federalismo, mas Buenos Aires comandava a nação unilateralmente. Como Mitre precisava desviar a atenção do público para longe dessa realidade, criou um novo discurso, argumentando que a guerra contra o Paraguai era uma luta contra a barbárie. A Argentina buscava liberalizá-lo, no sentido econômico e político, e colocar um fim na "tirania selvagem" representada pela propriedade do Estado.

Como resultado, Mitre transformou a empreitada contra o Paraguai em uma cruzada liberal. Isso deu ao conflito uma dimensão econômica que era particularmente atraente para o Brasil — e para a Grã-Bretanha. A forma de organização econômica mais igualitária do Paraguai representava um contraste vergonhoso para os regimes de propriedade privada adotados no Brasil e na Argentina, juntamente com as grandes concentrações de riqueza que eles produziam. Era também um obstáculo para as tentativas britânicas de realizar incursões comerciais no país, seja por meio de mercados de capitais ou investimentos diretos estrangeiros. Essa foi uma das primeiras vezes em que a ideologia econômica foi usada como justificativa para a guerra.

O ato de inauguração da ofensiva aliada foi realizado em Corrientes, quando uma esquadra de oito navios de guerra brasileiros e dois navios a vapor argentinos retomou a cidade. A operação foi planejada por Mitre e liderada pelo general argentino Wenceslao Paunero. A invasão foi sangrenta, com violentas lutas de extermínio que resultaram em cerca de quinhentas mortes em cada lado. Para a surpresa de todos, não houve recepção de boas-vindas.

Com medo de que os habitantes se voltassem contra eles quando os paraguaios contra-atacaram, os aliados se retiraram e reembarcaram em seus navios. Quando o fizeram, os paraguaios retornaram à cidade e reforçaram suas posições defensivas. No entanto, a frota brasileira permaneceu ancorada ligeiramente ao sul.

A partir de meados de abril, um bloqueio foi montado, impedindo o comércio e o transporte de munições e armas destinadas ao Paraguai. Isso tornou-se um importante revés para Solano López, que desejava adquirir mais equipamentos da

Europa e dos Estados Unidos. Ele precisava encontrar uma forma de quebrar o bloqueio.

Em junho de 1865, ele inaugurou uma operação que se tornaria a maior batalha naval da história da América Latina. Seu plano era tomar a esquadra brasileira sem aviso; dessa forma, ele esperava capturar vários navios grandes e usá-los para romper o bloqueio. A missão foi dada ao comandante Pedro Ignacio Meza, um dos oficiais navais mais antigos e experientes do Paraguai.

Sem os recursos adequados, a esquadra improvisada de Meza era composta por oito navios a vapor armados com trinta canhões. Além dos navios a vapor, a esquadra paraguaia puxava sete barcas de armas que poderiam ser ancoradas para fornecer apoio bélico.

Apenas o navio-almirante, *Tacuarí*, era blindado. A maioria dos navios ainda era de remo de madeira, incluindo o navio mercante brasileiro, *Marquês de Olinda*, que tinha sido capturado alguns meses antes. Além dos 492 marinheiros a bordo dos navios, as forças contavam com um batalhão de quinhentos soldados para atuar como forças de combate a bordo. Eles eram auxiliados por vinte e dois canhões, que estavam sob o comando do tenente-coronel José María Bruguez, dispostos ao longo de pontos com diferentes alturas da cidade. Além disso, um regimento de dois mil reforços estava a postos. A esquadra brasileira possuía nove navios a vapor blindados, mil e quatrocentos marinheiros e mil e trezentos soldados[53].

O poderoso rio Paraná é a segunda maior via fluvial da América do Sul e transporta mais água que o Mississippi. O rio drena a parte central do continente, tornando-se um importante canal para o comércio e as comunicações. Ele faz uma curva na cidade de Corrientes, que fica localizada a mil quilômetros da foz do rio, com uma largura de mais de três quilômetros. O nome da cidade faz referência às correntes fluviais que giram conforme o curso do rio passa por ali. A presença de grandes ilhas cria um efeito de Bernoulli, que acelera a velocidade da água ao mesmo tempo em que cria uma cascata de turbilhões que dificultam a navegação.

Todas as noites, a frota brasileira deixava sua estação localizada a vinte quilômetros ao sul de Corrientes para acampar na margem oposta. A tripulação lançava a âncora e desembarcava, mantendo, contudo, olhos bem abertos para qualquer tipo de tráfego que se aproximasse. Os paraguaios sabiam que eles estavam desarmados nesse momento, e foi aí que decidiram usar o elemento surpresa para capturar a Marinha Imperial despreparada. O plano era navegar pelo rio Paraná sob o manto da noite. O grupo de ataque então capturaria os navios antes que os brasileiros pudessem reembarcar para contra-atacar.

A operação teve início na noite de 10 de junho de 1865. Tudo começou bem. A esquadra zarpou de Humaitá e navegou pelo rio Paraguai. Após a meia-noite, quando os navios acabavam de entrar no rio Paraná, uma hélice do *Yberá* foi danificada

[53] Leslie Bethell, A Guerra do Paraguai, 1864-1870 (Londres: Instituto de Estudos Latino-Americanos, 1996).

por detritos debaixo d'água. Embora não fosse o principal navio, era um dos maiores de Meza — e um dos poucos que utilizava um sistema de hélices de propulsão. O almirante decidiu prosseguir, mas em um ritmo mais lento. Consequentemente, a esquadra chegou lado a lado da frota brasileira ao amanhecer, envolta por uma densa névoa. Meza assumiu que o ardil tinha ido pelos ares. A corrente do rio também estava mais rápida do que ele esperava, e ele sentiu que as âncoras não aguentariam o suficiente até que os grupos de ataque pudessem embarcar nos navios. Por isso, ele decidiu pressionar a esquadra brasileira mais do que o planejado e acertar os navios com fogo de canhão conforme passavam. Sua decisão desencadeou lamentos e descontentamento entre os membros do grupo de ataque, pois estavam todos querendo desembarcar.

Os notáveis canhões de bordo dos navios anunciaram sua chegada, de forma que os marinheiros imperiais rapidamente reembarcaram. Detentores de poder bélico superior, eles danificaram seriamente um dos navios a vapor de saqueadores e afundaram uma das barcas. Muitos dos outros navios de ataque também foram atingidos de maneira que houve muitas baixas no grupo de ataque. Ao passar pelo inimigo ancorado, Meza percebeu que estava em um beco sem saída. Ele havia perdido o elemento surpresa, que era sua única vantagem tática, e agora estava dentro de um cerco.

Ao norte do rio havia uma força superior, e ao sul, uma esquadra inimiga ainda maior encarregada do bloqueio. Sendo assim, Meza não teve outra opção a não ser lutar. Ele ordenou que seus navios parassem e se preparassem para um contra-ataque.

A frota brasileira imediatamente levantou âncora e acelerou o ritmo ao sul do rio. Sob o comando de Francisco Manuel Barroso, as tripulações foram obrigadas a combater as estações. O pesado navio cruzador *Belmont* era o primeiro da fila. Quando ele se aproximou da esquadra inimiga, a artilharia da costa abriu fogo e ateou o navio em chamas. O navio cruzador seguinte, *Jequitinhonha*, deu meia volta para não ser atraído para a armadilha, porém encalhou. A artilharia paraguaia reagiu atirando uma chuva de fogo sobre o segundo navio e a frota brasileira caiu em desordem.

O almirante paraguaio ordenou que três de seus navios atacassem o *Belmont*. E ele também orientou os marinheiros do *Marquês de Olinda* que embarcassem no *Jequitinhonha*. Para impedir que sua esquadra se desintegrasse, Barroso ordenou aos navios que se redirecionassem para o norte do rio. Sabendo que os navios de madeira de Meza não eram páreo para os cruzadores blindados, o comandante imperial sinalizou ao seu navio-almirante, o *Amazonas*, que derrubasse o segundo maior navio de Meza, o *Paraguarí*. O navio de guerra brasileiro colidiu de forma profunda na lateral do navio de madeira, forçando-o a se retirar. Isso permitiu que o *momentum* se tornasse mais favorável para os brasileiros. Ao ver a facilidade com que seu navio couraçado havia cortado o *Paraguarí*, Barroso ordenou ao *Amazonas* que derrubasse também mais dois navios, incluindo o *Marquês de Olinda*. Ele também ordenou que seus artilheiros mirassem nos barcos paraguaios a vapor com rodas de pás, deixando-os destruídos na água.

Tendo destruído mais de metade da esquadra inimiga, os artilheiros imperiais voltaram suas atenções para as barcas restantes e afundaram todas elas. A batalha havia durado o dia inteiro, mas a Marinha Imperial Brasileira não pressionou o ataque com a chegada do anoitecer. Os brasileiros permitiram que os navios paraguaios sobreviventes fugissem e retornassem para sua base em Humaitá. Nesse ponto, Meza encontrava-se mortalmente ferido deitado no convés do navio *Tacuaré*, que estava recuando, e faleceu uma semana depois.

O conflito ficou conhecido como a Batalha de Riachuelo e foi a maior batalha naval da história da América Latina, com o maior número de combatentes e navios. Foi um importante marco no estabelecimento da superioridade naval do Brasil e de seu comando dos sistemas fluviais. Os equipamentos e tecnologias superiores do Brasil foram decisivos. Era claro que o Paraguai precisaria de navios melhores se planejasse vencer o inimigo. No entanto, com o bloqueio brasileiro, o país era incapaz de receber equipamentos adicionais, sendo, dessa forma, forçado a depender de suas próprias fábricas, fundições e estaleiros para atender às suas necessidades de guerra.

Apesar do recuo, o exército paraguaio manteve sua campanha. Robles avançou lentamente pelas margens do rio Paraná e, inclusive, bombardeou a esquadra brasileira quando navegou para o sul após sua vitória em Riachuelo. O general prosseguiu até chegar a Goya, onde a maior parte da frota brasileira estava posicionada a cargo do bloqueio. Ao mesmo tempo, um contingente de doze mil soldados paraguaios se direcionava para o sul ao longo do rio Uruguai, que registrava a linha de demarcação entre o Brasil e a Argentina. A margem oriental da hidrovia marcava a fronteira do Brasil, enquanto a costa ocidental, a da Argentina. As duas campanhas efetivamente separaram as províncias de Corrientes e Missiones do resto do país, registrando assim a maior invasão do território argentino.

A força expedicionária que avançou ao longo do rio Uruguai estava sob o comando do tenente-coronel Antonio de la Cruz Estigarribia. Sua primeira parada foi na cidade brasileira de São Borja, que havia sido derrotada no dia seguinte à Batalha de Riachuelo. O coronel estava sob estritas ordens para encerrar a marcha na cidade de Itaqui, mas depois que viu o inimigo fugir, resolveu pressioná-lo. No final de junho de 1865, ele dividiu sua força em dois grupos e retomou a invasão, com uma parte em cada lado da hidrovia. No lado argentino do rio, ficou um contingente de três mil homens, posto sob o comando do major Pedro Duarte. Do lado brasileiro, Estigarribia controlava o restante da força. Os dois grupos finalmente pararam de avançar cem quilômetros ao sul de Itaqui, quando suas linhas de reabastecimento ficaram perigosamente sobrecarregadas. Duarte parou em Paso de los Libres e Estigarribia em Uruguaiana, que ficava do lado oposto do rio.

Nesse meio tempo, os aliados preparavam sua ofensiva. O novo centro de operações era a cidade argentina de Concordia, localizada duzentos quilômetros ao sul do rio de Paso de los Libres e Uruguaiana. A cidade zunia com a chegada de toneladas de armas, uniformes e suprimentos de todo o país. Navios estrangeiros enchiam as docas com munições importadas. Toda semana chegavam milhares de recrutas argentinos. Havia um grande entusiasmo, como se a campanha fosse se tornar uma grande aventura. Filhos de políticos proeminentes e de famílias ricas se voluntariaram, mas nem todo mundo estava tão animado com a guerra.

Um mês antes, na cidade Basualdo de Entre Ríos, um exército de dez mil gaúchos montados, liderado por Ricardo López Jordán, abandonou a tropa quando soube que estava indo lutar contra os paraguaios. Eles haviam sido recrutados por Urquiza e se ofereceram para lutar acreditando que enfrentariam os brasileiros que haviam sitiado Paysandú. Como ficou evidente durante a queda de Corrientes, a população do nordeste da Argentina tinha mais afinidade com os paraguaios do que com os brasileiros. Eles compartilhavam a mesma língua, costumes e ancestrais dos guaranis que povoaram a região[54].

A cultura Guarani também penetra profundamente o sul do Brasil; e esse foi um dos motivos para tantas cidades brasileiras terem sido derrubadas por invasores paraguaios sem que houvesse muita luta. O povo do Rio Grande do Sul tinha pouco em comum com a nobreza europeia do Rio de Janeiro, como se pôde verificar durante a Revolta Farroupilha. Além disso, o alto comando imperial estava em pânico porque as deserções estavam se alastrando. Por essa razão, as rápidas rendições de Corrientes, São Borja, Itaqui e Uruguaiana confirmaram o temor que o Rio de Janeiro e Buenos Aires sentiam em relação ao Paraguai ser uma ameaça existencial que precisava ser erradicada, pois a invasão poderia fornecer o pretexto para outros estados se fragmentarem.

Essa era a essência da Guerra da Tríplice Aliança. Nunca foi um esforço agregar as ambições expansionistas de Solano López ou erradicar suas políticas estadistas; foi um esforço conjunto de dois inimigos mortais, Argentina e Brasil, para eliminar uma entidade independente e bem-sucedida localizada em seu domínio comum. Essa foi uma conclusão que se tornou clara para Urquiza, o que explica o motivo pelo qual ele abandonou a causa federalista. Ele percebeu que nunca poderia combater o enorme poder de Buenos Aires. Por isso, ele se conformou e passou a se dedicar aos seus interesses comerciais. Solano López, por outro lado, nunca teve essa alternativa. Com a invasão do Uruguai e o massacre em Paysandú, ele sabia que era apenas uma questão de tempo até que seu país sofresse o mesmo destino[55].

Como o Paraguai era o centro da cultura guarani, sua existência era uma ameaça e, portanto, precisava ser eliminada — sua economia foi destruída, sua liderança erradicada e sua população dizimada por uma campanha voltada para o genocí-

[54] Barbara Anne Ganson, *The Guaraní Under Spanish Rule in the Río de la Plata* (Palo Alto, CA: Stanford University Press, 2003).

[55] Moniz Bandeira, *La Formación de los Estados en la Cuenca del Plata: Argentina, Brasil, Uruguay, Paraguay*, 1st ed. (Buenos Aires: Grupo Editorial Norma, 2006).

dio. Foi por isso que a elite econômica e política do Rio de Janeiro constatou que precisava prestar mais atenção ao conflito. Sendo assim, contrariamente à vontade do congresso, o Imperador Dom Pedro II decidiu se dirigir para o campo de batalha[56]. Em agosto de 1865, os aliados lançaram sua campanha colocando Flores e Mitre na liderança. Eles partiram de Concórdia com um exército de doze mil soldados e trinta e dois canhões. Seu primeiro objetivo era a força de Duarte de três mil homens em Paso de los Libres. Quando os aliados se aproximaram, ele enviou uma mensagem urgente ao coronel Estigarribia solicitando reforços. O coronel não apenas rejeitou o pedido de Duarte, como o menosprezou por sua impertinência covarde. Assim, Duarte não apenas ficou desqualificado, como estava isolado de sua artilharia, que estava do outro lado do rio; ele sabia que suas chances de sobrevivência eram quase nulas.

Até aquele momento, o exército paraguaio havia se mantido na ofensiva, orquestrando uma série de ataques surpresas que permitiram intensas incursões no Brasil e na Argentina. Dessa vez, porém, eles encontravam-se na defensiva e enfrentando forças superiores. Procurando o melhor terreno, Duarte posicionou suas tropas nas margens do Yatay Creek, de maneira que sua única opção era lutar ou nadar. Na véspera da batalha, as tensões se intensificaram quando um destacamento de argentinos de Corrientes anunciou em guarani que os paraguaios deveriam fugir, pois seriam massacrados no dia seguinte. Os soldados paraguaios responderam que precisavam cumprir seu dever.

Às dez horas da manhã seguinte, em 17 de agosto de 1865, o ataque começou com uma carga de cavalaria estrondosa. Os paraguaios resistiram em combate por três horas contra forças muito superiores. Metade dos homens foi morta na batalha, com exceção de algumas centenas que escaparam nadando pelo rio. Duarte tentou lançar um contra-ataque final, mas seu cavalo foi baleado e ele foi capturado. O coronel foi levado ao sanguinário Flores, que ordenou que ele fosse executado. Para a sorte de Duarte, sua vida foi poupada por Paunero, o general argentino que havia tentado retomar a cidade de Corrientes alguns meses antes.

Nem todos eram tão sortudos. Após interrogar seus prisioneiros, Flores descobriu que muitos dos soldados que se uniram ao exército paraguaio eram uruguaios, assim como argentinos; confirmando assim a noção de que a causa paraguaia tinha grande apelo. Em vista disso, ele ordenou que eles fossem filmados ou estrangulados. Muitos soldados e oficiais argentinos ficaram horrorizados com as atrocidades e Mitre reclamou amargamente com o general uruguaio. Os prisioneiros de guerra que não foram assassinados, foram incorporados no exército do Uruguai, que estava com um número reduzido de soldados, e forçados a pegar em armas contra seus irmãos.

Após a derrota em Yatay, o foco das atenções foi direcionado para a cidade de Uruguaiana. E então, no dia 16 de julho de 1865, uma divisão brasileira organizou

---

[56] Lília Moritz Schwarcz, *The Emperor's Beard: Dom Pedro II and the Tropical Monarchy of Brazil*, 1st American ed. (New York: Hill and Wang, 2004).

um cerco. Com o término da batalha no lado argentino do rio, vários regimentos foram enviados para aumentar a força do cerco para dezessete mil homens. A Marinha brasileira também havia se posicionado um mês antes, impedindo que o exército paraguaio escapasse ou recebesse reabastecimentos. A falta de alimentos enfraqueceu os homens. Muitos ficaram doentes e a deserção começou a aumentar. No dia 11 de setembro de 1865, Dom Pedro II chegou ao campo de batalha. Ele se reuniu com Mitre e Flores para discutir o progresso da campanha. O embaixador britânico, Sir Edward Thornton, também participou das discussões. A Grã-Bretanha tinha bastante interesse nessa guerra; o país não estava apenas interessado em abrir a economia paraguaia para empréstimos e investimentos estrangeiros, mas a guerra civil dos Estados Unidos ainda estava em seu auge, e os britânicos precisavam desesperadamente de fontes alternativas de algodão. O Paraguai havia começado a exportar algodão algumas décadas antes, mas Solano López se recusara a permitir que estrangeiros comprassem terras paraguaias. Por fim, os britânicos também queriam monitorar a guerra, já que alguns de seus bancos estavam financiando a campanha brasileira.

No dia 18 de setembro, Estigarribia recebeu o ultimato final: caso ele não se rendesse, o ataque dos aliados começaria em duas horas. Superado pelo dobro de homens e sem quase nenhuma possibilidade de retornar ao Paraguai, ele pediu os termos. Ele pediu que os oficiais superiores pudessem fugir para onde quisessem, mesmo que sua escolha fosse o Paraguai; e pediu também que os soldados nascidos no Uruguai não fossem entregues a Flores. Os aliados concordaram. Então, o general paraguaio, que havia menosprezado seu subordinado por ter pedido ajuda antes de enfrentar uma força aliada quatro vezes maior que a dele, se rendeu sem disparar um tiro.

Solano López chorou ao receber a notícia. Com a perda de um terço de seu exército profissional, suas esperanças e ambições de limitar o poder hegemônico do Brasil e da Argentina evaporaram. Sua posição era semelhante à de Hitler após a queda de Stalingrado; não havia nada entre ele e o inimigo, e era apenas uma questão de tempo até que os quatro cavaleiros do apocalipse chegassem à sua porta. Muitas pessoas secretamente o repreenderam por não conseguir assumir o comando direto de seu exército. Os líderes soberanos do Brasil, Argentina e Uruguai seguiram na frente, presenciando em primeira mão o que estava acontecendo com suas forças. Se Solano López tivesse feito o mesmo, poderia ter evitado alguns erros que foram cometidos, como sobrecarregar as linhas de abastecimento e a rendição de Estigarribia em Uruguaiana.

Apesar das garantias oferecidas pelos aliados, muitas das atrocidades testemunhadas em Yatay se repetiram. Inúmeros prisioneiros foram mortos ao se renderem. Estima-se que oitocentos a mil cativos foram levados por oficiais brasileiros como escravos, enquanto outros foram incorporados pela recém-criada divisão paraguaia do exército uruguaio para lutar contra seus próprios compatriotas. Até mesmo Duarte, o coronel valente que liderou a defesa de Yatay, foi levado como escravo.

Os aliados descansaram durante dois meses antes de partirem para a cidade de Corrientes. Os paraguaios estavam em plena retirada e Robles refazia seus passos. Em várias ocasiões, oficiais argentinos tentaram subornar o general paraguaio a abandonar seu comando. Embora Estigarribia recusasse, os rumores chegaram até Solano López e ele imediatamente tirou as funções do general, mandando prendê--lo e trazê-lo de volta para o Paraguai para ser executado. Com a deterioração da campanha, Solano López estava se tornando uma figura trágica. A paranoia come-çou a se estabelecer e ele se isolou quando sua estratégia anterior de conduzir uma campanha ofensiva se transformou na tentativa de salvar sua nação. No dia 3 de outubro, o líder paraguaio ordenou que todas as tropas remanescentes abandonas-sem a Argentina. Era inevitável que houvesse uma invasão aliada, e ele precisava se preparar para a investida.

Conforme os soldados saíam, cidades, vilas e aldeias argentinas inteiras eram saqueadas. Os navios a vapor paraguaios ficaram completamente carregados de mó-veis, máquinas e até mesmo sinos de igreja. Muitas mulheres e crianças argentinas, particularmente as famílias de oficiais superiores e políticos, foram levadas como reféns. Em 22 de outubro, os últimos soldados paraguaios deixaram Corrientes.

Os esforços da guerra dos aliados encontravam-se agora em um estágio de eu-foria. Os imensos recursos financeiros e de produção dos dois maiores países da América do Sul estavam sendo alocados para o ataque a um dos menores países do continente. O Paraná estava repleto de transportes carregando suprimentos de guerra para a frente e os recrutadores se espalhavam por toda a Argentina e o Brasil. No entanto, as coisas tomaram um rumo inesperado no dia 8 de novembro, quando um motim de seis mil recrutas explodiu na parte norte de Entre Ríos. O en-tusiasmo inicial em relação aos esforços de guerra já tinha desaparecido e os jovens estavam indo para as colinas ou se escondendo quando os recrutadores chegavam. As ilhas arenosas dos rios Paraná e Uruguai tornaram-se postos avançados para de-sertores e trapaceiros. Muitos foram forçados com uma arma a entrar no exército e havia histórias de homens sendo levados para as linhas de frente completamente acorrentados. Os governos de Buenos Aires e do Rio de Janeiro temiam que esse novo motim se espalhasse para outras partes do exército e, por isso, decidiram dar uma lição de disciplina. As tropas brasileiras e argentinas foram usadas para derru-bar a insurreição e meia dúzia dos líderes foram sumariamente executados.

Nesse meio tempo, Solano López se preparava para o ataque dos aliados. Ele ordenou a mobilização da população camponesa e mudou sua sede para Paso de Patria, que era o local tradicionalmente usado para o desembarque de balsas para cruzar o Paraná a partir da Argentina, que ficava ao lado da inexpugnável cidadela de Humaitá. Ao se mudar para Paso de Patria, Solano López passou a supervisionar e dirigir pessoalmente todas as operações militares.

Uma multidão de cinquenta mil tropas aliadas se posicionou no lado argenti-no do rio no final de 1866. Do outro lado, os sobreviventes do exército paraguaio aguardavam o ataque começar. Eles foram alocados nas enormes fortificações de

Itapiru, Curupayty e Humaitá, três fortes que tinham sido projetados e organiza-dos para o apoio mútuo e para bloquear o acesso fluvial a Assunção. O forte de Curuzu foi usado como um reduto para proteger a retaguarda.

A invasão do Paraguai seria extremamente difícil e os aliados precisavam se preparar. Durante o ano anterior, a guerra tinha sido conturbada. A invasão de Mato Grosso do Sul, a campanha de Corrientes, as derrotas na Riachuelo e Yatay e a rendição em Uruguaiana tinham ocorrido em uma rápida sucessão. No entanto, o conflito estava em uma fase de trégua prolongada. Os aliados ficaram sufocados por mais de três meses sob o sol tropical. Os acampamentos, que eram divididos por nacionalidades, estavam repletos de comerciantes, prostitutas e cabichuis pre-tas (vespas). Os soldados ociosos passavam seu tempo jogando ou bebendo, ou ain-da, fazendo excursões para a cidade de Corrientes. Embora Mitre estivesse à frente do esforço de guerra, a Marinha brasileira se recusou a se deslocar do local em que estava ancorada na cidade, até que o almirante Lisboa, o Marquês de Tamandaré, retornasse de sua permanência prolongada em Buenos Aires.

Os paraguaios usaram o período de trégua para minar a moral dos inimigos. À noite, um grande número de canoas totalmente lotadas partia das margens do forte de Paso de Patria para invadir campos dos aliados. Os ataques eram uma forma de intimidar as tropas, mas enfureceram Mitre. Ele pediu que a Marinha brasileira os interceptasse, mas eles se recusaram. Por fim, ele decidiu dar uma lição no inimigo. No dia 30 de janeiro de 1866, ele ordenou ao geral Emilio Conesa, que estava à fren-te da divisão de Buenos Aires, que preparasse uma emboscada para os saqueadores.

Naquela noite, 250 paraguaios atravessaram o rio. No interior, a alguns quilô-metros atrás do fluxo de Pehuajó, Conesa estava à espera com mil e seiscentos ho-mens. Embora detivesse o elemento surpresa e estivesse em número superior, ele desperdiçou os dois fatores ao convocar seus homens por meio de um grito estron-doso, para o qual todos eles responderam ao invadirem uma carga. Alertados da emboscada, os saqueadores paraguaios fugiram. A maioria deles estava descalça e familiarizada com o terreno pantanoso e foi, portanto, capaz de fugir com agilidade através dos córregos e da vegetação densa. Os argentinos eram majoritariamente gaúchos que haviam chegado recentemente de Buenos Aires, não estavam familia-rizados com a topografia e usavam pesadas botas que ficavam presas no pântano espesso. Ouvindo o tumulto, os paraguaios enviaram duzentos reforços e depois mais setecentos soldados. O resultado foi um banho de sangue.

Os atiradores de elite e franco-atiradores paraguaios se esconderam nas árvo-res mirando nos argentinos. Dezenas foram atingidos em apenas alguns segundos. Mitre ouviu o caos de seu acampamento, mas se recusou a enviar tropas adicionais. Muitas pessoas especularam que havia certa hostilidade entre ele e Conesa, pois Conesa havia lutado ao lado de Urquiza durante a batalha de Caseros. O resultado foram novecentas mortes argentinas contra 170 de paraguaios.

A Batalha de Pehuajó não foi um conflito importante e não marcou uma rever-são na guerra ou alterou seu resultado. Não obstante, ela deixou explícita a tenacidade dos paraguaios. Apesar de suas derrotas em Riachuelo, Yatay e Uruguaiana, eles permaneceram dedicados à causa e tornaram-se ainda mais fervorosos, pois estavam defendendo sua terra natal. A batalha foi um precursor da carnificina que estava por vir.

No dia 20 de março, o Marquês de Tamandaré finalmente deslocou sua frota para a foz do rio Paraguai. Durante três semanas, quatro navios cruzadores blindados atacaram o Forte Itapiru, destruindo-o e permitindo desembarques a partir de 17 de abril. Os primeiros homens a saírem do navio foram cem prisioneiros paraguaios, seguidos por dez mil soldados, vinte e cinco transportes de madeira e oitenta e sete peças de artilharia. A força de invasão descarregou tropas e suprimentos diante dos olhos do quartel-general de Solano López em Paso de Patria. Quando a cabeça de ponte estava garantida, mais cinquenta e sete mil homens cruzaram o rio e se colocaram em posição.

A invasão coincidiu com o início da estação chuvosa. Chuvas torrenciais encharcaram os combatentes, muitos deles tendo sido forçados a dormir sem abrigo. Embora os governos argentino e brasileiro estivessem dedicando incontáveis recursos para o esforço de guerra, nem todos os fundos eram gastos de maneira inteligente ou justa; muitos dos fornecedores cortaram custos para maximizar seus lucros, enviando armas e munições defeituosas, comida estragada e gado doente. Enquanto os soldados dos aliados morriam por falta de equipamentos, armamentos e comida, barões da terra como Urquiza, José Gregorio Lezama e Anacarsis Lanús se beneficiavam amplamente com o esforço de guerra. Solano López mudou seu quartel-general para Paso Pucu, localizada quatro quilômetros em direção ao interior. O novo posto de comando ficava em uma colina e possuía conexão com os fortes, de maior porte, Curuzu e Curupayty, bem como o Humaitá. Os aliados estabeleceram seu principal acampamento em Tuyuti. Muito sangue seria derramado ali quando os paraguaios tentariam expulsar o inimigo de sua pátria.

De seu poleiro em Paso Pucu, Solano López acompanhou as preparações dos aliados. Ele testemunhou a chegada interminável de tropas e suprimentos, mas também pôde ver a hesitação deles. De início, Mitre esteve ansioso para começar a campanha o mais rápido possível, mas ele agiu de forma muito mais circunspecta depois de pisar em solo paraguaio. Ele não sabia muito sobre o inimigo e tinha conhecimentos superficiais sobre os mapas e o terreno. Durante o decurso da campanha argentina, ele havia adquirido muitíssimas informações sobre a topografia, mas agora estava perdido. Isso ocasionou tensões com o alto comando brasileiro, que queria o encerramento da guerra o mais rápido possível.

Solano López aproveitou o período de trégua para lançar uma contraofensiva. No dia 2 de maio de 1866, ele ordenou um ataque surpresa sobre uma coluna de uruguaios que estava a caminho de Estero Bellaco — Bellaco Creek — sob o comando de Flores. Como o general uruguaio não se demonstrava desconfortável com a paisagem desconhecida, os paraguaios atacaram. Ao longo das margens do riacho, milhares de soldados armados com espadas, lanças e baionetas saltaram dos arbustos. Os dois lados se chocaram formando uma orgia de derramamento de sangue. Alguns dos piores atos de selvageria já registrados ocorreram na Batalha de Estero Bellaco, pois os soldados se envolveram em combates corpo-a-corpo. Havia membros e corpos mutilados espalhados por todo o chão. Antes que o dia terminasse, o campo de batalha foi coberto por mais de quatro mil homens mortos e moribundos, tornando-se um dos engajamentos mais sangrentos da guerra.

Ambos os lados alegaram ter obtido vitória em Bellaco, mas Solano López perdeu mais homens — recursos que ele mal podia se dar ao luxo de perder. Não obstante, três semanas depois, ele decidiu arriscar e lançar outro ataque surpresa. Ele precisava de uma vitória decisiva para negociar o fim da guerra, além de elevar sua moral para ofuscar o fato de que ele estava ficando sem tropas e suprimentos. Contrariando o conselho de seus oficiais superiores, que enfatizaram que as forças aliadas eram superiores e que o terreno pantanoso impediria o uso da cavalaria, Solano López decidiu atacar Tuyuti na manhã do dia 24 de maio.

O plano era atacar os aliados por três lados, uma coluna de tropas intimidando o lado esquerdo, outra investindo no lado direito e uma terceira atacando frontalmente. Após o ataque da infantaria, a cavalaria realizaria uma intimidação pelo meio da formação dos aliados, dividindo-os em dois e limitando assim a capacidade das tropas de apoiarem umas às outras.

Às onze horas daquela manhã, vinte e três mil paraguaios tomaram o campo. Eles representavam a última parte da infantaria e cavalaria profissional de Solano López. O ataque começou bem, mas os aliados prepararam a investida com muita cautela e a artilharia brasileira entrou em ação. Embora a carga de cavalaria paraguaia tenha quase conseguido cortar o campo dos aliados pela metade, uma barragem brasileira atingiu os cavaleiros. A infantaria argentina também se mudou para as falanges, frustrando o ataque montado. Quando a fumaça baixou, cinco mil paraguaios estavam mortos; e outros sete mil tinham sido mortalmente feridos. As vítimas dos aliados somavam cinco mil. Havia tantos cadáveres espalhados pelo campo que os soldados atiraram milhares deles no rio. Isso contaminou as águas dos rios Paraguai e Paraná, desencadeando uma epidemia de cólera rio abaixo que se disseminou pelas comunidades litorâneas da parte mais baixa da Argentina.

A Batalha de Tuyuti é considerada a maior batalha terrestre da história da América Latina, com registros de quase sessenta mil combatentes e vinte mil mortos. Ela também significou um importante marco. Ainda que o momento decisivo da guerra tenha ocorrido em Uruguaiana, a derrota em Tuyuti aniquilou a capacidade de Solano López de negociar uma paz favorável. Sua decisão de ignorar as recomendações de seus oficiais superiores resultou em sua derrota final e selou a destruição do Paraguai[57]. No entanto, é importante salientar que os aliados não obtiveram nenhum ganho territorial significativo. Embora a batalha tenha sido uma

....

[57] Christopher Leuchars, *To the Bitter End: Paraguay and the War of the Triple Alliance* (Westport, CT: Greenwood Press, 2002).

derrota humilhante para os paraguaios, os aliados perderam milhares de homens, mas ganharam apenas alguns quilômetros. A tenacidade dos soldados de defesa confirmou que haveria mais derramamentos de sangue à frente. Infelizmente, o fim da guerra só ocorreria três anos depois.

Hubris parecia ser um bom companheiro. A vitória de Tuyuti deixou os aliados com uma sensação de invencibilidade, porém três meses depois eles enfrentariam sua maior derrota. No dia 3 de setembro, eles atacaram Curuzu, o próximo forte ao longo do rio Paraguai. A defesa do forte contou com dois mil e quinhentos soldados, a maioria deles escondida em uma rede de trincheiras. Considerado uma das mais resistentes plataformas para canhões, o forte caiu sem muita resistência, convencendo assim os aliados de que a resolução dos inimigos havia sido quebrada. Eles estavam se preparando para seguir para Curupayty, quando um soldado sozinho se aproximou das linhas de frente carregando uma bandeira branca. Solano López estava solicitando uma negociação.

O líder paraguaio apareceu cedo no dia seguinte. Ele foi vestido regiamente, usando até uma pequena coroa de ouro. Mitre então se aproximou vestindo seu uniforme de combate, botas enlameadas e sua faixa presidencial. O marechal de campo brasileiro Polidoro Quintanilha Jordão se recusou a participar do conclave por não ter ordens ou poderes para integrar as negociações. Flores se reuniu com o grupo por pouco tempo, mas recuou quando Solano López o repreendeu por ter iniciado a guerra ao permitir que o Brasil invadisse seu país. Dessa forma, restaram apenas Solano López e Mitre, que debateram durante cinco horas.

O líder paraguaio propôs que a Argentina se retirasse, permitindo assim que o Paraguai continuasse lutando contra o Brasil — que o país via como principal agressor. Se a Argentina saísse de cena, os brasileiros já não poderiam usar o Paraná para transportar suas tropas ou atravessar o solo argentino, o que significaria que eles só poderiam apoiar o esforço de guerra através de Mato Grosso do Sul, que foi praticamente excluído do restante do país. Quando a oferta foi rejeitada, Solano López prosseguiu com uma série de indenizações bem generosas. Embora Mitre tenha se disposto a acabar com a guerra, foi compelido pelos termos da Tríplice Aliança e não pôde agir unilateralmente. O Imperador do Brasil, Dom Pedro II, se recusou e convenceu o líder argentino de que o Paraguai continuava sendo uma ameaça existencial para a hegemonia do Brasil e Argentina e, portanto, precisava ser destruído.

Contrariando seu apelido de "O Magnânimo", a urgente determinação de Dom Pedro II para continuar a campanha contra uma nação muito menor e que já tinha sido derrotada, apesar de suas súplicas pela paz, ressaltava a natureza genocida da campanha. O Brasil (e eventualmente a Argentina) entendia que a prosperidade do Paraguai o tornava uma ameaça grave, pois o país fora capaz de provar que grupos étnicos independentes podem ser bem-sucedidos[58]. Esse tipo de autodeterminação

---

[58] Mário Maestri, *Guerra no Papel: História e Historiografia da Guerra no Paraguai, 1864–1870* (Porto Alegre, Brasil: PPGH FGM Editora, 2013).

bem-sucedida poderia incitar outras regiões renegadas a romperem. O Brasil e a Argentina eram territórios extremamente vastos, incorporando um amplo espectro de grupos sociais que estavam ansiosos para se libertar da hegemonia do Rio de Janeiro e Buenos Aires. Por conseguinte, eles tinham que ser alertados de que qualquer estado que estivesse fora do domínio sofreria as piores consequências.

Estava claro que a guerra precisaria ser perseguida até sua amarga conclusão. Além disso, a proposta de paz de Solano López era vista como um sinal de que o país estava à beira do colapso. Dessa forma, Mitre decidiu segurar as rédeas e tomar Curupayty. Ele ordenou que uma barragem de artilharia derrubasse as defesas inimigas. Os aliados lutaram arduamente na fortificação por dias. Quando finalmente cessaram o bombardeio, os paraguaios pensaram que um ataque seria iminente e começaram a cavar uma série de novas trincheiras. As escavações foram realizadas sob a direção do engenheiro inglês George Thompson e duraram dias e noites, enquanto bandas tocavam músicas marciais para mascarar o som.

Na madrugada do dia 22 de setembro, o ataque aos aliados começou. Às oito horas da manhã, o Marquês de Tamandaré manobrou sua frota para perto do forte e soltou seus canhões. O plano era de bombardear a fortificação e prosseguir com um ataque de infantaria a partir do principal acampamento em Tuyuti. O bombardeio foi feito a partir de uma certa distância e a maioria das bombas caiu longe do alvo. Como a Marinha do Brasil continuou a bombardear, as tropas aliadas, principalmente os argentinos, começaram a se posicionar. Oficiais montados vestiram suas fardas e foram para a linha de frente acompanhados por linhas intermináveis de infantaria. As linhas uruguaias eram estreitas, pois muitos de seus soldados haviam desertado ou sido mortos em Bellaco. O restante da força de ataque era composto por brasileiros. Muitos soldados carregavam engrenagens de cerco, incluindo escadas, cordas e sacolas de sapadores. O país era um inimigo formidável.

Contudo, as preparações feitas por Thompson acabaram se mostrando fortuitas. Conforme os aliados marchavam em direção ao campo em frente ao forte, os defensores paraguaios saltavam de suas trincheiras abrindo fogo com canhões e metralhadoras, derrubando milhares de homens. Membros das mais proeminentes famílias de Buenos Aires, incluindo o filho do Vice-presidente Marcos Paz e o filho de um futuro presidente, Domingo Sarmiento, foram atingidos por estilhaços. Dezenas de oficiais superiores foram mortos, de forma que o alto comando praticamente acabou. No total, mais de dez mil soldados aliados foram mortos — oito mil vítimas argentinas e duas mil brasileiras. Os paraguaios, por sua vez, quase não perderam homens. A catástrofe de Curupayty revelou um dos problemas inerentes da aliança: não havia unidade de comando; a frota brasileira operava de forma independente e Mitre era então forçado a coordenar por meio da hierarquia de três exércitos nacionais. A única operação conjunta bem-sucedida foi a defesa que os aliados fizeram de Tuyuti, em que as forças díspares foram capazes de se unir mesmo diante de um ataque fulminante. A derrota humilhante em Curupayty paralisou o esforço de guerra por um ano e meio.

A calamidade de Curupayty coincidiu com uma nova revolta no oeste da Argentina. Como Dom Pedro II havia temido, a Argentina e o Brasil eram federações muito livres, e isso poderia facilmente desuni-las. Em novembro de 1866, uma greve de oficiais da polícia reivindicando seus salários atrasados explodiu, transformando-se em uma rebelião aberta. Confrontado pelas exigências financeiras provenientes da guerra, o governo entrou em atraso com muitas de suas obrigações, como, por exemplo, pagar os funcionários públicos. A população argentina também estava cansada de jogar tantos de seus jovens no moedor de carne, tendo acumulado dezenas de milhares de vítimas decorrentes do conflito.

O motim se alastrou e 280 recrutas destinados à frente paraguaia se juntaram à rebelião. Eles abriram as prisões de Mendoza e libertaram diversos subversivos que haviam sido capturados. Entre eles estava Carlos Juan Rodríguez, um jovem advogado que havia sido preso em 1863. Ele rapidamente se tornou o líder da revolta, que se mudou para outras províncias — particularmente São Luís, que estava sob a liderança dos irmãos Sá e de La Rioja, por sua vez sob o comando de Felipe Varela. Diante disso, Buenos Aires foi forçada a agir. O Vice-presidente Marcos Paz ordenou ao general Wenceslao Paunero que retornasse da frente para suprimir a rebelião, mas Paunero não foi muito bem-sucedido. Em 5 de janeiro de 1867, um destacamento federalista no Rinconada del Pocito foi aniquilado. O revés obrigou Mitre a abandonar a guerra e retornar com um destacamento de quatro mil soldados experientes para reprimir a revolta.

Como ocorreu no passado, quando as forças de Buenos Aires enfrentaram uma rebelião provincial, fizeram alianças com as províncias que não faziam parte do grupo dissidente. Nesse caso, Mitre uniu forças com Santiago del Estero. Juntos, eles começaram a derrotar os rebeldes. Em julho, a última das forças rebeldes foi derrotada, permitindo então que Mitre retornasse para a linha de frente.

Durante os meses em que Mitre esteve ausente, os aliados ficaram sentados em suas trincheiras e encontravam-se extremamente entediados. Os soldados caíram em letargia e passaram a beber. Eles ficavam pregando peças uns nos outros e matavam o tempo lendo as dezenas de jornais que se proliferavam nas trincheiras. Mas as coisas mudaram quando o retorno de Mitre permitiu que a ofensiva fosse retomada.

Em agosto, os brasileiros começaram a bombardear o Humaitá, que era o mais robusto forte do Paraguai e o porto de origem da marinha. Além de sua posição estratégica na foz do rio Paraguai, uma série de curvas acentuadas nas margens moldavam uma forma de anzol localizada bem na frente do forte. Essa condição forçou navios em trânsito a reduzirem a velocidade ou encalharem, o que os deixaria expostos às diversas baterias costeiras. Além disso, os paraguaios amarraram uma série de grandes correntes em barcas que se estendiam por toda a largura do rio para evitar que alguém tentasse uma invasão sob o manto da noite ou neblina.

Durante os meses seguintes, os navios de guerra brasileiros bombardearam a enorme base naval. A torre de San Carlos, que orgulhosamente hasteou a bandeira paraguaia, foi o alvo favorito. Quase todos os dias uma bomba atingia a igreja, enfraquecendo o padrão nacional. No dia seguinte, os paraguaios reagiram novamente em desafio aberto. A bandeira recém-levantada seria balançada pela brisa quente, chamando a atenção para a resolução dos defensores. Os artilheiros também visavam as barcas que prendiam as correntes e barravam o acesso ao rio. A vida dos defensores estava sombria, pois os soldados estavam sofrendo com o bombardeio constante. A fim de abastecer o reduto com suprimentos suficientes, os comboios de barcas levaram munições e suprimentos frescos de Assunção. Nesse meio-tempo, os aliados pressionaram seu ataque ao Humaitá, lentamente apertando o laço.

Finalmente, Solano López convenceu-se de que o forte corria perigo de cair e ordenou outro ataque em Tuyuti no dia 2 de novembro. Uma força de nove mil paraguaios surpreendeu os aliados e invadiu o forte de Tuyuti; mas quando os homens chegaram aos depósitos de suprimentos e descobriram a abundância de alimentos, suprimentos e bebidas, eles abandonaram toda a disciplina e realizaram saqueamentos. Após meses de privação, a abundância de alimentos básicos não tinha como ser ignorada por eles. Muitos levaram embora caixotes cheios de casacos e botas. Outros arrastaram sacos de dinheiro e correspondências. A quebra do ataque e o colapso da disciplina permitiram que os aliados se reagrupassem e contra-atacassem, matando soldados enquanto comiam, bebiam e saqueavam. Consequentemente, mil e setecentos soldados morreram e a tentativa de romper o cerco de Humaitá falhou.

Solano López decidiu fugir por meio do rio Paraguai e deslocar a maior parte de seu exército para a terra árida coberta de vegetação rasteira no Chaco. Ele seguiu para Timbo, um pequeno forte dentro do Chaco, deixando para trás um destacamento de tropas para segurar o Humaitá. Os sobreviventes marcharam pelo árido deserto até chegarem à cidade de San Fernando. Ao chegar lá, em janeiro de 1868, eles receberam a notícia de que o Vice-presidente da Argentina Marcos Paz tinha sucumbido à epidemia de cólera que assolava Buenos Aires e Mitre estava sendo forçado a retornar para casa; seu mandato estava terminando e era hora de passar o cargo presidencial para outra pessoa. Enquanto isso, o Duque de Caxias, Luís Alves de Lima e Silva, encontrava-se provisoriamente no comando. Solano López pensou que isso poderia lhe dar algum tempo para organizar uma defesa para Assunção. Contudo, os brasileiros entraram rapidamente em ação assim que o presidente argentino saiu. Eles haviam se cansado de sua abordagem lenta e, por isso, abriu-se uma fissura. Com ele fora do quadro, a campanha passou para uma nova fase. Os oficiais brasileiros tornaram-se encarregados da operação e as tropas imperiais lideraram o caminho até o final da guerra.

A força dos aliados que estava em Tuyuti recebeu ordens para se preparar para um ataque final em Humaitá e a marinha brasileira redobrou sua barragem de artilharia. Até então, a marinha havia agido de forma ligeiramente cautelosa. A frota era um dos recursos mais importantes do país e, por isso, não poderia de forma alguma ser posta sob risco. Entretanto, no dia 3 de fevereiro, os aliados deram um passo, abrindo fogo às três horas da manhã. A intenção era distrair o inimigo enquanto a frota brasileira destruía suas armas. O navio cruzador brasileiro *Barroso* foi o primeiro a conseguir passar. Em seguida, foi o *Bahia* e, por último, o *Alagoas*, que quebrou a cinquenta metros da costa. Os artilheiros que estavam em Humaitá abriram fogo, atingindo-o 180 vezes, mas de alguma forma a tripulação conseguiu reiniciar suas caldeiras e o *Alagoas* escapou rio acima. Simultaneamente, o Duque de Caxias ordenou um ataque direto a Humaitá, o que resultou em mil e duzentas vítimas no grupo dos aliados, contra apenas cem vítimas no lado dos defensores.

O forte não foi derrubado, mas os cruzadores conseguiram passar pela base, e agora era apenas uma questão de tempo até que chegassem à capital. Diante disso, Solano López ordenou a evacuação de Assunção. Multidões de refugiados e oficiais do governo se deslocaram para o leste, em direção à cidade de Luque. No dia 22 de março, quando a frota finalmente chegou, os navios cruzadores brasileiros ocuparam as estações próximas à capital e abriram fogo. Os artilheiros miraram no palácio presidencial e na principal estação de trem, disparando uma chuva de estilhaços nos vagões de passageiros que estavam evacuando civis inocentes. Dezenas de bombas explodiram sobre a cidade, semeando pânico e carnificina. Quando os navios se aproximaram da costa, uma bateria de artilharia paraguaia abriu fogo, forçando a esquadra a temporariamente fugir rio abaixo.

A essa altura, a personalidade messiânica de Solano López havia se transformado em paranoia e desespero. A decisão dos aliados de não ocupar Assunção o fez imaginar que existia uma conspiração em andamento. Seus medos então se transformaram em pesadelo em agosto, quando a guarnição que havia sido alocada para defender Humaitá se rendeu. No dia 23 de julho, Solano López ordenou a evacuação final do forte.

Com as bandas marciais tocando o mais alto que podiam para mascarar os ruídos, uma pequena frota de canoas começou a transportar os sobreviventes para o outro lado do rio, onde eles supostamente se reuniriam e fugiriam para San Fernando. Porém, os aliados perseguiram e capturaram os soldados em fuga e houve um massacre. A maioria deles estava faminta ou desarmada. Para evitar mais derramamento de sangue, o general argentino Ignacio Rivas ofereceu ao coronel Pedro Martínez uma chance de rendição. O oficial paraguaio aceitou, com a condição de que seus soldados não fossem forçados a lutar contra seu próprio país. Ao ouvir a notícia, Solano López ficou furioso e declarou o coronel um traidor e prendeu sua esposa, Juliana Insfran de Martínez, que foi torturada e fuzilada por um pelotão.

A queda de Humaitá significou que não havia mais nada que pudesse reter os invasores. A guerra estava perdida e muitas elites paraguaias propuseram a rendição. Alguns oficiais desertaram roubando armas, planos e mapas. Determinado a ficar até o amargo fim, Solano López começou uma caça às bruxas. Ele perseguiu cada rumor, aprisionando, torturando e executando membros do alto comando, do clero e até mesmo de sua própria família. Ele realizou tribunais em seu quartel-general em San Fernando, chegando a quase quinhentas execuções.

Logo em seguida, Solano López deslocou seu posto de comando para Lomas Valentinas. Isso marcou a última fase dessa amarga guerra, chamada de "Diagonal da morte". Foi a última retirada, pois a comitiva marchou em direção ao extremo norte do país. Durante todo o percurso, soldados desertavam, sendo substituídos apenas por mulheres, crianças e homens idosos que procuravam refúgio dos intermináveis ataques dos aliados.

No dia 6 de dezembro, o Duque de Caxias realizou uma série de ataques que ficou conhecida como "Dezembrada". Esforçando-se para encurralar as forças em Lomas Valentinas, o duque ordenou que suas forças atravessassem o rio e deslocassem o Chaco para uma posição localizada entre o quartel-general de Solano López e Assunção. Ele então cruzou o rio e confrontou os paraguaios em uma série de três escaramuças, gerando um total de quatro mil vítimas. Isso abriu caminho para Lomas Valentinas. Com uma força de defesa de sete mil soldados, majoritariamente composta por soldados feridos, idosos e jovens, a batalha estava perdida antes mesmo de começar. O líder paraguaio conseguiu escapar com um destacamento de noventa homens para Cerro León. Solano López não se entregaria de forma alguma. Mesmo já tendo escrito seu testamento final, ele não se renderia. Ele se via como consubstancial em relação ao Paraguai; era a personificação do estado[59].

A fuga de Solano López não foi coincidência. O duque a permitiu como um sinal de que a guerra havia acabado e que só restava a caça ao homem. No dia 5 de janeiro de 1869, as forças aliadas marcharam para o norte em direção a Assunção. Soldados brasileiros saquearam a cidade, depredando e causando destruição sem levar em consideração se as propriedades pertenciam a estrangeiros ou habitantes locais. O duque logo recebeu ordens para capturar Solano López, bem para destruir a capacidade industrial do Paraguai. Contudo, ele se recusou. Declarando que havia concluído a missão que lhe fora atribuída, ele renunciou ao seu comando, embarcando em um transporte com destino ao Rio de Janeiro.

Dom Pedro II, no entanto, não permitiria que o líder paraguaio permanecesse em fuga. Ele concordou com o conceito de consubstancialidade de Solano López e tornou-se determinado a matá-lo para destruir o país. Dessa forma, ele recorreu ao seu genro, o Príncipe Gastão de Orleans, o Conde d'Eu, que era neto do Rei francês Luís Filipe I. A família havia sido forçada a se exilar em 1848 quando seu avô abdicou. O conde recebeu treinamento como oficial militar e se distinguiu durante a guerra hispano-marroquina de 1859. Em setembro de 1864, ele chegou ao Rio de Janeiro logo depois que seu tio, o rei de Portugal Fernando II, sugeriu que ele se casasse com a filha mais velha de D. Pedro II, Isabel. Após alguma hesitação —Gaston não a achou atraente — ele concordou e os dois se casaram assim que a Guerra da Tríplice Aliança começou a avançar[60]. O conde logo pediu que fosse enviado para a

[59] James Schofield Saeger, *Francisco Solano López and the Ruination of Paraguay: Honor and Egocentrism* (Lanham, MD: Rowman & Littlefield, 2007).

[60] Heitor Lyra, *História de Dom Pedro II, 1825–1891* (São Paulo: Companhia Editora Nacional, 1940).

frente, mas o Conselho Real negou. Porém, a saída repentina do Duque de Caxias criou a abertura perfeita para ele. Além disso, o fato também criou uma excelente oportunidade para Dom Pedro II aumentar a visibilidade pública de seu genro, o cônjuge a ser herdeiro do trono.

Em 22 de março de 1869, o Conde d'Eu assumiu o comando de Assunção, onde ele libertou os quatro cavaleiros do apocalipse: conquista, guerra, fome e doença. Ele lançou uma expedição combinada, almejando buscar Solano López e destruir a capacidade industrial do Paraguai. Ele arrasou a cidade de Luque, transformando-a em uma enorme pira funerária. Em seguida, ele queimou as ferragens de Ybicui e destruiu a fábrica de munições de Valenzuela. Sua política de terra arrasada ocasionou o colapso do sistema agrícola do Paraguai, desencadeando a fome. Os corpos dos mortos começaram a se acumular e uma nova epidemia de cólera assolou o país, infectando paraguaios e aliados.

Enquanto isso, Solano López continuava a marchar para o noroeste, junto de sua companheira, Eliza Lynch, e seus filhos. O grupo se refugiou na cidade de Piribebuy, onde estavam congregados os resquícios do governo e do exército paraguaio[61]. No dia 10 de agosto, o Conde d'Eu apareceu com uma força de vinte mil homens para assumir a desordenada força de defesa de mil e seiscentos membros, dentre eles mulheres, crianças e veteranos mutilados. Durante três dias, as forças aliadas atacaram a cidade, enquanto moradores lutavam de porta em porta em um ato desesperado por sobrevivência. Contudo, depois que um bom amigo do conde, o general João Manuel Mena Barreto, foi morto por um jovem, o ataque se transformou em um massacre. Furioso, o Príncipe Gaston ordenou que todos os oficiais capturados fossem arrastados e esquartejados e que as mulheres e crianças tivessem sua garganta cortada. Os brasileiros incendiaram o hospital sem evacuar os feridos. Piribebuy também reunia os arquivos nacionais e o conde ordenou que todos os documentos fossem incinerados, roubando oficialmente a memória e a identidade da nação[62].

Mais uma vez, Solano López conseguiu de alguma forma escapar. O líder paraguaio tentou atrasar o avanço do Brasil em Acosta Ñu no dia 16 de agosto por meio de uma elaborada artimanha, reunindo uma força defensiva de três mil crianças, com idades entre nove e quinze anos, vestidas como soldados e usando barbas falsas. O conflito não era mais um exemplo de uma guerra total, mas um holocausto.

Os fugitivos descansaram alguns dias em Curuguaty antes de contornarem a fronteira com o Brasil e se deslocarem para o norte em direção a Punto Porã. Eles se voltaram para o interior para Cerro Corá, que logo seria o último lugar de descanso para Solano López. Com sua comitiva reduzida a um pequeno destacamento de guardas pessoais e seguidores de acampamento, o Conde d'Eu enviou

[61] William E. Barrett, *Woman on Horseback: The Biography of Francisco López and Eliza Lynch* (New York: Fredrick A. Stokes Company, 1938).

[62] Robert Bontine Cunninghame Graham, *Retrato de un Dictador: Francísco Solano López, 1865–1870* (Buenos Aires: Inter-Americana, 1943).

o general brasileiro José Antônio Correia da Câmara com um regimento de dois mil e seiscentos soldados imperiais para o ataque final. Os brasileiros lançaram-se sobre o acampamento paraguaio no dia 1º de março de 1870, transformando-o em um ossário.

Os soldados da força de ataque assassinavam brutalmente a todos que encontravam, independentemente se lutassem ou se rendessem. Solano López tentou fugir novamente, acompanhado por sua guarda pessoal — um grupo de esposas de soldados e crianças, conhecido como "Las Residentas", liderado por Eliza Lynch — mas ele havia sido ferido na cabeça e no estômago. Ao descansar nas margens do rio Aquidabanqui, ele foi cercado pelo general Correia da Câmara e um esquadrão de seis homens. O general lhe ofereceu a oportunidade de rendição, mas o líder paraguaio desembainhou sua espada e atacou gritando: "eu vou morrer pelo meu país". E o general ordenou que ele fosse morto.

Esse foi o fim de Solano López e da Guerra da Tríplice Aliança. Inicialmente proposta por Bartolomeu Mitre como uma campanha contra a barbárie, a guerra foi a mais brutal da história sul-americana, com as maiores batalhas terrestres e marítimas, bem como o maior número de vítimas. O Paraguai perdeu 40 por cento do seu território e mais de 60 por cento da sua população. A guerra devastou um dos países mais desenvolvidos do continente e transformou uma área relativamente próspera do continente em uma fossa da pobreza, ignorância e desigualdade[63]. O país levou mais de 140 anos para se recuperar.

A guerra também deixou a maior parte dos recursos paraguaios em mãos estrangeiras. Muitas das fazendas estatais foram vendidas para brasileiros, argentinos e britânicos a preços irrisórios. Por exemplo, um dos atores que saiu ganhando foi a Companhia anglo-paraguaia de terras, que se tornou uma das maiores proprietárias de terras do país, com mais de vinte e um mil quilômetros quadrados. No total, mais de vinte e cinco milhões de hectares de terra incrivelmente férteis do país foram vendidos para estrangeiros. O governo ficou nas mãos de indivíduos que receberam ordens de Buenos Aires e do Rio de Janeiro até 1936, quando os militares tomaram o poder e permaneceram pelos próximos cinquenta e cinco anos. Os vencedores suprimiram a cultura paraguaia, proibindo o uso do idioma guarani. Não obstante, a devastação da Guerra Guazú, ou "Grande Guerra", como é conhecida pelos paraguaios, transcendeu as fronteiras da pequena nação.

Os efeitos devastadores da guerra não se limitaram ao Paraguai. Cinco anos de luta queimaram quase todas as reservas de ouro do Brasil e deixaram o país altamente endividado. Por fim, a fraqueza econômica ocasionada pela campanha levou à queda de D. Pedro II e do império. Os custos para a Argentina foram ainda maiores: além dos encargos econômicos da guerra em si, quase toda a cidade de Buenos Aires foi devastada por epidemias de cólera e febre amarela, obrigando os

---

[63] Harris Gaylord Warren e Katherine F. Warren, *Paraguay and the Triple Alliance: The Postwar Decade, 1869–1878* (Austin, TX: University of Texas at Austin, 1978).

moradores a abandonar os bairros de Boca e San Telmo e procurar novas habitações na Recoleta e no Barrio Norte. A guerra também cimentou o papel do Uruguai como um pequeno estado-tampão.

Venâncio Flores não viveu para ver o fim do conflito. Ele foi assassinado em plena luz do dia em Montevidéu, uma vítima de todas as atrocidades que cometeu. Até mesmo Urquiza, o grande caudilho de Entre Ríos, teve um fim ignominioso. Um mês após o fim da guerra, assassinos invadiram sua propriedade palaciana e o mataram diante de sua família.

A operação foi organizada por Ricardo López Jordán, o gaúcho que havia liderado a deserção massiva de 1865, como vingança à Urquiza por ter permitido que o Brasil incursionasse livremente dentro da Argentina e do Uruguai.

No final, a Guerra da Tríplice Aliança foi uma extensão parcial das Guerras Cisplatina e Platina, uma vez que o Uruguai foi o catalisador que desencadeou o conflito. Havia, portanto, uma dimensão territorial para o conflito. A guerra também tinha a ver com a determinação da Grã-Bretanha em garantir o acesso à economia paraguaia e seus recursos naturais, particularmente o algodão. Por fim, a guerra exibiu as capacidades marciais da América do Sul e foi um precursor para as mortes e destruições que em breve assolariam o lado do Pacífico do continente.

5 A GUERRA DO PACÍFICO: REGRAS SOBRE LOTES DE TERRA

A GUERRA DO PACÍFICO: REGRAS SOBRE LOTES DE TERRA

E m 1909, os químicos alemães Fritz Haber e Carl Bosch sintetizaram artificialmente o nitrato de amônia. O procedimento exigiu a aplicação de temperatura e pressão altas para combinar o nitrogênio e o hidrogênio atmosféricos em substâncias ativas. Embora o primeiro reator tenha produzido apenas algumas onças por hora, em 1913, empresas alemãs estavam produzindo vinte toneladas por dia[64]. Nitratos são componentes essenciais para a produção de fertilizantes, pólvora e explosivos.

Até o estabelecimento do processo Haber-Bosch, as principais fontes de agentes à base de nitrogênio eram depósitos naturais encontrados em nitratos de sódio e potássio, que eram naturalmente abundantes ao longo das costas do norte do Chile. Os mineiros europeus e sul-americanos exploraram esses depósitos durante a segunda metade do século XIX, gerando grandes fortunas. A competição por esses sais, também conhecidos como nitrato de potássio ou *salitre*, culminou na Guerra do Pacífico (1879–1884). Contudo, vinte e cinco anos mais tarde, o desenvolvimento de nitrato sintético inundou o mercado. Consequentemente, os preços caíram mais de 85 por cento, tornando a enorme perda de vidas um exercício de uma deplorável futilidade.

Os conflitos da América do Sul sempre tiveram natureza territorial. Os governos buscam há muito tempo resolver as disputas fronteiriças provocadas pelo colapso do sistema colonial espanhol. Os confrontos também tiveram uma dimensão internacional que se tornou gradualmente mais explícita quando as potências externas começaram a competir por commodities industriais do continente. A Grã--Bretanha foi um dos principais atores instigadores da América do Sul. Como o país era um dos países mais industrializados, estava muito preocupado em garantir o acesso às matérias-primas que eram essenciais para o sustento da base de sua fabricação.

Os nitratos foram a principal razão por trás da Guerra do Pacífico, mas existia um constante ressentimento na região. A Guerra da Confederação (1836–1839) havia deixado uma marca permanente sobre os beligerantes. Houve, contudo, alguns casos de cooperação após a guerra. Por exemplo, em 1865, a Espanha enviou um grupo de batalha para reconquistar alguns dos territórios e a influência que o

---

[64] Daniel Charles, *Master Mind: The Rise and Fall of Fritz Haber, a Nobel Laureate Who Launched the Age of Chemical Warfare* (New York: Ecco, 2005).

país havia perdido nas Américas. A força estava sob o comando do almirante Luis Hernández Pinzón, que tentou intervir nos assuntos internos do Peru. O Chile rapidamente se aliou ao Peru e derrotou a frota espanhola, mas as feridas do antigo conflito ainda estavam frescas e as ambições territoriais reluziam. O acesso da Bolívia ao mar também permaneceu sem resolução. Embora a guerra tenha encerrado a Confederação, o Chile se manteve cauteloso em relação à estreita relação entre seus dois vizinhos.

O final do século XIX foi um período de transição econômica. Com o colapso do sistema de vice-reinos, os governos abriram seus portos e os empresários sul-americanos passaram a vasculhar o interior em busca de produtos para exportar. A história do guano foi uma das bem-sucedidas em função da presença de grandes depósitos de excremento de aves espalhados pela costa do Pacífico. Sua composição química, que é rica em nitratos, fosfatos e potássio, permitiu que alguns nutrientes fossem substituídos, particularmente o óxido de nitrogênio, que havia se esgotado em função do excesso de atividades agrícolas. Seu uso para a agricultura foi descoberto inicialmente pelos incas, que consideravam o guano tão valioso que era usado como uma unidade de pagamento. Os maiores depósitos de guano foram encontrados em várias pequenas ilhas no sul do Peru. Além disso, também foram encontrados outros depósitos ao longo da costa da Bolívia e do Chile. O fertilizante impulsionou a economia peruana e gerou um grande aumento de exportações[65].

Os recém-chegados começaram a explorar o deserto e logo descobriram outros depósitos minerais. Durante a década de 1830, um filão de prata foi encontrado nas montanhas do Norte Chico e outro em Caracol, no sul do Peru. Em seguida, as atenções se voltaram para as imensas salinas que cobriam o Deserto do Atacama. Alguns químicos perceberam que os minerais tinham propriedades semelhantes às do guano, mas com mais possibilidades de aplicações comerciais. Os depósitos eram principalmente de nitratos de sódio e potássio, mas também podiam ser utilizados na produção de pólvora e explosivos. Suas aplicações atenderam a duas das maiores áreas de crescimento do século XIX, a industrialização da agricultura e a mecanização da guerra.

Os depósitos de nitrato mais abundantes estavam em Tarapacá, a província peruana do extremo sul. Muitos investidores locais e estrangeiros estabeleceram amplas instalações de processamento, conhecidas como *oficinas,* ou escritórios. Conforme o setor prosperou, Lima almejou receber todos os benefícios e, por essa razão, em 1875 nacionalizou a indústria; porém teve que indenizar os proprietários e isso limitou os lucros extras. Ainda assim, os ganhos foram suficientes para permitir que o governo investisse pesadamente em infraestrutura. O governo utilizou tais fundos para concluir a construção da primeira ferrovia do país, erguer postes e construir pontes. Os militares também modernizaram seus equipamentos, artilha-

---

[65] David Hollett, *More Precious than Gold: The Story of the Peruvian Guano Trade* (Madison, NJ: Fairleigh Dickinson University Press, 2008).

ria e navios. Não obstante, o episódio mostrou como os governos estavam dispostos e eram capazes de expropriar operações de negócios de cunho privado.

Os depósitos de nitrato em Tarapacá eram extensos, mas havia também grandes salinas espalhadas entre o vigésimo terceiro e o vigésimo quarto paralelos, no meio do Deserto do Atacama. Como vimos anteriormente, Simón Bolívar atribuiu a maior parte dessa área à Bolívia, mas a liderança do país negligenciou a região por ser inóspita e de difícil acesso. A descoberta dos depósitos de sal alimentou muitos interesses comerciais, mas o país não tinha o capital e a força de trabalho necessários para desenvolvê-los.

O colapso das minas de prata de Potosí empobreceu a Bolívia. Além disso, a maioria de sua população indígena não tinha as habilidades educacionais e linguísticas básicas necessárias para se tornar economicamente ativa. Portanto, qualquer capital e força de trabalho teria que vir do exterior.

O Chile, por sua vez, estava em uma posição melhor; era um país pequeno, mas conflituoso. Seu território era um quinto do que é hoje, cobrindo mil quilômetros de Coquimbo até Concepción. Felizmente, o país mantinha uma base empresarial próspera em Valparaíso. Após a Corrida do Ouro na Califórnia, em 1849, ocasião em que exploradores e aventureiros começaram a desenvolver atividades agrícolas, o porto se transformou em um importante centro de negócios. Os estrangeiros estabeleceram lojas, ganhando fortunas no comércio, armazenagem e finanças. Um bom exemplo foi John North, um jovem inglês que chegou em meados da década de 1860 com apenas alguns xelins no bolso. Ele começou a trabalhar como um rebitador em Tarapacá e usou suas economias para investir em obras hidráulicas, empresas de transporte e usinas de processamento. No espaço de duas décadas, North controlou grande parte da indústria de nitrato[66]. Ainda assim, precisava de mais capital para expandir seu império.

Eram necessárias grandes quantias de dinheiro para a construção de fornos de calcinação, prensas de esmagamento e linhas ferroviárias. Instituições financeiras chilenas como o Banco de Valparaíso e a Casa Gibbs estavam dispostas a ajudar de bom grado[67]. Fortes financiadores de Londres, como Rothschild & Sons, e proprietários de terras chilenos ricos também participaram do financiamento. Enquanto isso, os trabalhadores chilenos viajavam para o Peru e Bolívia para operar as novas minas e La Paz acolhia os investimentos e imigrantes. Em 1868, a cidade designou o porto de Antofagasta para atender às necessidades administrativas das novas chegadas[68].

[66] William M. Mathew, *La Firma Inglesa Gibbs y el Monopolio del Guano en el Perú* (Lima: Banco Central de Reserva del Perú, 2009).

[67] Os proprietários do Banco de Valparaíso mais tarde mudaram o nome do banco para Banco Edwards - uma instituição que seria uma das forças motrizes no desenvolvimento econômico e político do país.

[68] Manuel Ravest Mora, "La Casa Gibbs y el Monopolio Salitrero Peruano: 1876–1878," *Historia* 41, no. 1 (2008): 63–77.

As operações de mineração no Atacama prosperaram e, em meados da década de 1870, mais de metade das receitas públicas do Chile era originária de impostos sobre atividades relacionadas aos nitratos. Uma das maiores empresas foi a Compañía de Salitres y Ferrocarriles de Antofagasta. Seus principais acionistas eram chilenos e cidadãos britânicos, além de uma grande participação da Casa Gibbs. O sucesso das operações de mineração induziu o governo a atualizar o acordo de comércio bilateral com a Bolívia. O novo tratado estipulava que La Paz não cobraria nenhum imposto das empresas chilenas de mineração durante vinte e cinco anos. Em retribuição, o Chile retirou sua reivindicação territorial sobre o Deserto do Atacama. De acordo com mapas coloniais chilenos, a fronteira ficava no vigésimo terceiro paralelo, ao longo da Baía de Mejillones. Contudo, os mapas apresentados pela Bolívia apontavam que o deserto fazia fronteira com o rio Paposo, que corria ao longo do vigésimo sexto paralelo.

Em troca de uma promessa de congelamento de tarifas, o Chile retirou sua reivindicação de mais de trezentos quilômetros da costa, mas decidiu não confiar cegamente na palavra da Bolívia. O Peru já havia nacionalizado sua indústria de nitrato e estava usando alguns dos lucros para se rearmar. Consequentemente, o Chile decidiu seguir o mesmo caminho. A marinha recebeu fundos para a compra de dois novos navios cruzadores, *Almirante Cochrane* e *Blanco Encalada*. Oficiais do exército foram enviados para a Europa e Estados Unidos para adquirir as mais modernas armas e peças de artilharia. Enquanto isso, as empresas de mineração chilenas foram incentivadas a entregar dados de pesquisa ao exército para que ele pudesse montar mapas detalhados da região.

As relações entre os dois países permaneceram amigáveis, mas as tensões aumentaram quando o general Hilarión Daza derrubou Tomás Frías da presidência boliviana em 1876[69]. Daza havia sido apoiado por empresas bolivianas, principalmente pelos proprietários da empresa Huanchaca, que queriam expulsar os mineiros chilenos da costa. Um ano depois de tomar posse, o Presidente Daza passou a cobrar um imposto de dez centavos por quintal em toda a exportação de nitrato[70]. Ele logo parou de expropriar a indústria, mas, em muitos aspectos, tratava-se de uma nacionalização furtiva. As empresas de mineração foram obrigadas a pagar impostos sobre os produtos que já tinham exportado. Caso não o fizessem, suas propriedades seriam confiscadas. As novas regras tiveram sérias implicações para a Compañía de Salitres y Ferrocarriles de Antofagasta. Entre os ativos que a empresa poderia perder estava a estrada de ferro que havia sido concluída recentemente. Os bolivianos poderiam aproveitar esses ativos sem ter que pagar indenizações, como os peruanos foram obrigados a fazer. Não é de se surpreender que, diante disso, os chilenos começaram uma intensa campanha de lobbying contra o novo imposto.

....

[69] Javier Romero, "The War of the Pacific," *Strategy and Tactics* 262, no. 5 (2013): 6.

[70] A palavra "quintal" se refere a uma unidade de peso equivalente a uma medida entre 100 e 130 libras. O preço vigente na época era de cerca de 1,70 soles por quintal. Por isso o aumento não foi tão significativo.

Eles argumentaram que La Paz estaria retornando ao acordo de fronteiras anterior e se recusaram a concordar com as demarcações. O governo boliviano respondeu ameaçando aplicar um embargo imediato sobre todas as exportações de nitrato.

O confronto eletrizou a atmosfera política do Chile. Não apenas os lobistas estavam exercendo muita pressão sobre o presidente e o congresso, mas a economia estava se enfraquecendo. A Europa e os Estados Unidos estavam no meio de uma depressão econômica. Os Estados Unidos estavam tentando se estabilizar após a Guerra Civil, enviando pressões deflacionistas para o exterior. A Guerra Franco--Prussiana havia devastado a economia francesa, explodindo na Comuna de Paris. Dessa forma, o mal-estar financeiro global foi se espalhando. Além disso, o Chile sofria com seus próprios problemas. O fenômeno do El Niño de 1876 havia provocado uma série de inundações que destruíram muitas pontes e estradas do país. No ano seguinte, um severo terremoto e um tsunami no norte do Chile destruíram grande parte do setor de mineração, o que deixou a população sob forte estresse. Contudo, ainda não havia uma justificativa legal para declarar guerra contra a Bolívia.

O governo chileno, liderado pelo presidente liberal Aníbal Pinto, estimulou a invasão da costa boliviana para proteger os interesses econômicos do país. Ao mesmo tempo, a iniciativa foi rebatida pelos conservadores, liderados pelo senador Benjamín Vicuña Mackenna, que se opuseram argumentando que uma política de agressão seria cara e moralmente errada. Não obstante, a medida foi amplamente aprovada pelo Congresso. No dia 14 de fevereiro de 1879, o dia em que as concessões de mineração deveriam ser apreendidas, a fragata *Blanco Encalada* apareceu na costa de Antofagasta. Rapidamente as fragatas *Almirante Cochrane* e *O'Higgins* juntaram-se a ela. Ao mesmo tempo, uma missão diplomática chegou a La Paz e o embaixador chileno argumentou que a decisão da Bolívia de revogar o tratado comercial admitia que o Chile restabelecesse suas reivindicações territoriais sem uma declaração adequada de guerra. Ao se justificar, ele destacou que grande parte da população da região era chilena. Dentre os habitantes do Atacama, sete mil e duzentos eram chilenos e apenas mil e duzentos, bolivianos. Portanto, o Chile reivindicou a soberania sobre o território. Os bolivianos rejeitaram os argumentos por serem ilusórios.

Quando as opções diplomáticas se esgotaram, as tropas começaram a desembarcar. Uma força de invasão de oitocentos marinheiros e fuzileiros navais imediatamente tomou o controle da cidade. Dois dias depois, uma pequena força anfíbia desembarcou em Mejillones. Os soldados seguiram os trilhos do trem até o interior e se apoderaram das minas de prata de Caracol que estavam vulneráveis; lá eles ergueram um conjunto de fortificações defensivas. A notícia sobre a ocupação chilena chegou a La Paz em 25 de fevereiro, quando os moradores da cidade celebravam o Carnaval, de forma que as festividades subitamente tornaram-se sombrias. Milhares de bolivianos foram às ruas para protestar. Mulheres choravam abertamente sabendo que a guerra traria morte e destruição, enquanto os jornais atacavam os agressores e exigiam uma punição. Em meio a esse frenesi de nacionalismo, o congresso boliviano declarou guerra no dia 28 de fevereiro. Daza ordenou a imposição da lei marcial e a apreensão de todas as propriedades privadas chilenas, soltando assim os cães de guerra.

Antofagasta foi usada como uma plataforma de lançamento para colocar toda a província sob o controle chileno. A primeira operação foi liderada pelo coronel Emilio Sotomayor. Ele foi enviado com duas companhias de infantaria e um destacamento de cavalaria para conquistar Calama, uma grande cidade mercantil ao pé dos Andes, que assim como Antofagasta e Caracol, estava vulnerável. Ao ouvir que uma força chilena estava a caminho, proprietários de terras e comerciantes reuniram seus trabalhadores formando uma milícia armada. No dia 14 de março, os chilenos enviaram uma delegação de paz pedindo que a guarnição se rendesse. O major Ladislao Cabrera informou à milícia que eles deveriam lutar até o fim. A força de defesa se preparou para o ataque demolindo duas das três pontes que atravessavam o rio Loa, obrigando assim os chilenos a concentrar seu ataque na ponte Topáter. Sua defesa estava sob a responsabilidade de Eduardo Abaroa, um engenheiro de minas de quarenta e um anos de idade. No dia 23 de março, os chilenos atacaram, marcando o início oficial do conflito armado. A força de resistência não tinha armas suficientes para todos os homens, e muitos tinham que esperar um de seus compatriotas cair para usar uma arma[71]. Ainda assim, a milícia lutou bravamente, repelindo diversas acusações. Abaroa morreu em seu posto de forma heroica. Cercado e sem munição, ordenaram-lhe que desistisse; e sua resposta ficou famosa: "Me render? Mande sua avó se render, caramba!" Contudo, apesar dos incontáveis atos de bravura e altruísmo, a milícia improvisada não era páreo para seus agressores bem armados. Os últimos sobreviventes fugiram para o deserto e traçaram seu caminho rumo ao norte. No mesmo dia em que os chilenos ultrapassavam Calama, uma esquadra naval invadiu os portos de Tocopilla e Cobija, consolidando então a invasão da província.

As tropas chilenas eram bem organizadas e coordenadas, mas com frequência agiam sem disciplina ao lidar com civis. A Guerra do Pacífico foi repleta de atrocidades, sendo a maioria delas perpetrada por soldados chilenos. Muitas casas foram saqueadas, mulheres estupradas e prisioneiros executados. Uma das razões para que isso ocorresse era que muitos soldados eram ex-mineiros, que guardavam um profundo rancor contra os bolivianos pela expropriação de seus bens. Foi por um bom motivo que as autoridades bolivianas em Antofagasta estavam com tanta pressa para ir embora após a chegada das tropas chilenas, e por isso não fizeram nenhuma tentativa de destruir documentos oficiais e correspondências.

Após a inspeção dos escritórios do governo, um pelotão encontrou um depósito de documentos pertencentes a um pacto secreto entre a Bolívia e o Peru. O acordo, mais conhecido como o Tratado de Aliança Defensiva entre Riva Agüero

---

[71] O valor dos bolivianos tornou-se conhecido por causa de correspondentes de jornais chilenos que escreveram sobre o valor da milícia na ponte de Topáter e na Batalha de Calama.

e Benavente, foi assinado em fevereiro de 1873, quando os dois países passaram a ficar extremamente preocupados com as ambições territoriais do Chile. O acordo também foi o produto de intensas manobras diplomáticas. Como o interesse do Chile no Atacama cresceu, Santiago lançou repetidas iniciativas para formar uma aliança com a Bolívia contra o Peru. O Chile prometeu ajudar a Bolívia a expulsar o Peru de Tarapacá a fim de ganhar o controle sobre Arica. Em retribuição, a Bolívia cederia Antofagasta para o Chile. Isso permitiria que os dois governos conseguissem o que mais ambicionavam: a Bolívia obteria um porto de águas profundas do Pacífico e o Chile assumiria o controle total sobre os depósitos minerais do Atacama. Ao saber o que os chilenos estavam oferecendo, Lima pressionou a Bolívia para assinar o pacto de defesa mútua. A ideia foi proposta para Adolfo Ballivián, o recém-eleito Presidente da Bolívia, quando ele passava por Lima a caminho de sua posse. A proposta chilena era interessante e pragmática, mas a Bolívia tinha uma disposição melhor para o Peru[72]. Não obstante, o acordo foi mantido em sigilo porque as duas partes sabiam que o Chile reagiria violentamente a tal pacto. As lembranças da Guerra da Confederação ainda estavam recentes e Santiago deixara claro que nunca iria tolerar uma união entre eles.

Nunca ficou claro se a documentação era autêntica, mas sua publicação provocou um alvoroço político. Até esse momento, o governo chileno não tinha qualquer pretexto para a agressão contra a Bolívia, somente a cobiça. Há controvérsias sobre a invasão de Antofagasta ser um motivo suficiente. Não obstante, a suposta descoberta do pacto secreto entre a Bolívia e o Peru impulsionou a imaginação pública e conferiu a legitimidade que Santiago precisava para realizar uma ofensiva total contra seus vizinhos. No mesmo dia em que as forças chilenas adentravam em Calama, o embaixador Joaquín Godoy exigiu saber se o pacto secreto entre a Bolívia e o Peru realmente existia. Assim que o governo confirmou a existência, o Chile retirou seu embaixador e se preparou para a guerra.

Duas semanas depois, no dia 5 de abril de 1879, o Chile apresentou a declaração de guerra ao Peru. Finalmente, o país poderia estender suas vistas para além dos campos irregulares do Atacama e concentrar seus esforços na infinita fartura de Tarapacá. A guerra subsequente consistiria em duas fases: uma campanha naval seguida por uma operação terrestre. O alto comando militar compreendeu que precisava garantir sua supremacia marítima antes de se comprometer com uma guerra terrestre. Como havia poucas estradas perpassando o deserto, o transporte marítimo era a única forma de sustentar uma operação por terra. Portanto, a marinha chilena precisava estabelecer o controle dos mares para obter suprimentos e reforços. Da mesma forma, o Peru percebeu que a marinha era a mais importante defesa contra uma invasão de sua terra natal.

---

[72] A intriga diplomática não se limitava aos três países. Como mencionado anteriormente, durante o período que antecedeu a Guerra da Confederação, a Argentina e o Equador também faziam parte da equação. Buenos Aires foi convidada a assinar o pacto secreto de defesa. Uma aliança entre o Chile e a Bolívia alteraria a balança de poder da região e criaria uma ameaça.

Em abril de 1879, a marinha chilena enviou uma esquadra de navios cruzadores para bloquear o porto de Iquique. A ordem foi direcionada ao Contra-almirante Juan Williams, que tinha também ordens para atacar e eliminar as forças inimigas. A ideia era que Lima enviasse sua frota para proteger o porto economicamente importante. A decisão de focar Iquique se deu em parte porque havia mais de oitenta mil chilenos trabalhando na região, que poderiam ser recrutados para servir como parte de uma milícia. Alguns chilenos se revoltaram quando o bloqueio começou, forçando as autoridades locais a aprisionar mil e quinhentos deles em armazéns.

A defesa do porto foi liderada pelo coronel Juan Dávila, a quem foi concedida uma divisão de mil e quinhentos soldados e milicianos, além de uma bateria de artilharia móvel. Buscando forçar os defensores a se renderem, o *Esmeralda* disparou uma barragem de artilharia que destruiu a fábrica dessalinizadora da cidade, eliminando sua principal fonte de água potável. Havia uma linha ferroviária que conectava Iquique ao interior, mas as autoridades temiam que os comboios transportando suprimentos de água pudessem ser alvos fáceis para os canhões dos navios. Portanto, trens de mulas cargueiras foram trazidos para a cidade sob o manto da noite. Além disso, passou-se a fazer racionamento de água, permitindo apenas um litro de água por dia para cada indivíduo. Felizmente, os engenheiros da fábrica de nitratos construíram uma tubulação para obter água fresca, e isso evitou o colapso da cidade. Contudo, os navios chilenos continuavam enfraquecendo suas defesas. Eles vasculharam todo o fundo do mar próximo ao porto até que encontraram e cortaram a linha telegráfica submarina que era usada para se comunicar com Lima.

O Contra-almirante Williams ficou frustrado com a falta de resultados e enviou alguns de seus navios para atacar outras cidades peruanas localizadas na costa. No dia 15 de abril de 1879, a unidade de guano em Pabellón de Pica foi bombardeada. Três dias depois, um grupo de ataque destruiu todos os barcos pequenos que estavam ancorados em Pisagua. Por fim, no dia 30 de abril, a marinha explodiu o porto de Mejillones, afundando todos os navios que estavam ancorados. Porém, a frota peruana não pôde ser encontrada. O que começou como uma pequena campanha estava se tornando um conflito prolongado.

Os aliados bolivianos e peruanos também estavam se preparando para um tormento prolongado. Os presidentes boliviano e peruano, Daza e Mariano Ignacio Prado, estabeleceram um quartel-general conjunto em Arica para dirigir pessoalmente o esforço de guerra. Ao mesmo tempo, o Chile intensificou seus esforços de recrutamento, mas o entusiasmo público inicial em relação à guerra já havia se dissipado. Muitas pessoas enxergavam a realidade por trás do conflito — uma luta por procuração instigada por comerciantes britânicos que queriam roubar os campos de nitrato do Peru e da Bolívia — e, portanto, não estavam dispostas a morrer pelos ganhos econômicos de outras pessoas. O processo de recrutamento foi reduzido à convocatória de vagabundos e delinquentes. Sem o apoio público, os militares precisavam acabar rapidamente com o conflito. Dessa forma, o Contra-almirante Williams sofreu enorme pressão.

Ele despachou seus quatro navios cruzadores para Callao. Sem que o almirante chileno soubesse, o motivo pelo qual a frota peruana esteve ausente foi porque seus principais navios estavam em um cais seco, sendo submetidos a consertos de caldeiras. O Peru tinha apenas dois navios cruzadores blindados, o *Huáscar* e o *Independencia*, enquanto o Chile tinha quatro, o *Almirante Cochrane*, o *O'Higgins*, o *Magallanes*, e o *Abtao*. Ainda que a economia peruana tenha se beneficiado enormemente com o boom do guano e do nitrato, não alocou muito do seu lucro na aquisição de navios de guerra. O Chile, por sua vez, guardava no coração as lições da Guerra da Tríplice Aliança; para o país, a supremacia naval era essencial para manter a comunicação das vias marítimas aberta. O governo já havia compreendido o quão decisiva uma marinha poderosa poderia ser na determinação dos resultados de um conflito.

Williams deixou seus dois navios mais antigos, a corveta *Esmeralda* e a escuna *Virgen de Covadonga,* na estação. Enquanto a esquadra chilena navegava para o norte, os dois navios cruzadores blindados do Peru finalmente conseguiram chegar ao sul. Eles estavam escoltando um grupo de navios de transporte que se dirigia para Arica. O comboio estava sob o comando do almirante Miguel Grau, o melhor estrategista naval do Peru. Os dois grupos se cruzaram, mas nunca fizeram qualquer contato. O almirante peruano entregou o que transportava e, em seguida, seguiu para Iquique. Ele descobriu que os chilenos haviam deixado dois navios mais antigos em serviço de piquete e pensou que eles seriam alvos fáceis para os artilheiros. Na madrugada do dia 21 de maio, quando a névoa da manhã se dissipou, a frota peruana apareceu no horizonte.

O comandante Agustín Arturo Prat estava no comando do pequeno destacamento chileno. Ele era graduado pela Academia Naval Chilena e sua origem era humilde. Ele serviu com distinção durante a guerra contra a Espanha em 1865, a bordo do *Esmeralda*. No ano de 1870, ele cursava Direito e se preparava para realizar os exames finais quando a guerra estourou e ele teve de voltar ao serviço como oficial de linha.

A esquadra peruana era liderada pelo *Huáscar*. O navio de guerra de ponta havia sido construído quatro anos antes em Birkenhead, na Inglaterra. Era um navio pequeno, porém robusto com torres de ferro, construído com design semelhante ao de um navio monitor, e era protegido por um cinturão de ferro de 11,4 cm de espessura e armado com dois canhões de 25,4 cm localizados dentro de uma torre rotativa. Ele foi batizado com o nome do desafortunado rei inca que foi assassinado por seu irmão, Atahualpa, durante a invasão de Pizarro. Portanto, nesse momento, o destino da nação recaía sobre tal nome ignominioso. O segundo navio da esquadra, *Independencia*, era uma corveta de ferro construída em 1864. Comandado por Juan Guillermo More, o navio erra revestido por canhões estriados com canos carregáveis. Infelizmente, os dois navios chilenos eram muito mais velhos e inferiores.

Prat reuniu seus homens e manobrou seus navios para o meio da baía. O comandante Condell, que estava no comando do *Virgem de Covadonga*, posicionou-se logo atrás do *Esmeralda*. Às 8h15, os dois adversários trocaram o primeiro ataque, e mais um dez minutos depois. Um tiro do *Huáscar* atravessou a popa do *Esmeralda*, matando vários membros da tripulação que estavam na enfermaria do navio. Ao perceber que eles estavam desarmados, o *Virgen de Covadonga* foi em direção à costa. Prat fez o mesmo, criando um dilema para Grau. Embora seu armamento fosse superior, as rodadas destinadas ao *Esmeralda* poderiam acabar prejudicando Iquique — cujo porto ele deveria proteger. Por isso, ele precisava de um ataque parabólico para bombardear o inimigo, uma habilidade que estava fora do alcance de seus artilheiros. Durante uma hora e meia, o *Huáscar* tentou acertar o *Esmeralda* e, por fim, os artilheiros acertaram um lançamento direto na proa, matando a tripulação do departamento de metralhadoras. Enquanto isso, Dávila deslocou sua bateria de artilharia colocando-a em posição e começou a bombardear o *Esmeralda*. Sendo atacados pelo mar e pela costa, Prat ordenou que os motores de seu navio acelerassem a velocidade ao máximo. Infelizmente, o aumento repentino do vapor foi nocivo para suas antigas caldeiras e uma delas explodiu. Com o navio de guerra chileno praticamente morto na água, Grau ordenou que o *Huáscar* batesse nele.

Prat fez uso dos poucos recursos que tinha a fim de manobrar para fora do caminho. Não obstante, o *Huáscar* disparou seus dois canhões de 25,4 cm à queima-roupa, matando mais de quarenta marinheiros. Não se sabe ao certo se Prat morreu nesse ataque. Existe um folclore chileno que diz que ele liderou uma pequena embarcação, que levava apenas ele e outro marinheiro, até o principal navio peruano, apenas para ser morto momentos depois. Vendo o desespero provocado pela situação, Grau propôs que o *Esmeralda* abaixasse sua bandeira. O novo capitão no volante, o tenente Luis Uribe Orrego, se recusou. Sendo assim, Grau bateu no navio chileno mais uma vez. Simultaneamente, o *Huáscar* disparou outra rajada à queima-roupa, massacrando ainda mais a tripulação. A colisão danificou a armadura do navio e o *Esmeralda* estava mortalmente ferido. A água do mar começou a entrar, inundando o porão com munições e afogando dezenas de marinheiros. Mais um grupo chileno tentou embarcar no *Huáscar*, mas foi morto a tiros. Grau ordenou que seu navio batesse no Esmeralda uma última vez. Dessa vez, a velha embarcação de madeira foi arremessada para frente e afundou sob as ondas.

A poucas milhas de distância, as coisas ocorriam de forma diferente para o *Independencia*. O *Virgen de Covadonga* era um navio menor e podia se deslocar para perto da costa sem muita dificuldade, mas ainda assim o navio peruano maior permanecia em estreita perseguição. Mas, de repente, ele encalhou. Sem poder manobrar, a corveta peruana tornou-se um alvo fácil para os artilheiros chilenos. Eles acertaram o navio com uma barragem interminável de bombas, obrigando a tripulação a abandonar o navio e escapar em botes salva-vidas. Os chilenos não deram trégua e continuaram a bombardear os sobreviventes enquanto fugiam. Por fim, Grau apareceu e o *Virgem de Covadonga* navegou para longe. O almirante percebeu que nada poderia ser feito pelo navio atingido, de modo que o *Independencia* foi incendiado. Conforme o navio de guerra queimava orgulhoso, as chamas lambiam o céu em tom escuro. Ao final, a Batalha de Iquique acabou registrando uma grande vitória para a marinha chilena. Apesar de ter perdido o *Esmeralda*, tratava-se de um navio de madeira velha. Por sua vez, o Peru havia perdido metade de sua frota de navios blindados. Antes do conflito, a superioridade naval do Chile era de 2-1; agora sua vantagem era de 4-1[73].

A notícia sobre a perda do *Esmeralda* chocou o país. Um ar de derrota tomou conta de Santiago e Valparaíso. Contudo, Vicuña Mackenna usou o fracasso como um grito de guerra. Ele transformou Prat em um mártir, exaltando suas origens humildes e devoção abnegada, e incitou a população a pegar em armas para defender a honra de sua nação. O histórico e a bravura do oficial naval atingiram fortemente a psique chilena e o país foi tomado por uma onda de patriotismo. Homens apareciam em massa para se juntar ao esforço de guerra. Na realidade, apareceram tantas pessoas, que os centros de recrutamento foram forçados a recusar centenas delas. A liderança nacional converteu uma derrota amarga em um fervor que levou o país à vitória. Muitos consideram a morte de Prat o catalisador que possibilitou que o Chile formasse sua identidade nacional.

Enquanto Santiago se concentrava em ampliar seu território para o norte, estava prestes a enfrentar um grande revés ao sul do país. Desde o colapso do sistema de vice-reinos, o Chile e a Argentina reivindicavam a Patagônia. Na sua maior parte, a região era argentina, mas a reivindicação concorrente do Chile dificultava a definição de fronteiras e limites. Como o Chile estava preocupado com sua campanha do Pacífico, Buenos Aires fez uma manobra com muita habilidade.

A invasão chilena de Antofagasta provocou um protesto maciço em Buenos Aires e em várias outras grandes cidades. Houve muitos apelos por retaliação contra os agressores chilenos, especialmente nas províncias do norte de Jujuy e Tucumán. Vários argentinos proeminentes, incluindo o futuro presidente Roque Sáenz Peña, ofereceram seus serviços para o esforço de guerra. Assim como na Guerra da Tríplice Aliança, lealdades culturais transcenderam as linhas soberanas de demarcação. Laços de sangue boliviano penetraram profundamente na Argentina. Muitos argentinos ofereceram-se para se juntar à causa ou contribuíram com fundos. Além disso, havia um negócio em franco crescimento conforme os comerciantes de armas de Buenos Aires adquiriam armas para o exército boliviano, evitando assim o bloqueio chileno da costa do Pacífico. Não obstante, o governo argentino estava hesitante em juntar-se à briga. Ele tinha interesses mais prementes. Buenos Aires prometeu que se manteria neutro caso o Chile concordasse em retirar sua reivindicação pela Patagônia. Sem alternativas, o governo concordou, abrindo mão da reivindicação de um milhão de quilômetros quadrados. Santiago sabia que sua reivindicação era fraca, e também estava consciente de que o Atacama, que era altamente rico em minerais, era um prêmio mais lucrativo.

73   Brian Vale, *Cochrane in the Pacific: Fortune and Freedom in Spanish America* (London: I. B. Tauris, 2008).

Nos cinco meses subsequentes, a marinha chilena perseguiu o *Huáscar*. Entretanto, o astuto Grau escapou do inimigo. Em julho, ele fez um ataque à meia-noite em Iquique, afundando o navio *Matías Cousiño*, que transportava as tropas, e o caça *Magallanes*. Logo depois, ele capturou o *Rímac*, junto com um destacamento de trezentos chilenos da cavalaria e seus cavalos. Ele também bombardeou armazéns costeiros chilenos, enquanto evitava contato com os grandes cruzadores. A sorte do almirante finalmente acabou no dia 8 de outubro de 1879 quando estava navegando pela cidade de Antofagasta com a corveta *Union*.

O alto comando chileno tinha elaborado uma armadilha. Imaginando que Grau acabaria atacando Antofagasta, os chilenos dividiram a frota em duas divisões. A primeira consistia em navios mais pesados e lentos, liderada pelo Comodoro Galvarino Riveros, a bordo do couraçado *Blanco Encalada*; tais navios foram posicionados perto da costa. A segunda divisão era composta pelos navios mais rápidos, liderada pelo comandante Juan José Latorre no couraçado *Almirante Cochrane*; esses navios orbitavam mais longe mar adentro, mas em um padrão perpendicular ao sul da cidade. A ideia era permitir que o *Huáscar* se deslocasse entre as duas divisões de forma a mobilizá-las. Eles assumiram que Grau viraria para o sul assim que visse a divisão de Riveros na frente de Antofagasta, e isso permitiria que a segunda divisão de Latorre concluísse a armadilha.

A esquadra de Grau passou por Antofagasta no meio da noite em busca de alvos fáceis. Ao ver que não havia nenhum, ele continuou em seu caminho para o norte. Ao amanhecer, um vigia do *Huáscar* viu a fumaça negra produzida pela divisão da Riveros. O almirante peruano imediatamente ordenou que seus navios se deslocassem para o sul. Quando os navios passavam por Ponto Angamos, muito perto do porto de Mejillones, ele viu a fumaça da segunda divisão chilena no horizonte. O comandante peruano imediatamente percebeu que se encontrava em uma armadilha. Ele sinalizou para o *Union*, que era um dos mais rápidos navios do Pacífico, que fugisse[74]. Junto a isso, ele ordenou aos seus homens que atacassem as estações.

Os artilheiros peruanos não haviam melhorado sua pontaria desde a Batalha de Iquique. Portanto, eles não conseguiram acertar o *Almirante Cochrane* conforme ele vinha em sua direção e manobrava dentro de seu campo de tiro. A dois mil metros, o navio cruzador chileno abriu fogo. Uma de suas bombas blindadas perfurou a torre, desativando os dois principais canhões. Uma segunda rodada de disparos penetrou a cinta de aço e desativou o leme do navio. Isso não apenas deixou o navio à deriva, mas o *Huáscar* começou a ir para estibordo. Enquanto isso, o *Blanco Encalada* se colocava em posição. Durante todo esse tempo, o *Almirante Cochrane* continuou o ataque afastado, até que acertou uma bomba na ponte, incinerando o almirante Grau.

Apesar do desânimo provocado pela situação, a tripulação do *Huáscar* continuou lutando. Do mesmo modo, os dois cruzadores chilenos atacaram o navio

---

[74] Romero, "The War of the Pacific."

rodada após rodada, matando dezenas de oficiais e marinheiros. Como a maior parte de suas armas já estava ultrapassada, a equipe peruana decidiu afundar o navio. Os oficiais do *Almirante Cochrane* e *Blanco Encalada* perceberam que o couraçado estava à deriva e, portanto, era um alvo fácil. Diante disso, os soldados a bordo receberam ordens para tomá-lo à força. Quando a tripulação peruana estava se deslocando para os barcos salva-vidas, um grupo de soldados se aproximou do navio. Eles então seguiram para a sala de motores e fecharam as válvulas de fundo a tempo de evitar que o navio afundasse, capturando assim o navio-almirante.

A Batalha de Angamos foi o momento decisivo da guerra. Com total supremacia marítima, o exército chileno tinha liberdade para se deslocar para cima e para baixo na costa sem qualquer resistência. Ao mesmo tempo, os peruanos foram expulsos de Lima. Contudo, a guerra ainda levaria mais quatro anos para terminar. A campanha marítima durou menos de um ano, com uma baixa perda de vidas, mas a guerra terrestre foi sangrenta e prolongada. Os defensores não só tiveram que lutar bravamente para proteger sua terra natal, como também a guerra ainda culminou bem no meio do Atacama, um dos ambientes mais hostis do mundo, com temperaturas que atingem os extremos: do calor ardente até noites congelantes, e a luz solar escaldante cegava os soldados. Como o deserto não tinha recurso algum, era quase impossível realizar suporte por navegação. Não havia qualquer fonte de água, exceto pela aparição de oásis ocasionais, e nem grama para os cavalos comerem[75].

Antofagasta foi o centro das operações terrestres chilenas. A cidade já se encontrava sob o controle do Chile há mais de um ano. Uma força de vinte mil homens estava a postos, armada com os mais avançados equipamentos e tecnologias. Além de carabinas inglesas e americanas, os grupos de artilharia estavam equipados com modernos canhões franceses e alemães, bem como armas americanas Gatling. Mais de setecentos quilômetros ao norte, o quartel-general dos aliados em Arica também estava fervilhando em atividade, mas eles não estavam tão bem preparados. O exército permanente da Bolívia era composto por quatro divisões, com um total de dois mil e trezentos soldados; metade deles era de oficiais, o que criou uma organização de combate pesado. Os armamentos da Bolívia eram ultrapassados e estavam em más condições; além disso, havia uma variedade tão grande de armas que manter as quantidades e calibres de munição adequados a postos foi um verdadeiro pesadelo logístico. Quase não havia cavalaria ou artilharia. A fim de reforçar as fileiras, foram adicionados mais de quatro mil voluntários e recrutas, mas muitos deles só falavam quechua ou aymara, os antigos dialetos incas. O exército do Peru estava em melhor forma, com uma força permanente de treze mil soldados e quatro mil e quinhentos milicianos. Contudo, as unidades não eram bem organizadas. Grande parte do seu armamento estava ultrapassada, sendo inúme-

---

[75] Claude Michel Cluny, *Atacama: Ensayo Sobre la Guerra del Pacífico, 1879–1883* (México, DF: Fondo de Cultura Economica, 2008).

ras espingardas carregáveis pela boca oriundas da Guerra Civil Norte-americana. Portanto, o exército chileno teve uma vantagem enorme em termos de tecnologia, hardware e treinamento.

Os aliados decidiram concentrar sua estratégia na defesa de Arica e Iquique. Cada porto seria protegido por uma brigada de mil soldados. O restante do exército seria organizado em uma unidade móvel responsável por fornecer suporte rápido a qualquer uma das cidades costeiras que fossem atacadas. Os portos menos importantes seriam defendidos por guarnições menores com algumas centenas de homens cada.

Os chilenos sabiam que os portos maiores encontravam-se quase inexpugnáveis. Por isso, decidiram começar a invasão de Tarapacá atacando o pequeno porto de Pisagua. Essa decisão foi tomada devido a quatro razões: em primeiro lugar, o porto era defendido por um destacamento de novecentos bolivianos; em segundo, era economicamente importante, pois era o principal porto de embarcações de exportação de nitrato do Peru; em terceiro lugar, estava localizado exatamente entre as principais bases militares dos aliados de Arica e Iquique, de forma que o desembarque em Pisagua significaria um corte efetivo de Iquique do restante do país; e, em quarto lugar, Pisagua tinha uma linha ferroviária que os invasores poderiam usar para que suas tropas avançassem para o interior.

A força de invasão chilena consistia em quinze navios, dentre os quais quatro eram navios cruzadores blindados e onze eram transportadores, carregando nove mil e quinhentos soldados e oitocentos e cinquenta cavalos[76]. O general Erasmo Escala, que era chefe do Estado-maior do exército e veterano da Guerra da Confederação, foi designado para liderar essa operação. Os defensores projetaram um par de peças de artilharia pesada no alto da falésia, mas ele não era páreo para os armamentos chilenos. Às sete da manhã do dia 2 de novembro de 1879, a marinha chilena tomou sua posição e abriu fogo. Um destacamento que elaborou ataques de forma precisa conseguiu silenciar as armas dos defensores imediatamente, permitindo então que os transportes entrassem no porto.

A operação anfíbia consistiu em duas vertentes. A primeira foi um desembarque em Junin, localizado no lado oposto à praia principal. Isso permitiu que um pequeno grupo de soldados se deslocasse para o interior e atacasse os bolivianos por trás. A segunda foi a principal força desembarcada, a qual conquistou a cidade. O desembarque em Junin teve início quando os navios começaram a bombardear as instalações costeiras. Eles estabeleceram uma base no território inimigo e se posicionaram bem atrás das forças aliadas. Contudo, os principais desembarques demoraram mais do que o previsto e os bolivianos se deslocaram para o litoral para atacar os invasores. Após várias horas de terríveis combates mão a mão, que acaba-

---

[76] Muitos navios de guerra estrangeiros acompanharam a operação anfíbia, incluindo navios franceses e ingleses. Sua função oficial era agir como observadores, mas alguns bancos europeus de grande porte, como o Rothschild & Sons, haviam emprestado dinheiro para o Chile e queriam fiscalizar a evolução da guerra.

ram transformando o curso das ondas em uma espuma avermelhada, os chilenos batalharam para se deslocar para o interior da costa. Superados em número e poderio bélico, os bolivianos sobreviventes afastaram-se para as montanhas, queimando os armazéns de nitrato à medida que partiam — o que espalhou pelo ar uma espessa fumaça preta.

O general Escala conseguiu localizar a força aliada mais próxima. Após interrogar seus prisioneiros, ele descobriu que o general peruano Juan Buendía comandava o exército do sul, mas não se sabia ao certo qual era sua localização. Por isso, ele enviou uma pequena missão de reconhecimento, liderada pelo tenente-coronel José Francisco Vergara, para encontrar a localização em questão. O destacamento avançou até um oásis chamado San Roberto e encontrou a estação de bombeamento intacta. Eles a protegeram como uma fonte de água potável e voltaram para Pisagua, onde Vergara recomendou ao general chileno que enviasse uma força de reconhecimento muito maior.

Poucos dias depois, Escala enviou uma cavalaria com 180 integrantes para sondar o deserto e proteger quaisquer poços que encontrasse. Na tarde do dia 6 de novembro de 1879, eles se depararam por acaso com a cavalaria do exército do sul que descansava nas planícies de Germânia. Os chilenos fizeram um ataque com o objetivo de desviar a atenção, e agiram como se estivessem recuando, induzindo os aliados a atacar. A maioria dos cavaleiros eram bolivianos. Os chilenos rapidamente inverteram o jogo por meio de uma armadilha, matando metade dos aliados. Com grande parte da cavalaria aliada destruída, o exército do sul foi severamente prejudicado.

O desembarque em Pisagua havia causado uma grande consternação nos quartéis-generais dos aliados. O presidente Daza decidiu liderar uma força expedicionária boliviana para se juntar ao destacamento do exército do sul de Buendía, posicionado a uns poucos dias da base inimiga chilena. Juntos, eles superariam o número de invasores e os empurrariam de volta ao mar. Portanto, Buendía deslocou seu exército para o norte em direção ao oásis de Dolores, a fim de aguardar a chegada de Daza. Enquanto ele esperava, grupos díspares apareceram; dentre eles estavam, inclusive, sobreviventes de Pisagua e várias unidades dispersas da cavalaria boliviana. Todas as forças então se reuniriam antes de atacar os chilenos.

A marcha de Daza pelo deserto se transformou em um pesadelo. Embora ele fosse exibido e arrogante, não tinha experiência militar alguma. Ao partir às pressas, ele deixou sua artilharia para trás. Temendo que seus soldados abandonassem a força se o deslocamento ocorresse à noite, ele ordenou que suas tropas marchassem durante o dia, mas o calor diurno escaldante do Atacama foi brutal. Os indígenas bolivianos estavam mais acostumados com o clima frio do altiplano, por isso se enfraqueceram sob o sol cruel. Daza recusou a oferta de ter um escoteiro peruano para guiá-lo no deserto, e isso o deixou sem saber onde encontrar água. Com a desidratação atingindo a todos, o presidente boliviano decidiu abrir o estoque de bebida alcoólica, permitindo que os soldados enchessem seus cantis com vinho e rum.

O resultado foi caótico. Muitos soldados tropeçavam bêbados na areia escaldante. Mais de duzentos homens morreram de envenenamento por álcool, e foi o fim da disciplina inicial. Após cinco dias de expedição, os homens começaram a desertar, perto do riacho Camarones. Muitos fugiram para as montanhas e outros voltaram para Arica. Ao saber de tal calamidade, o presidente Prado sugeriu que Daza voltasse para o quartel-general para permitir que Buendía prosseguisse com o ataque. Primeiramente, o presidente boliviano se recusou a aceitar tal ordem, mas seus oficiais votaram a favor da retirada e eles voltaram para casa.

Os infortúnios da Bolívia se agravaram em função da instabilidade política do país. O general Narciso Campero estava prestes a sair de La Paz junto com a quinta divisão de elite, quando soube do fiasco de Daza e decidiu voltar para casa. Seus homens estavam mal equipados para enfrentar as péssimas condições do deserto e, além disso, ele tinha aspirações presidenciais. Sendo assim, não havia para ele qualquer motivo para ajudar seu adversário sitiado. Além disso, havia interesses econômicos poderosos, particularmente o que dizia respeito às operações de mineração de Huanchaca, que estava fazendo lobby para manter a quinta divisão fechada para protegê-los de uma possível invasão chilena. Isso afetou Buendía, que já não podia contar com a força expedicionária de Daza e agora teve que se contentar com o que tinha. Seu exército combinado consistia em quase dez mil homens, que era um número consideravelmente superior ao da força de seis mil e quinhentos soldados chilenos do general Escala. Mas a força tinha o dobro de peças de artilharia, era muito mais bem treinada e tinha unidade de comando. Tais fatores se mostraram cruciais no encontro no campo de batalha.

No dia 19 de novembro, os dois lados ficaram frente a frente em Dolores. O coronel chileno que tinha tomado Calama, Sotomayor, enviou um grupo de reconhecimento, o qual avistou os aliados avançando em direção ao oásis. Ele ordenou que seu regimento de cavalaria se apressasse para vencê-los. Após sua chegada, eles se posicionaram ao longo das colinas circundantes para garantir uma localização vantajosa. Ele então deslocou um quinto de suas forças para o lado norte da posição inicial, antecipando a chegada de Daza — que nunca ocorreria, uma vez que o general boliviano havia abandonado a luta e voltado para Arica.

Buendía era um antigo veterano, mas a senilidade estava se aproximando. Ele dependia fortemente de seu chefe do Estado-maior, Belisario Suárez, e de vários outros oficiais superiores. O plano de batalha dos aliados era de se dividir em três grupos. Haveria uma coluna peruana, liderada por Buendía, encarregada de tomar o terreno elevado de San Francisco; a segunda seria encarregada de atacar as partes altas em torno de Dolores; e a terceira força, composta por soldados bolivianos, deveria cercar a retaguarda dos chilenos e atacá-los por trás.

Os aliados interromperam sua marcha assim que chegaram em Dolores. Os soldados haviam começado a se deslocar às três da manhã por isso estavam exaustos. Eles usaram o tempo para montar acampamento, beber água do poço, comer rações e preparar suas armas. O atraso permitiu que os chilenos recebessem reforços, mas a unidade de artilharia não sabia o que estava acontecendo. Um reconhecimento foi mal interpretado como um movimento de ataque inicial e os artilheiros chilenos abriram fogo. A infantaria saltou aos seus pés e atacou de forma desordenada. Em meio ao caos, os aliados avançaram sobre as peças de artilharia dos inimigos.

Felizmente, os chilenos conseguiram se reagrupar. Armados com espingardas de repetição Winchester e peças de artilharia Krupp, foram capazes de conter uma força de ataque muito maior. A disciplina dos aliados começou a esmaecer quando muitas das munições começaram a apresentar defeitos. Às cinco horas da tarde, um novo batalhão chileno chegou, acabando com a vontade dos aliados de lutar. Eles também receberam a notícia de que os bolivianos haviam recuado para Arica. Desolados com a notícia de que o exército de Daza nunca iria chegar, os aliados retiraram-se — muitos bolivianos cantavam "de volta para Oruro", sua cidade fronteiriça. Durante a retirada, os aliados abandonaram canhões, armas e munições preciosos que não podiam se dar ao luxo de perder. Mais uma vez, a unidade de comando seria o grande problema. Era difícil gerenciar soldados de diferentes nações, de forma que havia falhas na comunicação, organização e disciplina.

Os chilenos escavaram conforme a noite caía se preparando para um contra-ataque na manhã seguinte, mas ele nunca ocorreu. O exército do sul se reagrupou em Tarapacá, e Buendía ordenou à guarnição que estava defendendo Iquique que se juntasse a ele. Isso deixou o porto completamente vulnerável, de forma que foi tomado por uma pequena força anfíbia. Em pouquíssimo tempo, os chilenos ganharam o comando de mais da metade da próspera província. Os homens estavam muito bem-humorados e um ar de invencibilidade embebia as fileiras. Enquanto isso, os homens de Buendía estavam péssimos. Eles haviam perdido grande parte de seus equipamentos e armamentos, mas vale ressaltar que ainda integravam uma força de combate de quatro mil e quinhentos soldados. Muitas vezes, níveis muito elevados de confiança podem acabar em arrogância e desastre.

Confiante demais, o general Luis Arteaga rapidamente preparou um batalhão de dois mil e trezentos chilenos para acabar com os sobreviventes aliados. O tenente-coronel José Francisco Vergara recebeu um batalhão para atacá-los em Tarapacá. Quando ele chegou ao oásis, percebeu que seus homens estavam exaustos, desidratados e famintos após a marcha cansativa por extensas areias. Na pressa, eles partiram com pouquíssima quantidade de comida e água. A única forma de solucionar a situação era capturar os vagões de abastecimento dos aliados. Dessa forma, na manhã do dia 27 de novembro, os chilenos atacaram bem cedo. A estratégia foi dividir a força em três colunas, semelhante ao plano falido que os aliados usaram na Batalha de Dolores. A primeira coluna faria um ataque frontal à cidade, a segunda faria uma manobra de flanco e a terceira avançaria por trás, para impedir qualquer fuga.

Ao amanhecer, uma espessa neblina apareceu de forma inesperada, tornando difícil o posicionamento conforme planejado. Enquanto isso, Buendía estava à espera do ataque, ocupando o terreno elevado circundante. Quando o inimigo se aproximou, os peruanos ficaram firmes. Dois oficiais peruanos lideraram a defesa e se tornaram heróis nacionais, o coronel Andrés Avelino Cáceres e o coronel Francisco Bolognesi. O primeiro ficou famoso em função das ações de seu Batalhão Zepita, a Segunda Divisão Peruana, em terrenos altos (Batallones Zepita e 2 de mayo, ou o Segundo Regimento de maio). Enquanto isso, Bolognesi ficou mais conhecido pela tenacidade com a qual protegia a cidade.

Os dois lados lutaram de forma brutal até o final da tarde, quando os aliados começaram a se enfraquecer. Assim que eles começaram a recuar, os chilenos correram para o poço para encher seus cantis, e, de imediato, os aliados reapareceram atacando quem estava vulnerável. O pânico se instaurou por todas as fileiras. Um grupo de cinquenta marinheiros chilenos conseguiu deter a força que avançava, mas a batalha estava perdida e os sobreviventes recuavam de forma desordenada. Infelizmente, sem uma cavalaria para fazer perseguições, Buendía não podia fazer nada além de assistir o inimigo até a chegada da noite. Ele percebeu que não tinha outra escolha senão recuar para Arica, pois estava sem munição e suprimentos. Embora as vítimas chilenas em Tarapacá fossem mais numerosas que as suas, ele perderia mais da metade de seus homens no caminho para casa.

Ao chegar em Arica, ele foi preso pelo contra-almirante Lizardo Montero por ter perdido o exército do sul. Naquele momento, a vasta riqueza mineira do Peru estava nas mãos do Chile e havia pouco que o país poderia fazer. A perda de renda trouxe mais desgraças para a nação e enfraqueceu sua capacidade de continuar lutando. Além disso, a obtenção de Atacama e Tarapacá também engordou os cofres chilenos, reforçando assim sua capacidade de comprar armamentos e recrutar soldados.

A sequência de eventos em Tarapacá impulsionou ondas sísmicas no Peru e na Bolívia. Ao perceber que havia sido completamente superado pelo poder de fogo e a moderna tecnologia do Chile, o presidente Prado obteve permissão do congresso para viajar para a Europa. Sua missão era garantir empréstimos para que novas armas e navios cruzadores pudessem superar as barreiras do Chile. Ele tinha cinquenta e três anos e era impetuoso e arrogante. Ele considerava que, como chefe de estado da nação, poderia garantir melhores condições para os empréstimos. Prado deixou seu vice-presidente, Luis La Puerta, no comando. O político idoso ficou administrando as questões do país enquanto Prado estava na linha de frente, mas ele não estava preparado para lidar com a agitação política que varreu a nação adiante. A oposição política ficara ainda mais forte após a perda de Tarapacá. Uma facção da oposição, liderada por Nicolás de Pierola, acusou o presidente de abandonar o país e fugir com fundos nacionais. Ele conseguiu açoitar a população em agitações e derrubou o governo no dia 21 de dezembro de 1879, três dias após a partida de Prado. Dois dias depois, ele se autoproclamou presidente. Como havia uma ordem de prisão para Prado caso retornasse ao Peru, o presidente deposto decidiu permanecer em Paris até o momento em que a situação política se estabilizasse. O comandante-chefe havia tomado uma decisão errada ao deixar seu país com o inimigo batendo à porta de sua nação.

Outras pressões políticas semelhantes estavam agitando a Bolívia. Daza foi imediatamente deposto em função de sua vergonhosa atuação no deserto. Antes de passar o manto para Narciso Campero no dia 1º de janeiro de 1880, o governo passou por um ciclo de uma série de líderes, incluindo Eliodoro Camacho e Uladislao Silva. Campero havia sido o general que decidira abandonar a campanha ao saber sobre a situação de Daza no deserto. Percebendo a instabilidade em que o Peru e a Bolívia imergiam, o alto comando chileno decidiu pressionar o ataque. Seu novo objetivo era a destruição completa do Exército do sul.

As mudanças nos governos da Bolívia e do Peru provocaram importantes alterações em suas estruturas de comando militar. Os principais líderes militares do presidente Pierola foram o contra-almirante Lizardo Montero e Pedro del Solar, um oficial civil influente. Os aliados contavam com uma força de combate de onze mil homens, sendo que dez mil deles encontravam-se em Tacna. Os preparativos foram impulsionados quando o *Union*, o navio de guerra que anteriormente havia acompanhado o *Huáscar*, fugiu do bloqueio e reabasteceu a guarnição com braços e reforços mais do que necessários. Conforme observado anteriormente, o *Union* era considerado o navio mais veloz do Pacífico e, por isso, poderia facilmente superar qualquer recurso que o inimigo tivesse.

O alto comando chileno também passou por importantes mudanças. O general Escala foi substituído pelo brigadeiro-general Manuel Baquedano, cuja missão era eliminar a presença dos aliados em Tacna e Arica. Ele começou a campanha enviando uma força expedicionária no dia 31 de dezembro para tomar o pequeno porto de Ilo, que ficava localizado ao norte de Arica. A força de invasão conquistou o porto e cortou a linha telegráfica de Moquegua, uma cidade próxima que servia como um ponto de passagem para o interior do Peru. Eles então se apoderaram de um trem e o conduziram até a aldeia, que se rendeu imediatamente. Com o flanco norte neutralizado, Baquedano começou a desembarcar a maior parte de seu exército; no total, 14.500 homens foram desembarcados entre 18 e 25 de fevereiro de 1881. Junto a isso, Arica foi sitiada.

Não obstante, o porto estava bem preparado. Desde o início da guerra, novas fortificações haviam sido construídas, juntamente com a preparação de novas baterias de artilharia. O cerco foi liderado pelo *Huáscar*, que fora anteriormente o orgulho da frota peruana e agora era equivalente ao padrão chileno.

Embora a cidade de Moquegua tivesse sido neutralizada, Baquedano sentia que seu flanco norte permanecia vulnerável. O porto de Mollendo ficava localizado a 134 quilômetros ao norte e se interligava com Arequipa por linha férrea, uma das maiores cidades do Peru, onde uma divisão de dois mil e quinhentos soldados peruanos se preparava para se deslocar. Essa força poderia representar uma séria ameaça para sua força de invasão. A longa viagem até Tacna consistia em atravessar mais de 150 quilômetros pelo deserto escaldante; os homens de Baquedano e as linhas de abastecimento ficariam vulneráveis. Portanto, ele ordenou ao coronel Orozimbo Barbosa que tomasse Mollendo e eliminasse todas as forças peruanas.

No dia 9 de março, o coronel desembarcou com um regimento de oitocentos homens. Um grupo de peruanos havia se retirado, de maneira que não apresentou resistência à força que chegava; porém, eles se reagruparam em um depósito de trens próximo e solicitaram reforços. Barbosa abriu caminho para a estação, mas rapidamente se deparou com o fogo inimigo ao se aproximar. Sapadores chilenos prepararam cargas explosivas e danificaram as linhas ferroviárias, mas eles decidiram se reagrupar no porto antes de retomar o ataque. Ao retornar a Mollendo, eles perceberam que a disciplina havia esmaecido por completo. As tropas haviam invadido os armazéns e saqueado as lojas de bebidas. Soldados bêbados criavam tumultos, saqueando e descarregando suas armas. Além disso, atrocidades infindáveis eram cometidas, civis eram assassinados e mulheres estupradas. Barbosa ordenou que seus homens embarcassem nos navios, mas muitos desertaram. Temendo enfrentar um motim, ele ordenou que seus navios retornassem a Ilo no dia 12 de março. Como já havia acontecido em outras ocasiões, os chilenos estavam bem treinados, mas eles podiam facilmente gerar em um motim violento.

Enquanto isso, a ameaça peruana que rondava a força de invasão se tornou real. O coronel Andrés Gamarra avançou com uma força de mil e quinhentos soldados peruanos para Los Angeles, um forte protuberante que ficava no meio do caminho para Arequipe. Ao ouvir a notícia, Baquedano partiu com uma divisão de quatro mil e quinhentos homens para evacuar de uma vez por todas seu flanco norte. Embora os peruanos não tivessem cavalaria ou artilharia, continuavam representando uma ameaça significativa. A instalação em Los Angeles era formidável e seria difícil de ser conquistada. Ela ficava acolhida no final de um vale estreito e os chilenos precisariam executar um ataque frontal. Entretanto, o astuto Baquedano avançou sob o manto da noite e posicionou seus soldados no sopé da colina sem que fossem detectados. Ao amanhecer, ele desencadeou uma barragem de artilharia, seguida pela infantaria e cavalaria. Seus homens fixaram baionetas e correram até a colina, pegando os defensores completamente desavisados. Com o forte prestes a ser invadido, Gamarra ordenou que seus homens se retirassem. Isso eliminou a última ameaça para a força de invasão chilena e eles puderam, portanto, avançar em segurança para Tacna.

O ataque contra Tacna seria poderoso. Baquedano avançou com um contingente de treze mil e quinhentos soldados, deixando mil homens para proteger a retaguarda e o trem de bagagem. A força de invasão marcharia através de uma das partes mais inóspitas do Atacama. Era necessário carregar cada gota de água e folha de grama para os cavalos. Carruagens muito carregadas com água, comida e munições afundavam na areia escaldante. O mesmo acontecia com os caixões e peças de artilharia. Enquanto o exército marchava, os aliados tiveram tempo de sobra para se preparar. No entanto, havia muitos conflitos internos dentro do alto comando. A principal disputa residia na escolha de quem ficaria no comando. Algumas semanas antes, o presidente boliviano Narciso Campero tinha finalmente chegado com a quinta divisão de elite. De acordo com os termos do pacto de defesa mútua, o exército deveria ser conduzido pelos chefes de estado. Como Campero era o único chefe de estado presente em Tacna, ele alegou que deveria ser o líder; mas houve resistência por parte de oficiais superiores peruanos, especialmente do contra-almirante Montero. Ele argumentou que eles tinham mais experiência em função de terem realizado a maioria dos combates desde o início da guerra. Pressionado por Lima, Montero finalmente concordou com a liderança de seu oponente, mas seu ressentimento ardia como brasa.

Quando a cadeia de comando foi definida, Campero traçou seu plano de defesa. Sua estratégia começaria com uma armadilha para a força de invasão na periferia de Tacna. Infelizmente, as coisas não saíram conforme o planejado. Na noite do dia 25 de maio, ele levou um regimento aliado para Quebrada Honda para se posicionar à espera, mas havia uma névoa densa no caminho e ele se perdeu. Os soldados marcharam em torno do deserto até perceberem que haviam feito um grande círculo. Ele decidiu refazer seus passos até Tacna, adiando assim o ataque para a manhã seguinte. Quando eles chegaram ao forte, ele os alocou ao longo do topo do Alto de la Alianza, localizado perto da fronteira da cidade. A colina era chamada anteriormente de Intiorko, mas havia sido renomeada como uma forma de motivar a população. O amanhecer revelou os dois exércitos um frente ao outro. Ambos estavam exaustos por terem marchado a noite toda. Eram forças numericamente equivalentes, mas, como no passado, os chilenos eram mais bem armados e possuíam uma liderança melhor. A única vantagem tática que os aliados tinham era o fato de seu comando estar posicionado no terreno elevado.

A Batalha de Tacna acabou se tornando o maior conflito da campanha terrestre. Ela começou com uma troca de artilharia, que acabou sendo ineficaz. A areia macia do deserto impediu que as tampas de fusíveis fossem detonadas. Consequentemente, o chão ficou coberto por peças não detonadas. Os chilenos então realizaram simultaneamente um ataque frontal no centro e do lado esquerdo dos flancos, que foi repelido pelos aliados. Campero ordenou que seus homens perseguissem os soldados em retirada, mas eles caíram em uma armadilha e foram capturados por uma chuva de fogos cruzados. Dezenas de homens foram massacradas. Com o enfraquecimento da linha dos aliados, Baquedano ordenou a seus reservas que realizassem um ataque frontal. O movimento funcionou, pois os reforços recém-chegados se chocaram contra os soldados exaustos e a linha aliada entrou em colapso. Às seis da tarde, as tropas chilenas estavam se deslocando para a cidade de Tacna. Ambos os lados sofreram grandes perdas, com cerca de duas mil e quinhentas vítimas cada. Percebendo que seu país estava então vulnerável a uma invasão, Campero ordenou que seus homens sobreviventes retornassem para a Bolívia. Lima ficou então sozinha para enfrentar seu antigo rival em uma guerra que nem sequer havia começado[77]. A Batalha de Tacna marcou o fim da participação boliviana na Guerra

---

[77] Valentín Abecia Baldivieso, La Dramática Historia del Mar Boliviano (La Paz, Bolivia: Librería Editorial "Juventud," 1986).

do Pacífico. Quando os soldados peruanos sobreviventes desapareceram, as agitadas tropas chilenas subiram para a cidade, realizando saques e estupros indiscriminadamente. Os feridos foram assassinados e muitos prisioneiros foram fuzilados. O comportamento deplorável do Chile durante a Guerra do Pacífico explica em grande parte a animosidade de longa data de seus vizinhos andinos.

Com o Exército do sul destruído, o porto de Arica tinha pouca esperança de resistir a um ataque chileno. Baquedano também não estava disposto a perder tempo. Uma semana depois, ele ordenou que uma força de cinco mil e duzentos homens sitiasse a cidadela. O porto era defendido por mil e novecentos homens, tendo Bolognesi, o herói incansável de Tarapacá, no comando. Ele havia solicitado ajuda de Lima e Arequipa, mas ela nunca chegou. A cidade ficou sem acesso e isolada. Além disso, o presidente Piérola temia que uma vitória de Bolognesi, que já era uma figura de destaque nacional, constituísse uma ameaça política, e ele, portanto, impediu a chegada de reforços e suprimentos.

Isso deixou Bolognesi em apuros. Os peruanos eram, de forma gritante, superados em número e poderio bélico. Portanto, o general convocou um conselho de guerra para discutir como proceder. Ele perguntou a seus oficiais mais graduados se eles queriam se render ou se manter na luta, mesmo que suas chances de sucesso fossem nulas. Todos os oficiais juraram que "lutariam até a última bala" e começaram a preparar as defesas do porto. A primeira linha de defesa foi fixada na ponte sobre o rio Lluta, na periferia da cidade. Os defensores aguentaram de forma tenaz, mas acabaram ficando sobrecarregados. Ao recuarem para a cidade, uma delegação chilena se aproximou e ofereceu-lhes uma última oportunidade de se render. Eles deveriam abaixar suas armas num prazo de uma hora, caso contrário, o ataque começaria. Os defensores recusaram, repetindo que "lutariam até a última bala". Os chilenos então começaram a atacar no dia 6 de junho, com uma barragem de artilharia terrestre e marítima. A frota chilena havia se posicionado e passou a bombardear o forte. Durante quatro horas, os dois lados foram submetidos a um duelo de artilharia, com as armas chilenas desfrutando a vantagem de terem maior calibre e longo alcance. Não obstante, os artilheiros peruanos lutaram bravamente, atingindo tiros certeiros no *Almirante Cochrane* e no *Virgen de Covadonga*, que forçaram a frota a manobrar de volta ao mar.

Quando o crepúsculo se transformou em noite, a infantaria chilena começou a se deslocar silenciosamente para ficar em posição. Baquedano recorreu à sua velha tática de ataques de madrugada. Quando a luz do dia raiou, os soldados atacaram. Os peruanos lutaram bravamente, mas estavam em menor número, com cerca de três soldados para um. Os atacantes fixaram suas baionetas e saltaram sobre as bermas construídas às pressas para encarar combates corpo-a-corpo. Superando as defesas, os soldados sanguinários gritaram vigorosamente: "Não haverá prisioneiros hoje". E a predição era verdadeira, uma vez que eles mataram civis, prisioneiros e feridos. Os defensores sobreviventes transferiram-se para o logro mais proeminente, que ficava na entrada do porto. Os chilenos os perseguiram, subindo a colina em apenas cinquenta e cinco minutos. Sentindo então que tudo estava perdido, Bolognesi ordenou que os canhões remanescentes fossem fixados. A força remanescente de novecentos homens lutou de forma corajosa. O coronel peruano foi espancado até à morte na beira de um precipício. Como em conflitos anteriores, os vitoriosos perpetraram inúmeras atrocidades com os sobreviventes infelizes.

A queda de Arica marcou o último segmento da campanha de Tarapacá. A Bolívia estava fora da guerra e o Peru havia perdido sua província mais rica localizada no extremo sul, mas recusava-se a pedir a paz. O Peru era muito maior que o Chile, com um extenso território que perpassava pela Amazônia e uma grande população incorporada dos Andes. Por um lado, o Peru não sentia necessidade de se render por ter perdido uma de suas províncias. Por outro, o Chile estava ansioso para consolidar seus ganhos de guerra. Durante quatro meses, os dois lados estiveram em um verdadeiro impasse. Finalmente, no início de outubro de 1880, o governo dos EUA convenceu os lados do conflito a se encontrarem para realizar uma conferência de paz, a bordo do USS *Lackawanna*, que estava ancorado na costa de Arica. As industrializadas economias da Europa e da América do Norte estavam sob uma grande pressão para acabar com o conflito prolongado porque estava afetando a oferta mundial de fosfatos e nitratos, que eram matérias-primas essenciais.

A delegação chilena rapidamente apresentou cinco grandes exigências. Eles se recusavam a devolver as províncias de Tarapacá e Atacama e insistiam na necessidade de restauração de todos os bens chilenos que haviam sido confiscados, numa indenização de guerra relativa aos custos do conflito, na revogação da aliança entre o Peru e a Bolívia e numa promessa do Peru de nunca reconstruir a fortificação de Arica. Os bolivianos e peruanos aderiram às exigências, mas eles também tinham suas próprias condições. Os chilenos tinham de abandonar todos os territórios do Peru e da Bolívia, o *Huáscar* precisava ser devolvido e a Bolívia insistia na indenização da província do Atacama. Mas, infelizmente, a delegação chilena se recusou a fazer concessão a esse último ponto. Eles enxergavam a região como deles por direito e não pagariam por ela. Dessa forma, as negociações entraram em colapso e a guerra recomeçou.

Diante da retomada de hostilidades, Santiago decidiu intensificar a pressão econômica sobre o Peru. Além do bloqueio do porto de Callao, foi enviada uma força expedicionária para assolar a costa noroeste. Uma força anfíbia de dois mil e trezentos soldados foi liderada pelo capitão Patricio Lynch, que fora colega de classe do presidente Pinto e do general Baquedano. Ele tinha ordens para desembarcar em Chimbote e invadir as grandes plantações de açúcar espalhadas ao longo da costa para exigir reparações de guerra. Grande parte dos maiores engenhos era propriedade de empresas britânicas e francesas e representava a única fonte de receita externa restante do Peru. Quando o presidente Piérola soube da extorsão, ordenou que os proprietários suspendessem todos os pagamentos. Lynch reagiu incendiando os campos e colocando dinamite nas prensas. Ele então prosseguiu para o norte da costa, saqueando e destruindo os pequenos portos ao longo do caminho. Muitos trabalhadores chineses que trabalhavam nas plantações se juntaram às fileiras do exército do Chile como carregadores. Os invasores marcharam 130 quilômetros para o norte de Trujillo antes de reembarcarem no dia 1º de novembro.

O sucesso de Lynch resultou na sua promoção a contra-almirante e em uma nova missão, a invasão de Lima; mas como fazê-la? Uma invasão atravessando Callao estava fora de cogitação. O porto estava extremamente protegido e os engenheiros peruanos haviam deixado minas nas imediações. A marinha chilena já havia perdido vários importantes navios. O *Virgen de Covadonga* e o *Loa* haviam sido afundados por minas. Devido à presença de operações de Lynch ao longo da costa noroeste, o presidente Piérola pensou que a força de invasão desembarcaria ao norte da capital, da mesma forma como os chilenos fizeram durante a Guerra da Confederação. Consequentemente, ele ordenou que suas defesas ficassem a postos ao longo da frente do norte. Foi por essa razão que Lynch decidiu passar-lhes a perna realizando sua invasão pelo sul da cidade.

Os desembarques começaram no porto de Pisco, localizado duzentos e trinta quilômetros ao sul de Lima. No dia 20 de novembro, uma armada de quinze navios, escoltada por dois navios corvetas, desembarcou nove mil soldados. Lá, o coronel Anselmo Zamudio estava esperando com uma força de três mil defensores. No entanto, ao perceber que havia sido massivamente superado em número, ele se retirou sem que houvesse conflito com o inimigo. Os chilenos avançaram deslocando-se para o norte da costa, mas o caminho era traiçoeiro. Na ocasião, eles estavam sem os mapas detalhados como os que utilizaram em Tarapacá e no Atacama e, portanto, não foram capazes de encontrar os oásis e nascentes que lhes permitiriam sobreviver no deserto e foram obrigados a voltar para Pisco.

Era evidente que a presença militar peruana era insuficiente, por isso, Baquedano decidiu chegar mais perto da costa e fazer um novo desembarque em Curayaco, um pequeno porto localizado sessenta quilômetros ao sul de Lima. Ele despachou uma frota de vinte e nove transportes com quinze mil soldados. Além disso, ele ordenou um desembarque em Chincha, concedendo ao exército pleno acesso ao litoral. O alto comando peruano respondeu enviando o coronel Cáceres, que era o outro herói de Tarapacá, para receber o inimigo. Contudo, no final de dezembro de 1880, os chilenos avançaram para Lurín, uma cidade nos arredores de Lima. Houve vários pequenos confrontos e os invasores saquearam as fazendas vizinhas. Centenas de outros trabalhadores foram pressionados a servir, tendo que transportar sacolas de alimentos, dinheiro e gado. Ao verem suas propriedades em perigo, os moradores decidiram formar milícias e atacar os agressores.

Eles reuniram na capital os preparativos militares que estavam sendo feitos nas imediações do sul. Quando Piérola percebeu que o ataque não viria do norte, ele ordenou que fosse construído um conjunto de trincheiras entre as cidades de Chorrillos e Miraflores. Um batalhão de artilharia foi deslocado para o topo do cume San Cristóbal Ridge e novas tropas foram colocadas em posição. Enquanto os membros da milícia estavam bem armados e motivados a lutar, a maior parte do exército consistia em recrutas indígenas recém-chegados das montanhas. Eles eram analfabetos e não sabiam falar espanhol, de forma que sua contribuição era limitada. Ao mesmo tempo, as quatro divisões de Baquedano estavam bem equipadas, tinham muita experiência de guerra e estavam ansiosas para colocar suas mãos sobre os despojos de Lima, uma das cidades mais ricas da América do Sul.

A Batalha de Lima começou no dia 13 de janeiro de 1881, quando os chilenos avançaram sobre o bairro de San Juan. Seguindo o estilo habitual de Baquedano, seus soldados avançaram sob o manto da noite, mas dessa vez Cáceres estava esperando. Lynch conduziu pessoalmente o ataque frontal, confrontando o inimigo às 4h30. Amparados pela artilharia e cavalaria, os chilenos fizeram com que os defensores recuassem, forçando os peruanos a se refugiarem atrás da linha de defesas que interligava Chorrillos e Miraflores.

Na manhã seguinte, os chilenos retomaram a ofensiva. Dessa vez, o confronto ocorreu na periferia da capital. Diante dos perigos de lutas de extermínio, os chilenos decidiram queimar a cidade. Canhoneiras navais também se posicionaram e abriram fogo sobre a retaguarda dos defensores peruanos. A luta foi violenta, gerando mais de oito mil baixas. Os chilenos lutaram desesperadamente para capturar a cidade de Chorrillos, que servia como um resort à beira-mar para muitos dos residentes mais ricos de Lima. Como ocorrera anteriormente, a disciplina esmaeceu quando os soldados chilenos invadiram casas e encontraram grandes armazenamentos de alimentos e bebidas alcoólicas. Temendo outro colapso de disciplina, o alto comando chileno propôs uma trégua para restaurar a ordem em suas fileiras. O governo chileno estava sob grande pressão internacional em função da destruição sendo infligida sobre propriedades estrangeiras. Empresas francesas, britânicas, espanholas e norte-americanas haviam sido saqueadas. Muitos armazéns em Lima e Callao corriam o risco de serem destruídos. Sendo assim, no dia 15 de dezembro de 1881, os dois lados se encontraram para iniciar as negociações.

Delegações estrangeiras se uniram às negociações de paz para garantir a proteção de suas propriedades. Baquedano repetiu as exigências que haviam sido apresentadas a bordo do USS *Lackawanna* e incluiu a rendição incondicional de Callao e da frota como pré-condição para o término das hostilidades. Subitamente, alguns combates eclodiram. Dessa vez, o foco da ação recaiu sobre o bairro rico de Miraflores. Percebendo que as forças chilenas estavam aproveitando a trégua para se reposicionarem em uma melhor posição tática, os defensores espontaneamente abriram fogo. Os invasores responderam à altura, e os navios de guerra lançaram outra barragem de artilharia. Durante as seis horas seguintes, os dois lados lutaram de maneira brutal, com ataques de cavalaria e combates corpo-a-corpo. Quando a noite caiu, os defensores ergueram barricadas e encheram as ruas de Miraflores de minas.

Os chilenos reagiram ateando o bairro em chamas. A depredação dos soldados extasiados resplandecia conforme eles saqueavam e estupravam. Algumas famílias de imigrantes então entraram na briga e centenas de italianos pegaram em armas contra os invasores; contudo, a batalha estava perdida. Testemunhando a última queda do reduto, a marinha peruana decidiu afundar a frota para não vê-la caindo nas mãos do inimigo. Dois dias depois, o prefeito de Lima ordenou aos chilenos que assumissem o controle da cidade, a fim de evitar um colapso total da ordem, mas isso não ajudou muito.

A ocupação de Lima ficou marcada como um dos capítulos mais tristes da história da América Latina. Além dos saques e das atrocidades, a força de ocupação levou embora grande parte da Biblioteca Nacional e inestimáveis obras de arte. As famílias mais ricas de Lima foram obrigadas a pagar indenizações. Além disso, conforme ocorrera durante a Guerra da Confederação, o governo peruano fugiu para o alto da serra e Cáceres passou a sediar a campanha de resistência de lá. A superioridade naval do Chile permitia que o exército controlasse a costa, mas não podia fazer nada em relação ao interior. A guerra ainda durou mais dois anos, até que os dois lados assinaram o Tratado de Ancón em 20 de outubro de 1883.

Ao final, o Chile expropriou seiscentos mil quilômetros quadrados, incluindo alguns dos depósitos minerais mais ricos do planeta. Entretanto, os grandes vencedores não foram os chilenos, mas os britânicos. Antes do início da guerra, 58 por cento das minas de nitrato de Tarapacá eram controladas pelos peruanos; enquanto os britânicos detinham 13 por cento e os chilenos, 19. Após a guerra, o governo chileno nacionalizou todas as minas e então as colocou disponíveis para arrendamento por contratos de concessão. Desse total, 55 por cento foram adquiridas por empresas britânicas, 15 por cento por chilenos e o restante por investidores de outros países. O resultado foi uma expressiva redistribuição de riqueza que constituiu a base de uma das maiores empresas de mineração do mundo atualmente (Antofagasta); a guerra transformou o Chile em um dos países mais ricos da América do Sul e afundou o Peru e a Bolívia na pobreza[78]. Dessa forma, a guerra tinha todos os ingredientes essenciais para um conflito sul-americano: a incerteza sobre fronteiras e direitos territoriais; uma região com a qual ninguém se importava até que se descobriu ser rica em minerais valiosos; e um confronto auxiliado, instigado e financiado por uma potência externa.

Houve outros vencedores e perdedores na Guerra do Pacífico. Um deles foi a Argentina, na ocasião em que o Chile abriu mão de sua reivindicação de 1,25 milhões de quilômetros quadrados da Patagônia. Esse território era duas vezes maior do que o que o país ganhou da costa do Pacífico. Ao ver-se livre da reivindicação chilena, o general Julio Argentino Roca lançou uma campanha genocida para varrer os índios para fora dos pampas e dividir a terra entre as famílias mais poderosas politicamente de Buenos Aires. A operação, que ficou conhecida como a Campanha

---

[78] Ricardo Salas-Edwards, *The Liquidation of the War on the Pacific: Nitrate and the War. A Fantastic Indemnity. The Government of Chili and the Creditors of Peru. The Question of Arica and Tacna. The Relations between Chili and Bolivia. What Chili Spends On Armament* (London: Dunlop & Co., Ltd., 1900).

do Deserto, criou um quadro de proprietários de terras extremamente ricos que moldaram o curso econômico do país pelos setenta anos seguintes.

A Guerra do Pacífico ressaltou o papel de liderança na determinação dos resultados militares. Durante a Guerra da Tríplice Aliança, por sua vez, foram salientadas questões relativas ao comando; e a falta de liderança foi um problema visível. Uma das falhas de Solano López foi não ter conduzido pessoalmente suas forças no início do conflito. Se ele estivesse estado presente, Estigarribia provavelmente nunca teria dividido suas forças ou se rendido em Uruguaiana sem ter ido à luta. Outro problema foi a unidade de comando. Embora Mitre fosse o líder da força aliada, ele teve que gerenciar três cadeias de comando diferentes, de modo que os problemas de comunicação e coordenação tornaram-se arduamente claros durante o desastre em Curupayty.

Muitos desses erros foram repetidos pelos aliados durante a Guerra do Pacífico. Além disso, as constantes disputas entre bolivianos e peruanos impediram que os dois grupos se unissem em um comando unificado. Grande parte de seus sucessos, como a Batalha de Tarapacá, só ocorreu quando um dos aliados estava no comando. A Guerra do Pacífico também revelou o importante papel que o ambiente político doméstico poderia desempenhar sobre a liderança militar. Líderes chilenos se concentraram na campanha e a oposição tentou converter a Batalha de Iquique em um momento de glória. Ao mesmo tempo, a instabilidade interna da Bolívia e do Peru gerou problemas graves. Os líderes políticos estavam dispostos a arriscar derrotas nas mãos do inimigo em vez de permitir que seus rivais obtivessem vitórias políticas.

Outra importante lição da guerra foi o papel central desempenhado pelas marinhas. Como vimos na Guerra da Tríplice Aliança, o controle das vias fluviais era essencial para o transporte de tropas e equipamentos, comunicação e suporte naval de fogo. Durante a Guerra da Tríplice Aliança, os rios eram os eixos de batalhas e controle. Na Guerra do Pacífico, por outro lado, a luta ocorreu em mar aberto. E, por fim, destaca-se o papel fundamental que a logística desempenhou na determinação dos resultados. A capacidade chilena para transportar uma grande quantidade de tropas, animais e materiais através de grandes distâncias permitiu que o país superasse um inimigo muito maior.

A Guerra do Pacífico plantou as sementes de hostilidade regional em toda a costa sudoeste da América do Sul. Até hoje, no Peru e na Bolívia, a chama do ódio entranhado ainda arde vivamente contra o Chile. A perda boliviana de sua província litorânea ajudou a aprisionar o país em um destino de pobreza. Vale ressaltar que a Bolívia sempre negligenciou o Atacama, mas a perda de sua costa tornou a interação com a economia global muito mais difícil e cara. Por fim, a guerra definiu a identidade nacional do Chile; não apenas concedeu ao país um herói, como deu à nação riquezas minerais que tornaram o Chile altamente próspero. O conflito também transformou o país em uma das sociedades mais militaristas da região. Consequentemente, o país dedicou imensos recursos para ganhar e manter tecnologias e treinamentos de última geração. Os militares começaram a assumir um papel cada vez mais importante no desenvolvimento político do país, desempenhando um papel central durante a guerra civil que abalou a nação antes da virada do século — e nas ditaduras das décadas de 1970 e 1980. No entanto, no final, dezenas de milhares de vidas foram destruídas por causa de um mineral precioso que posteriormente se tornaria barato o suficiente para ser sintetizado. Esse sacrifício sem sentido se repetiria no próximo período de guerras da América do Sul.

6 AS GUERRAS DA BORRACHA: ESTRONDOS NA FLORESTA

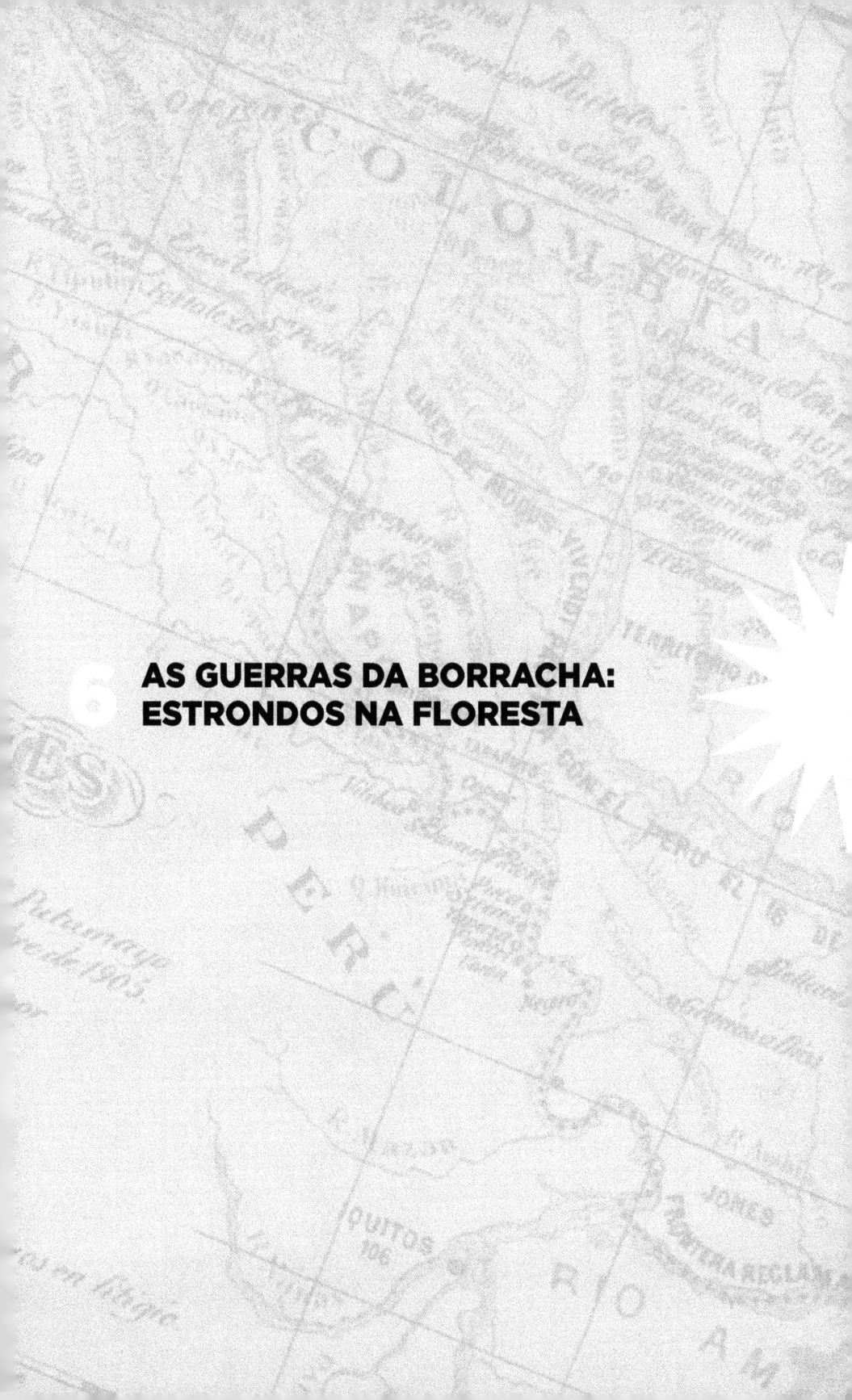

AS GUERRAS DA BORRACHA:
ESTRONDOS NA FLORESTA

Em 1876, um aventureiro britânico chamado Henry Wickham contrabandeou setenta mil sementes da árvore seringueira para fora do Brasil. A seringueira era originária das Américas e o látex já era extraído por tribos indígenas desde bem antes da chegada dos espanhóis. A árvore era abundante em quase todas as florestas tropicais da América do Sul e Central. O látex é um produto defensivo das árvores para colar as mandíbulas de insetos que as estejam rondando. Na língua antiga do Nahuatl, "olmeca" significa borracha. "Olmeca" também foi o nome dado para a grande civilização que antecedeu o Império Maia. Eles extraíam o látex para fazer botas, capas e as bolas de borracha usadas nos antigos esportes com aros[79].

Os colonizadores espanhóis levaram produtos de borracha para a Europa, mas foi só no início da Revolução Industrial que os cientistas descobriram formas de tornar as propriedades elásticas do material mais aplicáveis. A adição de terebintina permitiu que o látex se dissolvesse e fosse moldado. Em 1838, Charles Goodyear, um cirurgião e comerciante da Filadélfia, inventou o processo de vulcanização. Misturando borracha e enxofre sob altas temperaturas, a substância tornou-se resistente. No entanto, os usos industriais da borracha ainda eram limitados. Ela começou a desempenhar um papel importante no fornecimento de vedações para soldas e fixadores quando os motores a vapor começaram a proliferar. Contudo, foi a popularidade crescente dos automóveis e da eletricidade que ocasionou o ciclo da borracha: automóveis precisavam de pneus infláveis para amortecer seus movimentos, especialmente quando a velocidade aumentava; enquanto os fios elétricos precisavam ser isolados por motivos de segurança[80].

O roubo de sementes de seringueira de Wickham fazia parte de um plano maior orquestrado por Clements Markham, o secretário da Sociedade Geográfica Real, que almejava transplantar plantas tropicais economicamente importantes nas colônias britânicas. Ele foi responsável por coletar as sementes da árvore cinchona do Peru, que produz o quinino em sua casca. O quinino se mostrou um eficiente antídoto contra a propagação da malária[81]. A exportação de sementes

---

[79] Gary Van Valen, *Indigenous Agency in the Amazon: The Mojos in Liberal and Rubber-Boom Bolivia, 1842–1932* (Tucson: University of Arizona Press, 2013).

[80] John Tully, *The Devil's Milk: A Social History of Rubber* (New York: Monthly Review Press, 2011).

[81] Fiammetta Rocco, *Quinine: Malaria and the Quest for a Cure that Changed the World* (New York: Harper Collins, 2003).

de seringueira tecnicamente não era ilegal, mas os brasileiros guardaram sigilo sobre a indústria. Havia uma grande variedade de seringueiras, mas o látex da planta *Hevea brasiliensis* era o que apresentava a melhor qualidade. Para obter as sementes certas para enviar para a Inglaterra, Wickham tinha que penetrar profundamente na floresta. No final, ele mentiu para os agentes aduaneiros brasileiros alegando que estava exportando caixas cheias de substâncias botânicas em decomposição[82].

Curiosamente, as sementes ficaram armazenadas nos Jardins Botânicos de Kew por quase duas décadas antes de serem despachadas para as colônias britânicas na Ásia. Ao contrário do látex sul-americano que era extraído de árvores espalhadas pela floresta, os britânicos haviam estabelecido plantações de borracha altamente eficientes. As árvores eram bem interligadas e dispostas em linhas, tornando a extração da matéria-prima fácil e acessível para o mercado. As maiores plantações estavam no Sri Lanka e na Malásia. Embora as novas instalações de fabricação de borracha tenham dissolvido o monopólio da Amazônia, ninguém realmente se importava. Devido à proliferação de veículos e produtos que usavam pneus e componentes elétricos, a demanda por borracha logo passou a superar a oferta.

As vastas fortunas criadas pelo ciclo da borracha incitaram um grande interesse pela bacia amazônica e essa foi a causa principal de diversos conflitos regionais. Em 1925, quando Henry Ford transformou o automóvel em um produto de consumo de massa, junto à proliferação de fios de cobre, os preços da borracha subiram descontroladamente. Esse quadro então fez com que químicos alemães, russos e americanos iniciassem pesquisas sobre formas para sintetizar polímeros de petróleo em recursos sintéticos alternativos.

A derrota japonesa para os britânicos e franceses no sudeste da Ásia havia deixado uma grande parcela da indústria em mãos inimigas. Os cientistas passaram a ser muito mais pressionados a aperfeiçoar o processo — de tal forma que, no final da Segunda Guerra Mundial, eles haviam criado de maneira bem-sucedida uma indústria petroquímica maciça e um recurso substituto completo, desacelerando, portanto, a demanda por borracha natural e ocasionando um colapso no preço de 96 por cento. Contudo, o ciclo da borracha já havia deixado uma marca indelével na América do Sul, provocando três guerras, milhares de vítimas e a redefinição das fronteiras nacionais.

A floresta equatorial no meio da América do Sul é uma gigantesca terra sem dono. Com cinco milhões e meio quilômetros quadrados, a Amazônia tem aproximadamente o tamanho do território continental dos Estados Unidos. Ela domina 40 por cento do território da América do Sul, mas possui menos de 5 por cento de sua população. Nove países compartilham a floresta, mas o Brasil controla 60 por cento dela. É uma região repleta de riquezas minerais em que a biodiversidade

---

[82] Joe Jackson, *The Thief at the End of the World: Rubber, Power, and the Seeds of Empire* (New York: Viking, 2008).

exerce um papel central para o ecossistema do mundo. Não obstante, ela sempre foi um impedimento para a integração regional. Os Andes marcam a fronteira ocidental da Amazônia. E ela atua como uma ponte terrestre que une as culturas hispano-americanas, mas a divisa, onde a cadeia de montanhas mais extensa do mundo se encontra com a maior floresta tropical do planeta, é um tampão que separa o continente da cultura brasileira baseada na herança portuguesa. Em seu centro, o crescimento excessivo da floresta densa atua como uma barreira para a comunicação, comércio e interação, que são essenciais para o estabelecimento da integração social e econômica.

Como a região apresentava imensas riquezas minerais e não era povoada, foi alvo de incursões e apropriações de terra. A Guerra da Borracha não teve a amplitude e o alcance dos conflitos sul-americanos anteriores. Os beligerantes não alocaram tantas tropas ou braços conforme ocorrera durante a Guerra da Tríplice Aliança ou a Guerra do Pacífico. Contudo, houve o repasse de mais de 490.000 quilômetros quadrados, o que representou um ganho territorial quase tão expressivo quanto a apropriação do Chile de terras bolivianas e peruanas após o término da Guerra do Pacífico.

O primeiro grande conflito da Guerra da Borracha ocorreu no final do século XIX, na província boliviana do Acre, cujo nome homenageia o grande rio que atravessa a região. A Bolívia já havia se tornado o saco de pancadas do continente. O país perdera duas guerras para o Chile e seu acesso ao Pacífico. Além disso, estava agora prestes a ser maltratado mais uma vez por um bando de aventureiros brasileiros.

Assim como muitas partes da América do Sul, os limites da Amazônia não eram bem definidos. A exploração era limitada e não havia muitos mapas. Inicialmente, a área exclusiva de Portugal era delimitada pelo Tratado de Tordesilhas, mas caçadores de escravos penetraram profundamente floresta adentro. Eles estabeleceram assentamentos, fortes e missões que lhes permitiram expandir seu território. Em 1750, Portugal adquiriu o controle dessas terras por meio do Tratado de Madrid, que usou o princípio de *uti possidetis* para definir os direitos dos invasores sobre suas posses.

Havia poucos assentamentos portugueses e estes eram pequenos. Eles foram relegados para os principais rios e afluentes. Não obstante, a Guerra da Tríplice Aliança alertou o governo do Rio de Janeiro sobre sua necessidade de uma melhor definição de seu extenso território, uma vez que o exército paraguaio conseguira penetrar profundamente nas pastagens tropicais do Mato Grosso. O governo estava particularmente preocupado com sua fronteira ocidental, onde havia reivindicações conflitantes com a Bolívia.

Em 1867, representantes dos dois lados se encontraram na cidade peruana de Ayacucho para solucionar essas diferenças. A Bolívia reivindicou um segmento bem grande da floresta que se projetava como um polegar na fronteira com o Peru. A reivindicação brasileira acerca da região baseou-se nos assentamentos de Humaitá e Calama, localizados no lado oriental do rio Madeira. A fim de apaziguar a disputa, os dois lados chegaram a um acordo com a assinatura do Tratado de Ayacucho. Eles desenharam uma linha diagonal no mapa da região, permitindo que o Brasil mantivesse o controle sobre suas duas cidades. O estado brasileiro do Acre, cuja capital é Rio Branco, ficava de um lado da demarcação, enquanto do outro lado, ficava o estado boliviano do Acre.

Além da disputa territorial, um dos importantes tópicos das negociações foi o direito de passagem para construir uma linha ferroviária para contornar as corredeiras do Madeira. Também foi permitido que a Bolívia instalasse alfândegas no território brasileiro para facilitar as exportações. O ciclo da borracha estava começando a decolar e os empresários bolivianos precisavam de avenidas para colocar seus produtos no mercado. Infelizmente, o país logo se ocuparia com a Guerra do Pacífico, ficando sem os recursos financeiros ou trabalhistas necessários para explorar o ciclo de forma efetiva. A maioria de seus homens fortes estava fora lutando na frente de guerra. Dessa forma, começaram a chegar dezenas de milhares de trabalhadores desempregados da região pobre do nordeste do Brasil, particularmente do Ceará, por ser uma província atingida pela seca.

Eles chegavam em pedalinhos através da infinita rede de braços e afluentes que ligam a região ao Rio Amazonas. Consequentemente, as cidades de Manaus e Belém tornaram-se seus principais centros de administração e comércio. O acesso aos centros tradicionais de poder político e econômico ao longo da costa, como Rio de Janeiro e Salvador, era praticamente impossível. Isso ajuda a explicar por que essas duas cidades tiveram papéis tão decisivos durante o conflito.

Sob uma perspectiva diplomática, o Tratado de Ayacucho foi uma solução eficaz para a disputa fronteiriça, mas de um ponto de vista prático, não. Geralmente, as fronteiras são definidas em função de características topológicas reconhecíveis, como rios, serras ou linhas costeiras. O uso de uma linha diagonal arbitrária desenhada em um mapa tornou as novas fronteiras difíceis de serem reconhecidas, especialmente pela ralé brasileira que estava chegando.

Os trabalhadores inicialmente chegaram para extrair quinina de árvores de cinchona, mas logo preferiram o látex ao perceberem que era mais lucrativo. A qualidade da borracha da região é excelente. Ele possui pouca umidade, uma vez que é encontrado em uma parte da floresta localizada em uma altitude mais elevada, com menos umidade. Portanto, os preços do látex da região tendiam a ser mais elevados. Quando a demanda internacional por borracha aumentou, a região se tornou uma réplica do velho oeste, com um quadro de ilegalidades, avareza e violência excessiva. Por fim, os seringueiros brasileiros se espalharam pelo lado boliviano, dando pouca atenção à fronteira internacional. No entanto, não havia qualquer pessoa lá para impedir a infiltração. La Paz negligenciava a província do Acre, exatamente como fizera com a província de Atacama. A falta de recursos e as intrigas políticas internas mantiveram La Paz distraída em relação ao que estava acontecendo ao longo da fronteira norte.

A situação mudou em 1890, quando o ciclo da borracha passou ao franco desenvolvimento. O governo finalmente percebeu que poderia gerar um lucro inesperado por meio da cobrança de tarifas de exportação. Bastou olhar rapidamente para as prósperas cidades amazônicas do Brasil para compreender tudo. Em 1874, Belém inaugurou o Theatro da Paz, a maior casa de ópera do hemisfério ocidental. Em 1896, Manaus abriu o Theatro Amazonas, uma casa de ópera projetada para ser concorrente da La Scala, em Milão[83]. O líquido pegajoso se transformara em ouro branco, enriquecendo os comerciantes de borracha da floresta equatorial; e a Bolívia queria explorar essa fonte de dinheiro. Sendo assim, em 1899, o governo boliviano estabeleceu Puerto Acre como a capital provincial e sede de arrecadação de tarifas alfandegárias. Mais de oitenta mil trabalhadores brasileiros já estavam trabalhando do lado boliviano da fronteira. Assim como ocorrera com os chilenos em Antofagasta durante a Guerra do Pacífico, os seringueiros brasileiros não estavam dispostos a pagar impostos para a Bolívia.

O movimento irritou particularmente o governador da região do Amazonas. As taxas alfandegárias cobradas pelos bolivianos estavam comprometendo suas receitas fiscais. Ele contratou Luis Gálvez Rodríguez de Arias, um diplomata e mercenário espanhol, para lançar uma rebelião no Acre e declarar uma república separatista que poderia ser incorporada pelo Brasil. O astuto Gálvez foi até Puerto Acre e mapeou as áreas defensivas da cidade. Como acontecera anteriormente em Antofagasta, os bolivianos falharam em mobilizar tropas para defender suas posses, com exceção da presença de um punhado de policiais. Consequentemente, derrubar o aparelho governamental seria fácil.

De uma forma romântica, Gálvez decidiu esperar até o Dia da Bastilha, comemorado no dia 14 de julho, para avançar. Seus "rebeldes" rapidamente dominaram as autoridades locais e proclamaram a República do Acre. Entretanto, o espanhol era demasiadamente excêntrico e mal conseguiu estabelecer o controle. Por fim, o governo boliviano ordenou que o governo brasileiro o prendesse a fim de restaurar a ordem. Em março de 1900, um contingente de soldados brasileiros chegou de canhoneira e levou Gálvez de volta para Manaus.

Até aquele momento, o governo no Rio de Janeiro demonstrara pouco interesse em anexar o Acre. Após o desastre da Guerra da Tríplice Aliança, em que fora acusado de realizar uma guerra de extermínio contra o Paraguai, o governo não tinha mais interesse algum em assumir outro país pequeno. Contudo, percebeu rapidamente que seu vizinho não poderia exercer controle sobre a província. A retirada de Galvez havia gerado uma onda de anarquia que estava ameaçando se espalhar para outras partes da floresta. O Brasil começou a perceber que a Bolívia era pobre demais para garantir a ordem e o cumprimento das leis.

Todavia, o presidente boliviano, José Manuel Pando, fez mais uma tentativa de reafirmar seu controle sobre o território; ele comprou um novo navio de transporte europeu para transportar um contingente de tropas até a Amazônia e estabelecer

---

[83] Otoni M. de Mesquita, *La Belle Vitrine: Manaus Entre Dois Tempos 1890-1900* (Manaus: EDUA, 2009).

uma presença militar. Infelizmente, o Brasil decidiu negar o acesso fluvial ao exército boliviano, forçando Pando a recorrer a uma expedição terrestre. Ele dividiu sua força em três colunas que marcharam através da espessa vegetação e chegaram a Puerto Acre quatro meses depois.

A chegada das tropas de Pando provocou uma nova rebelião brasileira, e Gentil Tristan Norberto se autodeclarou presidente da Segunda República do Acre. A república durou apenas quatro dias até que os rebeldes decidiram se render. Não obstante, o governador do Amazonas continuou incomodado com a presença boliviana e com o fato de que eles o privariam de seus impostos alfandegários. Por isso, ele enviou uma nova provisão de armas e instigadores para despertar os seringueiros. Eles semearam rumores de que os bolivianos expulsariam os brasileiros de suas reivindicações. Fervilhando de raiva, Pando começou a temer pela segurança de seus homens.

A maioria dos soldados bolivianos era das montanhas e não estava familiarizada com a floresta tropical. Doenças tropicais dizimaram as fileiras. Além disso, os rebeldes estavam se multiplicando. No início de dezembro, havia mais de dois mil insurgentes armados concentrados nas imediações de Puerto Acre. Eis que, no dia 12 de dezembro, eles lançaram um ataque surpresa. Felizmente, uma sentinela soou o alarme e o ataque foi repelido. A experiência desastrosa da Guerra do Pacífico forçara o exército boliviano a aprimorar o treinamento de seu corpo de oficiais e a melhorar seus armamentos, de modo que havia importado Mausers de calibre pesado da Alemanha. Na véspera de natal, os rebeldes lançaram um segundo ataque. Dessa vez, eles chegaram com mais tropas, um pequeno canhão e uma metralhadora. Estavam armados com rifles Winchester de fogo instantâneo, mas as armas produziam uma fumaça densa e azul, facilmente detectável. Os oficiais bolivianos ordenaram que seus homens mirassem embaixo da nuvem densa e, dessa forma, foram capazes de infligir inúmeras baixas. Dotados de uma disciplina rígida e boa pontaria, os defensores puderam prevenir um ataque de maior amplitude. Embora os rebeldes estivessem em vantagem numérica, eram apenas uma multidão caótica. Eles acabaram se dissipando na floresta, mas a guarnição boliviana ficou exausta. Mais da metade dos homens foi morta em combate ou por doença.

O presidente Pando precisava decidir se utilizaria grande parte dos recursos militares de seu país para defender o posto avançado da floresta ou se limitaria as perdas mandando as tropas para casa. Era evidente que a renda alfandegária produzida pelas exportações de borracha justificava os custos, mas, devido à constante instabilidade política em La Paz, enviar o exército para tão longe era uma enorme ameaça. Portanto, Pando começou a elaborar um plano para permitir que uma empresa privada administrasse a região e partilhasse seus lucros com o governo. Na realidade, era uma forma inicial de privatização. Um grupo conhecido como Sindicato brasileiro, liderado por comerciantes de borracha de regiões vizinhas, foi o primeiro a se candidatar. Pando, raciocinando que seria mais seguro deixar a região nas mãos de forasteiros — e perigoso conceder esse poder a brasileiros, que poderiam facilmente convencer seu governo a anexar a província — optou pelo Bolivian Sindicate of New York, que era composto por investidores anglo-americanos[84]. Infelizmente, seu palpite estava errado.

Os comerciantes brasileiros de Belém, que nunca apoiaram a rebelião, interpretaram a chegada do grupo anglo-americano como uma tentativa de tirá-los de seus negócios. Portanto, eles aderiram à campanha de lobbying do governador para convencer o Rio de Janeiro a retirar permanentemente a presença boliviana do Acre. Nesse sentido, o ex-oficial do exército José Plácido de Castro foi contratado para liderar a operação. Em 6 de agosto de 1902, ele lançou um ataque surpresa, capturando o pelotão da polícia que patrulhava o porto e declarando a Terceira República do Acre. Um mês depois, uma coluna de cem reforços bolivianos retornou. Os insurgentes foram derrotados, mas se reagruparam e contra-atacaram alguns dias depois. Eles sitiaram a coluna na cidade de Volta da Empresa. Os soldados cavaram trincheiras e repeliram o contra-ataque, mas conforme o cerco avançava, eles foram ficando sem ração, água e munição. Muitos deles adoeceram com malária e outras doenças tropicais. Por fim, eles se renderam no dia 15 de outubro, e Plácido de Castro se encarregou de eliminar as guarnições bolivianas restantes.

Dessa vez, o governo brasileiro ficou decididamente nas mãos dos rebeldes. O Rio também enfrentava uma grande pressão internacional para pôr fim ao conflito, pois estava interferindo nos processos globais de fabricação[85].

As ações do Bolivian Syndicate foram compradas e o ministro das Relações Exteriores do Brasil, José Paranhos, o chamado Barão do Rio Branco, lançou uma nova rodada de negociações bilaterais. O Tratado de Petrópolis resolveu a questão de uma vez por todas. O governo brasileiro ofereceu à Bolívia 2 milhões de libras em indenização, além de pequenas concessões de terras no Mato Grosso e a promessa de concluir a construção de uma ferrovia para contornar as corredeiras do Rio Madeira. Pando inicialmente se recusou a assinar o tratado, e inclusive preparou uma nova expedição para atacar a província. Mas quando o Barão do Rio Branco ameaçou declarar guerra, a Bolívia não teve outra escolha a não ser concordar. O conflito desastroso com o Chile tinha sido suficiente e um novo confronto com o Brasil seria uma ameaça existencial.

A primeira das guerras da borracha marcou o último conflito sul-americano do século XIX. A região esteve em guerra por quase cem anos; inicialmente buscando sua independência da Espanha e, em seguida, definindo suas fronteiras. Agora, a atenção se voltaria para assuntos mais comerciais, com foco em disputas por recursos naturais. A Guerra do Acre foi iniciada em função de interesses econômicos no Brasil, mas os estrangeiros desempenharam um importante papel na disputa

---

[84] Francisco Bento da Silva e Gérson Rodrigues Albuquerque, "O Bolivian Syndicate e a questão do Acre" *História Viva*, 3 de janeiro de 2004.

[85] Luiz Alberto Moniz Bandeira, "O Barão de Rothschild e a questão do Acre" *Revista Brasileira de Política Internacional* 43, no. 2 (2000).

territorial conforme a guerra se desenvolveu. O conflito seguinte seria instigado por empresas locais, mas com um empurrão visível de forças externas.

Os eventos no Acre e a constante e insaciável demanda pela borracha impulsionaram os interesses pela floresta equatorial. Empresários e aventureiros começaram a explorar as florestas do Peru, Colômbia e Equador em busca de ouro branco. Isso obrigou os governos a reforçarem suas fronteiras. A partir de 1902, ocorreram vários incidentes fronteiriços ao longo dos trechos do rio Napo, que não fica muito longe do porto amazonense peruano de Iquitos. As tropas equatorianas tentaram estender o Napo para ampliar seu território e seringueiros brasileiros tentaram derrotar guarnições peruanas várias vezes. Devido ao expressivo sucesso no Acre, o Brasil tentou realizar uma apropriação de terras semelhante na floresta peruana. Contudo, a comunidade internacional não estava disposta a enfrentar mais uma ruptura no comércio da borracha e pressionou o Barão do Rio Branco a desistir.

Com o enfraquecimento da Era Vitoriana, a crescente demanda por borracha se multiplicou, atraindo mais interesse de investidores americanos e europeus. O Bolivian Syndicate of New York falhou, mas surgiu um novo consórcio que tinha tudo para se tornar o principal ator da indústria da borracha. Na virada do século, Julio César Arana tinha um pequeno negócio de borracha em Iquitos. Suas viagens pela região o levaram à Bacia do Rio Putumayo, onde encontrou uma oferta abundante de seringueiras e uma grande comunidade indígena. A falta de mão de obra acessível era um dos problemas que assolavam a indústria. Pouquíssimos trabalhadores estavam dispostos a abrir mão de suas vidas confortáveis para trabalhar por salários baixos e suportar as duras condições florestais. Arana decidiu resolver seus problemas de mão de obra escravizando a comunidade indígena[86]. Adicionalmente, o acesso aos rios Putumayo e Caquetá permitiu que ele enviasse borracha de forma mais barata para Manaus e para os mercados internacionais.

Arana transferiu suas operações para a Bacia de Putumayo e seu negócio começou a prosperar. Em 1907, ele alterou o nome da empresa para Organização da Amazônia Peruana. Mudou sua sede para Londres e aumentou o capital da empresa em 1 milhão de libras, com a entrada de um conselho de diretores ingleses. A operação ficou informalmente conhecida como Casa Arana. Além de manter seus trabalhadores escravizados, a empresa conseguiu eliminar seus concorrentes. Todos os colombianos foram expulsos da bacia do rio, mesmo que fossem formalmente detentores de terras e/ou propriedades. As expulsões foram conduzidas por membros do exército do Peru, que era financiado pela empresa. A Organização da Amazônia Peruana logo deteve o monopólio sobre a produção de borracha da região, estando livre para definir os mais elevados preços para seus produtos.

....

[86] Ovidio Lagos, *Arana, Rey del Caucho: Terror y Atrocidades en el Alto Amazonas* (Buenos Aires: Emecé, 2005).

Entretanto, os rumores sobre o uso de trabalho escravo começaram a se disseminar, atingindo até jornais e livros. Em 1909, uma revista britânica chamada *Truth* publicou a manchete "Putumayo, o paraíso do diabo: viagens pela Amazônia peruana e um relato sobre as atrocidades cometidas com os índios da região". O artigo (publicado em um livro, em 1912, pela editora T. Fisher Unwin) provocou um clamor internacional, pois alguns detalhes das condições de trabalho nas plantações de borracha tornaram-se públicos. O governo colombiano foi pressionado a fazer algo a respeito e respondeu enviando uma força de cem policiais, sob o comando do general Isaías Gamboa, para estabelecer a ordem e proteger a comunidade indígena[87].

Um dos principais problemas da Amazônia é o transporte. Antes de existir o deslocamento por via aérea, a única maneira de ir de Lima a Iquitos era navegar contornando a ponta da América do Sul até o rio Amazonas. Essa foi uma das razões pelas quais a Bolívia perdera o Acre. O acesso direto era praticamente impossível. Os colombianos também precisavam navegar pelo Atlântico ou percorrer a floresta para chegar na bacia do rio. Até hoje não existem ligações terrestres entre Iquitos e Lima, e nem entre Leticia, a cidade portuária da Colômbia, e Bogotá. Ambas as cidades são reabastecidas por navios que chegam pelo Atlântico. Dessa forma, é praticamente impossível deslocar tropas tanto para dentro quanto para fora da região de forma sigilosa, e essa foi a razão pela qual o Peru foi amplamente avisado sobre a expedição colombiana[88].

Lima considerou que a implantação da expedição policial foi uma forma de militarizar a fronteira, decidindo então responder de forma semelhante. A região de Putumayo estava em disputa desde o colapso do império espanhol. Em 1828, os dois países se enfrentaram em uma breve guerra cuja causa foi a ira de Simón Bolívar em relação à ajuda que o Peru deu para subverter sua ocupação na Bolívia. Em segundo plano, pairavam reivindicações opostas pela Bacia do Rio Putumayo e pela capitania de Quito. A derrota do Peru na Batalha de Tarqui encerrou a guerra e os dois lados assinaram o Tratado de Guayaquil, também conhecido como o Tratado Larrea-Gual, para colocar um fim às hostilidades. A solução foi a criação de outro estado-tampão, o Equador. Contudo, vale ressaltar que a questão da bacia do rio não foi resolvida.

Os rios Putumayo e Caquetá correm paralelamente por várias centenas de quilômetros. O Putumayo fica a cerca de 40 quilômetros ao sul do Caquetá. A Colômbia definiu que o Putumayo marca sua fronteira do sul, enquanto o Peru reconheceu que o Caquetá é que seria a fronteira. Além dessa disputa, permanecia entre os dois países uma grande dose de hostilidade. Simón Bolívar governou o Peru por muitos anos após a derrota dos espanhóis. Durante esse período, ele implementou

---

[87] Roberto Pineda Camacho, *Holocausto en el Amazonas: Una Historia Social de la Casa Arana* (Bogotá: Planeta Colombiana Editorial, 2000).

[88] Richard Collier, *The River that God Forgot: The Story of the Amazon Rubber Boom* (New York: Dutton, 1968).

várias medidas que enfureceram os cidadãos, incluindo a reinstituição da escravidão, a reinstituição do detestado imposto para indígenas e sua oposição à convocação do Congresso peruano. Sendo assim, Lima não poderia ficar parada à medida que a força expedicionária colombiana se deslocava para a região de Putumayo.

Em fevereiro de 1911, Lima enviou um batalhão bem armado, sob o comando do major Óscar Benavides, para desalojar os invasores, mas a expedição não foi bem-sucedida. Os peruanos não sabiam, mas muitos dos policiais colombianos adoeceram com as doenças tropicais que assolavam a região. Eles estavam acampados em La Pedrera, na costa do rio Caquetá, e haviam cavado um anel defensivo de trincheiras interligadas para proteção caso fossem atacados. Muitos dos homens mal conseguiam andar, mas estavam prontos quando os barcos peruanos se aproximaram. O major Benavides ordenou que alguns de seus homens desembarcassem perto do acampamento e que dois de seus barcos a remo atravessassem as corredeiras localizadas na frente da fortificação para que desembarcassem os soldados mais adiante, de forma que os dois grupos executassem um movimento de pinça contra os colombianos entrincheirados. Os dois lados logo assumiram que seria muito difícil administrar uma guerra no rio Amazonas e o confronto foi rapidamente encerrado. Os colombianos então se direcionaram para o rio Putumayo.

Os oponentes resolveram o conflito de forma diplomática, através do Tratado Salomón-Lozano de 1922. O acordo definiu a fronteira ao longo do Putumayo e cedeu para a Colômbia uma região trapezoidal grande ao sul do rio. O objetivo da concessão foi dar à Colômbia um porto na região amazônica e um ponto de embarque para exportar seus produtos feitos a partir da borracha. Em retribuição, Bogotá cedeu um território próximo à foz do Putumayo. Essa manobra não apenas deu à Colômbia um território localizado exatamente entre os dois rios disputados, como o Peru também cedeu ao país o porto de Leticia. Isso enfureceu o povo de Iquitos. A região entre o Putumayo e o Caquetá, que fora usada pela Casa Arana para as suas operações da indústria de borracha, pertencia agora a um território externo. Além disso, muitos comerciantes de Iquitos tinham interesses comerciais e mantinham armazéns em Leticia. O milionário dono da Casa Arana, Julio César Arana, havia sido eleito senador há pouco tempo, representando a região de Iquitos. Dessa forma, ele poderia exercer uma enorme influência política para apoiar seus interesses econômicos. E já o fazia: ele havia atrasado a ratificação do Tratado Salomón-Lozano por cinco anos.

O senador Arana então lançou uma campanha pública contra o presidente peruano Augusto B. Leguía por ter assinado o tratado. Com a opinião pública indo contra ele, Leguía foi deposto em 1930. Durante os dois anos seguintes, os líderes empresariais de Iquitos ficaram planejando a retomada de Leticia. Na cidade ainda viviam mais de quatrocentos peruanos, que haviam sido forçados a mudar sua nacionalidade.

Muitos se irritavam com os seus novos senhores, que lhes cobravam impostos e tarifas adicionais. Além disso, os proprietários de navios peruanos se queixavam que as autoridades colombianas estavam bloqueando seus direitos de navegação nos rios Amazonas e Putumayo. Por fim, os efeitos da Grande Depressão e da tórrida concorrência das plantações de borracha na Malásia foram fazendo os preços caírem, afetando a economia da região.

A Grande Depressão apertou as contas fiscais da Colômbia. O nível reduzido de recursos financeiros fez com que o governo mantivesse apenas uma pequena guarnição policial em Leticia. Isso abriu uma oportunidade para a comunidade empresarial de Iquitos e a Casa Arana fazerem uma jogada. Eles contrataram o ex-oficial do exército Oscar Ordóñez para preparar uma milícia de 212 homens, com armas e um pequeno canhão, para tomar a cidade. No dia 1º de agosto de 1932, eles atacaram ao amanhecer, massacrando a guarnição que dormia. O ataque pegou os governos de Lima e Bogotá de surpresa, pois levaria semanas até que a Colômbia embarcasse soldados para retomar a cidade. Dessa forma, Bogotá torceu para que Lima enviasse uma força de Iquitos para restaurar a ordem, pois a cidade ficava a uma distância por mar de apenas um dia. Lima ordenou que sua guarnição de Iquitos aguardasse novas ordens antes de fazer qualquer movimentação, mas um grupo de oficiais do exército se revoltou e decidiu avançar para a anexação da cidade.

Isso deixou o governo peruano mobilizado. O presidente Luis Miguel Sánchez Cerro, que havia liderado o golpe contra o presidente Leguía, desprezava o Tratado Salomón-Lozano, mas não queria lutar contra a Colômbia. Bogotá lhe deu o prazo de 6 de setembro para restaurar a ordem em Leticia. Contudo, ele já não controlava mais as forças armadas de Iquitos e levaria vários meses até que suas forças navegassem ao redor da América do Sul ou pelo Canal do Panamá. Além disso, crescia por todo o país uma onda de nacionalismo, conforme a população celebrava a reanexação da cidade. O presidente ficou paralisado, mas acabou optando pela guerra. O problema foi que nenhum dos dois países estava pronto. A crise global devastou as duas economias; suas armas estavam obsoletas e suas forças armadas estavam longe do campo de batalha.

Assim que teve certeza de que o Peru não iria conter a rebelião, o presidente colombiano Enrique Olaya Herrera rapidamente agiu. Mobilizou uma força expedicionária e embarcou em um extenso programa de rearmamento, enviando agentes do governo para o exterior para comprar os melhores navios cargueiros, canhoneiras e aviões. Além disso, recrutou mercenários, em sua maioria alemães, para operar os novos equipamentos e pilotar os aviões de guerra. O público também se reuniu para apoiar seus esforços; pessoas doaram dinheiro e joias, e milhares de voluntários se apresentaram nas estações de recrutamento.

Embora o Peru tivesse atacado primeiro, o *momentum* estava se voltando para o lado colombiano. O exército desenvolveu uma estratégia para que uma força de invasão navegasse pelo Putumayo e outra, simultaneamente, pelo Amazonas. O segundo grupo atravessaria por terra até o rio Napo e continuaria para Leticia. O plano era tirar a cidade do domínio de Iquitos.

Enquanto isso, o Peru estava ocupado com seus próprios preparativos. Lima aumentou a guarnição em Leticia para mil soldados, transferiu os melhores canhões da fortaleza de Iquitos, eliminou os acessos ao porto e designou a maior parte de sua força aérea para pistas de pouso na floresta. O alto comando também moveu suas tropas para o Putumayo, formando um conjunto de postos armados prestes a lançar uma invasão na bacia do rio e retomar o Caquetá.

O presidente Olaya Herrera alocou o general Alfredo Vásquez Cobo para liderar a expedição colombiana. Cobo reuniu todas as suas forças no porto de Manaus, em janeiro de 1933, e prosseguiu com um contingente de setecentas tropas. Seu destino era Leticia, mas ele decidiu subir o Putumayo até o forte de Tarapacá para eliminar a presença dos inimigos do canto nordeste do trapézio. O forte foi construído em 1900 pela Casa Arana como uma forma de controlar o acesso ao rio: todos os bens e pessoas entrando ou saindo da região eram submetidos a inspeção e controle, o que aumentou os poderes monopolizantes da empresa. Embora a base tenha sido ampliada após o início da guerra, continuou sendo um posto avançado na floresta.

A força de Cobo chegou em Tarapacá no dia 13 de fevereiro e rapidamente convenceu os noventa e quatro soldados que lá estavam a recuar para não serem aniquilados. Os homens se retiraram, mas enviaram uma mensagem de rádio para Iquitos alertando sobre o ataque. Dentro de algumas horas, um destacamento de bombistas chegou e atacou a armada colombiana. Os aviões não conseguiram danificar nenhum dos navios, mas o ataque em si abalou muitos dos marinheiros e oficiais a bordo.

Estando o forte sob o controle de colombianos, seus engenheiros se concentraram em reforçar as defesas para evitar que os peruanos chegassem pelo rio. Isolado de Leticia e Iquitos, a única forma de disposição das tropas peruanas seria por meio de trilhas na floresta — uma tarefa quase impossível. Ao mesmo tempo, a segunda força colombiana que descia o Putumayo atacou o posto avançado peruano na confluência com o rio Güepí.

As notícias sobre a vitória em Tarapacá e o encontro com a guarnição no rio Güepí motivaram Bogotá a buscar uma solução diplomática para o conflito. No dia 16 de fevereiro, o cessar-fogo foi declarado e os dois lados iniciaram negociações em Genebra. Durante um mês, eles discutiram e debateram exaustivamente. E, durante esse período, o exército reuniu um grande estoque de equipamentos e suprimentos em Güepí, ficando pronto para partir mediante uma ordem de retomada de ataque. No dia 26 de março, as tropas colombianas atravessaram o rio e atacaram os defensores. O uso combinado de artilharia naval e suporte aéreo derrotou os defensores peruanos. Muitos fugiram para a floresta e metade da guarnição foi morta; enquanto que os atacantes tiveram apenas cinco perdas.

O ataque a Güepí evidenciou a extrema desvantagem dos peruanos. Eles já se encontravam muito longe de suas linhas de abastecimento e suas tropas penavam para lutar com armas extremamente ultrapassadas. Enquanto isso, os colombianos haviam comprado os mais refinados equipamentos. As derrotas em Tarapacá e

Güepí representaram uma perda de suprimentos e homens que o Peru não poderia se dar ao luxo de ter. O ânimo esmaeceu e um sentimento de desespero começou a dominar Lima.

O presidente Sánchez Cerro ordenou que os dois maiores navios cruzadores da marinha peruana, bem como dois submarinos, navegassem para o rio Amazonas, ignorando o fato de que esses navios teriam uso limitado em águas rasas. O pessimismo foi se agravando devido à instabilidade política que tomava conta do país. O presidente Sánchez Cerro suprimia de forma agressiva a ascensão do APRA, um partido político de esquerda. Um ano antes, ele havia ordenado a execução de centenas de membros do partido na cidade de Trujillo, localizada ao norte, propagando um profundo ódio por parte da juventude radical. O ódio fervilhou até o limite quando Abelardo Mendoza Leiva, de dezenove anos, atirou no coração do presidente quando o mesmo vistoriava a disposição de tropas frontais.

O assassinato pegou o país de surpresa e aprofundou a crise nacional. Dadas as condições em que o país se encontrava, o manto passou para as mãos do general Benavides, o herói de La Pedrera, que deveria então terminar o mandato de Sánchez Cerro. Benavides já havia ocupado tal posição anteriormente, entre fevereiro de 1914 e agosto de 1915. O general havia conduzido há pouco tempo uma revisão completa das forças do país e estava familiarizado com suas imensas deficiências. Por isso, rapidamente intensificou as negociações de paz antes que a situação piorasse. Ele concordou em aderir aos termos do Tratado Salomón-Lozano. A Colômbia manteria Leticia, mas suas forças deveriam se retirar do território peruano. O governo dos Estados Unidos também colocou pressão diplomática para que Lima aceitasse os termos, como uma forma de ajuda para se reportar à Colômbia pela perda do Panamá. Bogotá tentou ser o mais elegante possível, mas a raiva já penetrava profundamente nas fileiras do alto comando peruano. A perda de Leticia seria um trauma que perduraria por muitos anos.

A guerra entre a Colômbia e o Peru destacou o importante papel desempenhado pela logística e tecnologia. Os centros econômicos dos dois países ficavam longe da frente de batalha, mas a Colômbia conseguiu encontrar uma maneira mais rápida de enviar tropas e equipamentos. Da mesma forma, o país não hesitou em comprar o que havia de mais avançado em matéria de tecnologia de navios, aviões e armas. Por fim, vale ressaltar que a natureza se revelou um obstáculo formidável para ambos os lados. A maioria das guerras da América do Sul foram travadas em condições climáticas extremas, variando entre sufocantes pântanos do Paraguai, o ofuscante calor do Atacama e o ambiente úmido propenso a doenças da Amazônia. Além de castigarem a saúde física e mental das tropas, tais condições ocasionavam falhas nos equipamentos, como ferrugem nas armas e defeitos nas munições, configurando um quadro que se encaixa no que o estrategista militar prussiano Carl von Clausewitz chamou em 1832 de "névoa da guerra".

Por fim, o conflito envolvia uma disputa territorial, mas é importante afirmar que foi iniciado por razões puramente comerciais. O desejo da Casa Arana de recu-

perar os campos de borracha localizados entre os rios Putumayo e Caquets e a necessidade dos comerciantes de Iquitos de recuperar Leticia foram as razões pelas
quais os dois países foram à guerra. Por trás de suas ações, porém, sempre pairou
a necessidade de investidores estrangeiros e líderes industriais de preservar seu
acesso à borracha. Ironicamente, as florescentes plantações britânicas na Ásia e a
depressão global já haviam reduzido a importância da floresta equatorial. No entanto, a vasta riqueza produzida na Bacia de Putumayo era suficiente para inflamar
uma paixão que ocasionaria outra guerra.

A terceira e última fase das Guerras da Borracha se deslocou para o Equador.
Assim como o Uruguai, o Paraguai e a Bolívia, o Equador era mais um pequeno país
sul-americano que evoluíra se tornando um estado-tampão entre áreas remanescentes do enorme sistema de vice-reinos.

O Equador fora uma importante capitania do império espanhol e altamente
autônoma. Ele também havia sido uma parte integrante do império Inca. Antes de
sua morte em 1527, o rei inca Huayna Cápac dividiu seu reino em duas partes. Ele
presenteou a região norte, cuja capital era Quito, ao seu filho mais novo, Atahualpa,
e concedeu ao seu filho mais velho, Huáscar, a metade sul, cuja capital era Cuzco.
As duas facções da família real estavam no meio de uma guerra civil quando Pizarro e seu bando assassino de *conquistadores* chegaram em 1532. Pouco antes de os
espanhóis capturarem Atahualpa, o rei Inca matara seu irmão mais velho. Sendo
assim, os espanhóis efetivamente decapitaram a liderança do reino ao sequestra-
rem-no. Além do ouro e da prata que foram saqueados, a grande população indígena tornou-se outro grande prêmio. Eles eram essenciais para o cultivo das imensas
plantações e manuseio de minas que estavam agora sob controle espanhol. Além
disso, eles eram tributados, o que proporcionava uma importante fonte de receita.

A maioria das grandes civilizações indígenas da América do Sul habitava os
altos planaltos que compõem a cadeia dos Andes. Essas montanhas eram extremamente vantajosas, pois facilitavam a defesa. Devido à altitude elevada e às baixas
temperaturas, lá não havia mosquitos ou outros insetos, não existindo, portanto, o
risco de doenças tropicais. Além disso, devido ao grande volume de chuvas constantes, havia água abundante nas montanhas. Até hoje, a maioria das capitais da
América Latina está localizada em planaltos elevados, como, por exemplo, Cidade
do México, Bogotá, Caracas, Santiago, La Paz e Quito.

Além de uma grande população indígena, a capitania de Quito foi um importante centro de poder e educação. Acadêmicos das grandes universidades desenvolveram estudos originais sobre questões de Teologia e Medicina. A maior parte do território moderno do Equador não pertence ao domínio original. Até 1763,
Guayaquil era subordinada ao vice-rei de Lima e, até hoje, há pouquíssimo afeto
entre os moradores das montanhas e a população costeira. A ausência de uma cultura comum gerou muita instabilidade social e política durante os séculos XIX e
XX. Na realidade, o Equador continua sendo até hoje um dos países mais politicamente instáveis da América Latina.

Após a guerra colombiana e peruana de 1828, o distrito do sul da Grã-Colômbia declarou a independência e se transformou no Equador. Embora a maioria da população estivesse disposta ao longo da serra e da costa, o país se considerava amazônico. No final do século XIX, o ciclo da borracha impulsionou ambições relacionadas à floresta, induzindo os militares a aproximar o Napo de Iquitos. Contudo, a guerra fronteiriça de 1941 entre Equador e Peru se iniciou bem longe da floresta tropical; começou na costa do Pacífico.

Desde o fim do sistema colonial, o Equador engatara em uma prolongada disputa com o Peru pelas províncias de Tumbes, Jaén e Maynas. Tumbes era uma província costeira rica. A maior parte de seu território pertencia ao Equador, mas o Peru ocupava a cidade desde 1820, de maneira que Quito queria retomá-la. A província de Jaén ficava mais distante do litoral, tangenciando os Andes. A parte sul da província era banhada pelo rio Marañón, uma das principais fontes do rio Amazonas e um dos principais alvos das ambições equatorianas relativas à floresta. Por fim, o país reivindicou a província de Maynas.

O território formava um triângulo, com os Andes de um lado e os rios Marañón e Napo nas outras extremidades. Como a imensa região incluía Iquitos, o bastião da floresta do Peru, foi fadada a ser fonte de controversas.

A derrota devastadora do Peru para os colombianos em 1933 incitou uma onda de otimismo no Equador. Até esse momento, a floresta não era tão estrategicamente importante. Sua parte do mercado mundial de borracha havia caído para 15 por cento. No entanto, ainda havia esperança de que a derrota do Peru significasse que as ambições de Quito acerca da região amazônica estavam ao seu alcance. Os meios de comunicação começaram a promover de forma insistente temas marciais e os políticos aderiram ao movimento. Os resultados do conflito também motivaram o exército peruano a modernizar suas armas e aprimorar a formação de seu corpo de oficiais. O Peru adquiriu novos tanques, navios de guerra e aviões. Sendo assim, em julho de 1941, quando o Equador decidiu atacar, os peruanos estavam prontos para a luta.

A estratégia equatoriana era atrair as forças peruanas até que se retaliassem cometendo um ato de guerra. Quando isso ocorresse, o governo alegaria estar sendo abusado por um agressor muito maior, na esperança de que a comunidade internacional interviesse convocando uma conferência de mediação. Durante as negociações, era provável que Quito demandasse as três províncias disputadas, visando ganhar algumas concessões. Contudo, em vez de começar tais provocações dentro da floresta, local que atraía as maiores ambições territoriais do Equador, os militares decidiram concentrar seus esforços na bacia do rio Zarumilla, na província de Tumbes, que era mais fácil para reabastecimentos e obtenção de reforços.

O Zarumilla é um rio pequeno que delineia a fronteira tradicional entre os dois países. Ele sediou diversos incidentes fronteiriços durante o final da década de 1930; desde o disparo de metralhadoras até perseguições de posições peruanas por aeronaves equatorianas. No entanto, Lima conhecia a verdadeira intenção do Equador. Seus espiões haviam se infiltrado no governo e o corpo de inteligência decifrara o código do exército. Eles não permitiriam tal provocação e, portanto, o Peru ordenou aos seus soldados que dissipassem incidentes hostis e aos seus comandantes que evitassem motins de tropas ao longo da fronteira.

Além das perseguições ao longo do Zarumilla, o exército equatoriano também erguera um novo conjunto de postos avançados fronteiriços dentro da parte peruana da floresta amazônica. Percebendo que os dois países tendiam a entrar em guerra, os Estados Unidos se ofereceram para atuar como um mediador de negociações entre os dois lados, mas essa manobra acabou não produzindo qualquer resultado.

Dessa forma, Lima se preparou para o combate. Em 1940, o alto comando formou o Grupo Norte, encarregado de expulsar as incursões e os postos avançados erguidos. Enquanto o exército mobilizava recursos, seus oficiais continuaram evitando as provocações. Os equatorianos interpretaram tal resposta como uma falta de compromisso e tornaram-se mais agressivos em sua missão. Enquanto isso, os peruanos continuaram concentrando tropas em sua frente. Assim, no dia 24 de julho, eles finalmente iniciaram o ataque na cidade costeira de Huaquillas. O Equador foi completamente pego de surpresa. O exército peruano rapidamente dominou o território inimigo. Ao contrário do que ocorrera na Guerra do Pacífico, dessa vez o Peru dominou os mares. Isso permitiu que a marinha circulasse livremente pela costa marítima. O Grupo do Norte decidiu direcionar sua ofensiva ao longo do litoral, justamente para contar com o apoio do fogo naval. As tropas se deslocavam para o interior em direção a Chacras enquanto os bombistas peruanos disparavam uma chuva de bombardeios sobre os soldados em fuga. Para piorar a situação, o Grupo do Norte enviou um batalhão de tanques tchecos para o campo, criando uma ofensiva totalmente mecanizada. Conforme as unidades motorizadas rugiam do outro lado da fronteira, a linha defensiva se desintegrava. Os equatorianos tentaram se reagrupar em Arenillas, perto de Chacras, mas não havia muito a ser feito para deter o ataque.

No dia seguinte, os peruanos continuaram a marchar para longe do litoral, tomando a província de El Oro. Nesse ponto, o exército equatoriano já tinha se rebaixado a um motim violento e os homens começaram a saquear suas próprias cidades. Eles invadiam casas e saqueavam comidas e bebidas. Multidões de soldados bêbados tropeçavam pelas ruas, o que acabou fazendo com que os cidadãos desejassem a chegada do exército do Peru para restaurar a lei e a ordem. A retirada equatoriana do exército ocorreu de forma tão rápida que a infantaria mecanizada peruana não pôde acompanhar. Portanto, o Grupo do Norte decidiu saltar de paraquedas sobre Puerto Bolívar.

No final de julho, tropas peruanas controlavam mil quilômetros quadrados do território equatoriano e, por isso, Guayaquil estava em perigo. Diplomatas equatorianos desesperados começaram a vazar nos Estados Unidos relatórios afirmando que a incrível vitória peruana ocorrera devido à participação de unidades japonesas; e esse rumor sem fundamento desencadeou um estado de pânico em Washington, DC.

Em 1941, a Europa estava em chamas e, em menos de seis meses, os Estados Unidos entrariam em guerra com o Japão. A agressão japonesa se intensificava em toda a Bacia do Pacífico, de modo que os oficiais do governo dos Estados Unidos consideravam a veracidade do rumor equatoriano. Os Estados Unidos tinham realizado progressos notáveis no desenvolvimento de borracha sintética, mas ainda estavam longe de começar a produção em massa A maior parte da produção de borracha do mundo estava no Sudeste Asiático e corria o risco de cair em mãos japonesas. As fontes amigáveis restantes estavam na região amazônica. Por isso, para Washington, era óbvio temer que os japoneses estivessem a caminho da América do Sul. Além disso, no Peru havia uma numerosa comunidade asiática que poderia facilmente ser confundida com japoneses.

Como os americanos já estavam demasiadamente preocupados com a guerra na Europa e no sudeste da Ásia, eles pediram, no dia 31 de julho, um cessar-fogo imediato das hostilidades entre o Equador e Peru. Em vez de buscar esclarecer desinformações e continuar a ofensiva, o Peru aceitou. Diversas crises ameaçaram quebrar essa trégua. Forças equatorianas tentaram avançar pela floresta, mas foram repelidas. Por fim, os dois lados se reuniram no Brasil para chegar a um acordo. Sob o Protocolo de 1942 do Rio de Janeiro, o Equador concordou em abrir mão de sua reivindicação das bacias dos rios Marañón e Amazonas e, em troca, o Peru teve de desocupar o território ocupado. O tratado foi reforçado pela presença dos Estados Unidos, Brasil e Argentina como garantidores da paz. Os três países agiram como observadores e árbitros, almejando tornar o processo mais imparcial e duradouro.

O desempenho do Peru durante a guerra foi impecável. Suas perdas no conflito com o Chile e a Colômbia deixaram uma marca indelével no exército, evidenciando para o alto comando a necessidade de melhorar a qualidade de suas armas e de treinamento. Não obstante, os conflitos fronteiriços com o Equador se prolongariam por mais de sessenta anos. No confronto seguinte, o foco se deslocaria para dentro da floresta.

Os rios Santiago e Zamora deveriam demarcar a fronteira da região da Cordilheira do Cóndor, mas a descoberta do rio Cenepa no final da década de 1940 acrescentou um novo nível de hermetismo, uma vez que as fronteiras da floresta eram tipicamente definidas por vias marítimas. Quito afirmou que a presença de um rio desconhecido tornava o tratado obsoleto e, em seguida, solicitou novas negociações. Na realidade, o rio adquiriu tamanha importância diplomática por ser afluente do Marañón, que desemboca no Amazonas. Portanto, ao reconhecer o Cenepa como a fronteira, o governo poderia alegar que o Equador era membro da comunidade amazônica, podendo então ganhar direitos legais sobre a hidrovia. Foi por essa razão que Lima quis manter a fronteira ao longo do cume do Cóndor para evitar que o Equador ocupasse as encostas orientais da serra.

Houve vários confrontos entre os dois lados, mas o primeiro conflito ocorreu em 1981, quando as forças equatorianas começaram a construir um conjunto de postos avançados na bacia do Cenepa. Naquele momento, o ciclo da borracha já se transformara em uma memória distante. A expansão geométrica de produtos petroquímicos acessíveis tornou a borracha obsoleta. Entretanto, a questão da floresta equatorial permaneceu como um importante símbolo de nacionalismo e orgulho. A grande floresta tropical também estava tomando uma nova dimensão em função de sua diversidade de flora e fauna e por apresentar o maior manancial de água doce do planeta.

O Peru acusou o Equador de realizar insistentes invasões no lado leste da Cordilheira do Cóndor. Já cansada de ver postos avançados sendo erguidos dentro de seu território, Lima ordenou um ataque de helicóptero contra o posto de Paquisha no dia 28 de janeiro de 1981. Dois outros postos avançados, em Mayaicu e Machinaza, também foram atacados. O confronto ficou conhecido como a Guerra de Paquisha e foi o primeiro conflito importante baseado em operações de aviação, o que ocorrera em função da localização isolada dos postos avançados na floresta. Os helicópteros desempenharam um papel central no transporte de tropas e material, enquanto caças peruanos Cesna A-37, supersonic Mirage 5s e Sukhoi Su-22s forneceram suporte aéreo e ataque ao solo. Já o Equador utilizou A-37s, 1s Mirage e Kfirs israelenses para apoiar suas tropas. Durante as duas semanas seguintes, os peruanos realizaram diversas operações para desmantelar os postos avançados e fazer os equatorianos recuarem. Com medo que o Peru repetisse a invasão de 1941, o alto comando equatoriano se mobilizou, enviando vinte e cinco mil tropas para defender a frente sul. A América do Sul se encontrava na beira de uma grave crise econômica e Lima não pretendia embarcar em outra guerra dispendiosa. Dessa forma, os líderes dos dois países se reuniram e fizeram um "acordo de cavalheiros" para remover seus postos avançados e tropas da região disputada. Porém, no dia 25 de janeiro de 1995 explodiu um confronto muito maior.

Os dois lados haviam começado a consolidar suas forças no final de 1994. O Equador possuía uma vantagem importante, pois o país havia criado um conjunto viário para conectar sua região florestal ao resto do país. Enquanto isso, o Peru precisava de transporte aéreo para deslocar suas tropas e suprimentos. Sua economia também não ia bem, pois o Peru estava saindo de uma de suas piores crises econômicas e políticas. O país tinha sofrido com um período devastador de hiperinflação em 1990, quando os preços ao consumidor subiram quase 400 por cento em um único mês. O país não havia cumprido suas obrigações externas e, portanto, estava negociando suas dívidas. O governo também estava envolvido em uma luta existencial com o movimento Sendero Luminoso; Lima estava assolada por sequestros generalizados e bombas frequentes. Alberto Fujimori, um professor universitário não comprovado, era o presidente e muitos o consideravam politicamente fraco. Não foi surpresa para ninguém que o Equador escolhesse esse momento para reivindicar a Amazônia novamente.

Como no passado, o exército começou a construir uma série de postos avançados no vale do Cenepa. Dois grandes postos avançados, Tiwinza e Base Sul, se localizavam alguns quilômetros adentro do território disputado, mas foi o suficiente para deixar os peruanos extremamente nervosos. No final de dezembro de 1994, o exército começou a transportar soldados e equipamentos de avião para a PV-1, uma base de avanço. Junto a isso, o Equador fez uso de sua vantagem logística para transportar caminhões com equipamentos pesados e ônibus cheios de tropas. Eles montaram bases de artilharia ao longo do topo da Cordilheira do Cóndor e no vale atrás dela. Além disso, instalações antiaéreas se posicionaram nos topos das montanhas, transformando o vale em um campo de matança virtual para as aeronaves que voassem em baixa altitude.

O alto comando peruano estava se preparando para lançar uma nova versão da Guerra de Paquisha de 1981, em que suas tropas deveriam desmantelar os postos avançados do Equador. Contudo, eles foram atacados antes mesmo de finalizarem os preparativos. No dia 26 de janeiro de 1995, uma operação de limpeza de uma nova área de pouso de helicóptero foi atacada por uma empresa das Forças Especiais Equatorianas. Os homens se reagruparam e revidaram, mas eles não eram páreo para o corpo de elite. A maioria dos sobreviventes foi forçada a fugir para a floresta. Dois dias depois, os peruanos contra-atacaram amparados pelo apoio aéreo de helicópteros. Para a infelicidade dos pilotos, eles haviam voado para uma armadilha; diversos mísseis foram arremessados da terra, explodindo os helicópteros. A Força Aérea então cancelou o bombardeio. Durante os três dias seguintes, os peruanos continuaram a perder helicópteros e aviões por fogo antiaéreo. Por fim, eles decidiram mudar de tática, reorientando seus esforços das principais bases de artilharia que cobriam o topo das montanhas. Contudo, eles não foram capazes de fazer muito progresso. Para piorar a situação, os postos avançados estavam cercados por campos de pesadas minas, gerando grandes baixas.

Embora o Equador tenha iniciado o confronto em uma posição superior, o Peru era maior e seu tamanho permitiu que o país movesse mais recursos para recuperar o momentum. O Peru enviou grupos de Forças Especiais para a PV-1, e eles foram capazes de tomar os postos avançados de Tiwinza e Base Sul. Após conquistar esse objetivo, o Peru concordou com um cessar-fogo no dia 28 de fevereiro. Os dois países assinaram a Declaração de Montevidéu e solucionaram a disputa fronteiriça. O Equador concordou em usar a Cordilheira do Cóndor como a linha de demarcação, colocando um fim em seu desejo de obter um território na Amazônia. Em contrapartida, o Peru cedeu de forma definitiva a base militar de Tiwinza.

As Guerras da Borracha marcaram quase um século de guerra dentro da floresta tropical sul-americana. Os conflitos territoriais foram intensificados pela presença de seringueiras e pelo uso do látex na indústria moderna. Os conflitos também foram testemunha dos imensos avanços na tecnologia militar, de modo que foram usados desde barcos, rifles alemães, tanques e paraquedas para caças supersônicos até mísseis antiaéreos. As guerras evoluíram junto com o desenvolvimento da indústria da borracha. Durante o conflito do Acre, as aplicações comerciais da borracha ainda eram modestas. O conflito consistiu principalmente em um motim violento entre camponeses brasileiros e uma pequena milícia boliviana. Já a guerra fronteiriça entre a Colômbia e o Peru foi mais sofisticada tanto em poder bélico como em termos táticos. Estavam em jogo grandes operações de produção de borracha da Casa Arana. Na ocasião da Guerra entre o Equador e Peru, o látex já não era mais a principal fonte de borracha ou plástico. Não obstante, a floresta permaneceu um símbolo importante para os dois países, significando, inclusive, uma fonte potencial de riqueza e poder.

7 A GUERRA DO CHACO: A DISPUTA POR UMA TERRA COBERTA POR VEGETAÇÃO RASTEIRA

A GUERRA DO CHACO: A DISPUTA POR UMA TERRA COBERTA POR VEGETAÇÃO RASTEIRA

A guerra seguinte foi travada entre duas das entidades soberanas mais disfuncionais da América do Sul: o Paraguai e a Bolívia. Eram estados não litorâneos que emergiram da desintegração do sistema de vice-reinos e sofreram derrotas devastadoras nas mãos de seus poderosos vizinhos, tendo perdido enormes territórios, população e riquezas. A Bolívia não apenas perdeu sua faixa litorânea, como também teve suas vastas reservas de nitrato e borracha saqueadas. O Paraguai, por sua vez, perdeu toda sua capacidade industrial, a maior parte de sua população e quase a metade de seu território. Um dos problemas inerentes aos dois países foi sua incapacidade de consolidar suas sociedades incorporando plenamente as populações indígenas. Enquanto conflitos sul-americanos anteriores haviam sido travados por uma mistura entre descendentes de europeus e indígenas, o conflito em questão seria, basicamente, uma guerra entre os maiores grupos indígenas sobreviventes da América do Sul[89]. Os povos quechua e aymara da Bolívia eram descendentes diretos dos incas, enquanto os guaranis do Paraguai eram tribos nômades que habitaram as planícies do sudeste. Ambos os grupos ficaram restritos a acordos semifeudais, conquistando pouquíssimas liberdades civis e econômicas. As leis eleitorais postulavam que apenas alguns grupos de pessoas — sobretudo aqueles que tinham ascendência europeia — fossem autorizados a votar. Os eleitores deveriam atender a padrões mínimos de renda, propriedade e alfabetização. A centralização do poder político pautada em exclusão racial assegurava uma grande concentração de riqueza. Entretanto, ela também ocasionou contradições internas, pois diferentes línguas, culturas e interesses impediam a coesão social necessária para a condução de uma campanha militar bem-sucedida.

A região do Grande Chaco era uma área de represamento distante para elites bolivianas, que estavam interessadas nos vastos recursos minerais encontrados nas profundezas do Altiplano. Inicialmente, os barões de negócios se fixaram sobre os massivos depósitos de prata de Potosí, mas quando tais recursos se esgotaram, suas atenções se voltaram para a busca de estanho. As atividades ocorriam no enorme complexo de Salvadora, em Llallagua. A mina ficava a apenas algumas centenas de quilômetros ao norte de Potosí. Llallagua tinha uma forma comparável, surgindo a partir da alta serra andina. De forma semelhante ao que ocorrera com os nitratos e

---

[89] Nicola Foote e René Harder Horst, *Military Struggle and Identity Formation in Latin America: Race, Nation, and Community During the Liberal Period* (Gainesville: University Press of Florida, 2010).

a borracha, a busca por estanho se intensificou na virada do século XX, em função de sua grande demanda no consumo diário. O estanho possui muitas aplicações comerciais: suas propriedades anticorrosivas o tornam prático para embalar alimentos e líquidos e para revestir superfícies de ferro a fim de evitar a ferrugem; além disso, sua maleabilidade é ideal à soldagem. Ninguém se beneficiou tanto com a disseminação do estanho quando Simón Iturri Patiño, um empresário astuto de sangue misto, que se tornou um dos homens mais ricos do mundo de todos os tempos. Em 1905, trabalhando como um jovem atendente da Casa Frick, uma loja de ferragens para mineiros em Oruro, ele aceitou a escritura de uma pequena mina como pagamento[90]. Ele perdera o emprego em função de uma imprudência, mas o empresário Patiño conseguiu criar a maior operação de estanho do mundo. Durante a Segunda Guerra Mundial, a empresa Patiño Mines & Enterprise Consolidated Inc., cuja sede ficava em Nova York, controlava quase toda a indústria, sendo detentora de fundições ao redor de todo o mundo. Isso permitiu que Patiño se tornasse o principal agente de poder da Bolívia, controlando tanto o sistema político como o judicial. Os royalties das minas de La Salvadora e Uncia representavam três quartos da receita do governo, possibilitando que Patiño controlasse o aparelho estatal, utilizando-o para suprimir os sindicatos de trabalhadores e movimentos esquerdistas[91]. O setor de mineração depende fortemente da força de trabalho e, por isso, demanda muita organização. Patiño recorria ao exército para dispersar greves e expulsar líderes militantes. Tal qual César Arana de Putumayo, o barão do estanho tornou-se abominavelmente rico recorrendo à subjugação da população indígena. Em função da enorme riqueza produzida pelo setor de mineração, as atenções da oligarquia política voltaram-se para as montanhas, deixando outras partes do país de lado. Essa visão restrita foi uma falha que atormenta com frequência a Bolívia — primeiro no Atacama, depois no Acre e agora no Chaco. Contudo, a negligência de La Paz com a região se encerrou em 1926, quando a Standard Oil fez uma descoberta colossal em Sanandita, que se localiza na base dos Andes: o petróleo.

A descoberta de petróleo gerou tremores ao longo da hierarquia política do país, uma vez que ameaçava o status quo político. Até então, a riqueza econômica e política do país se concentrara na região serrana. Os recursos financeiros e a riqueza criados pelo setor de mineração concentravam o poder político do país em cidades como La Paz, Oruro e Potosí. Não obstante, a descoberta do petróleo ameaçava mudar o locus do poder econômico para Santa Cruz, uma cidade de planície, e para as vastas extensões do Chaco.

O Chaco é uma terra árida coberta por vegetação rasteira localizada logo abaixo da bacia amazônica. A região forma um triângulo isósceles demarcado por três

[90]   René Danilo Arze Aguirre, *Breve Historia de Bolivia* (Sucre: Universidad Andina Simón Bolívar, 1996).

[91]   John Henry Hewlett, *Like Moonlight on Snow: The Life of Simón Iturri Patiño* (New York: R. M. McBride & Company, 1947).

rios: a parcela ocidental é preenchida pelo raso rio Parapetí; o limite do norte é preenchido pelo rio Paraguai, de modo que o curso de navegação corre para baixo do Mato Grosso; e o limite do sul é preenchido pelo lamacento rio Pilcomayo. No vértice do triângulo fica Assunção, a capital do Paraguai, enquanto os Andes formam a sua base. O Brasil se localiza ao norte e a Argentina, ao sul.

O ecossistema do Chaco é complexo. A região é seca na maior parte do ano, exceto durante as duas estações chuvosas, quando é inundada por chuvas pesadas. A vegetação é majoritariamente composta por mato, arbustos espinhosos e densas florestas de árvores típicas de terras áridas, que não são adequadas para forrageamento. Muitas das árvores são originárias da variedade de Quebracho. O nome em espanhol literalmente significa *quebra-machado*, que representa um testemunho acerca de sua densidade e força. O ar é carregado de poeira e enxames de moscas pretas. Uma única fonte de água potável confiável são os profundos aquíferos subterrâneos que são reabastecidos durante a estação chuvosa. Não é difícil de entender por que o Chaco permanece uma verdadeira terra sem dono. A região é o lar de apenas um punhado de tribos nômades e alguns colonizadores resistentes e nunca foi um centro para a atividade econômica do país. Antes do descobrimento do petróleo em Sanandita, ninguém havia considerado que o Chaco pudesse ter alguma riqueza mineral; e essa é a razão para que tenha sido ignorado por La Paz, localizada a apenas dois mil quilômetros de distância. Entretanto, as coisas mudaram quando geólogos estrangeiros e extratores de petróleo começaram a vasculhar a região vazia.

A década de 1920 foi a era de ouro da exploração petrolífera. O uso de automóveis se intensificou conforme a recuperação econômica no período pós-guerra foi se transformando em um momento de bonança para o consumidor. Detentoras de crédito pela primeira vez, as famílias americanas passaram a comprar bens que antes estavam fora de seu alcance. Ao mesmo tempo, os fabricantes de automóveis e eletrodomésticos, como a Ford e a General Electric, se adaptaram a um sistema de produção em massa que lhes permitiu reduzir drasticamente os preços. A proliferação de veículos movidos a gasolina, por sua vez, fez com que a demanda por hidrocarbonetos galopasse. O petróleo não era mais cobiçado para utilização em produtos de querosene, aplicados majoritariamente à iluminação, pois os produtores estavam interessados em destilá-lo para gerar gasolina e diesel. Adiante, os geólogos aprimoraram suas técnicas de exploração e passaram a divulgá-las internacionalmente para garantir mais depósitos; consequentemente, houve grandes descobertas na Califórnia e no Texas. Durante os anos 1920, eles descobriram gigantescos campos petrolíferos no Iraque, Venezuela e México. As empresas Standard Oil e Royal Dutch Shell se tornaram as líderes tecnológicas e lucraram muito na América do Sul.

Um ano após a descoberta de Sanandita, a Standard encontrou petróleo novamente em Camiri, dessa vez um pouco mais ao sul. Em função do tamanho proeminente dos campos, a empresa passou também a explorar as regiões próximas, descobrindo mais poços na província de Salta, na Argentina. O que ocorreu em seguida foi que todos os olhos voltaram-se para o Chaco, pois todos acreditavam que essa terra coberta por vegetação rasteira continha a próxima Spindletop a ser descoberta. O Chaco tinha muitos dos robustos recursos predominantes em outras grandes regiões produtoras de petróleo, tais como o Texas, a Califórnia e o Iraque. Vale ressaltar que a Royal Dutch Shell, afiada oponente da Standard Oil, tentou sacar a arma ao adquirir direitos de exploração e perfuração do governo paraguaio, responsável por essa região. O problema era que ninguém tinha certeza quanto a quem o Chaco pertencia[92].

Assim como a Bolívia, o Paraguai também ignorava o Chaco anteriormente. Era uma região próxima à capital Assunção, mas o deserto não apresentava qualquer atrativo. Sua única grande função na história do Paraguai até então fora proporcionar uma rota de fuga para as tropas de Solano López, que deixara o colapso do Humaitá durante a Guerra da Tríplice Aliança. Tecnicamente, a Bolívia deveria ter uma forte reivindicação legal pela região, pois os documentos e mapas coloniais apontavam que o Chaco fizera parte da Charcas Audiencia; entretanto, a presença paraguaia na região era mais expressiva. A região também estava repleta de tribos guarani e colônias de menonitas alemães que haviam obtido estatutos legais do governo paraguaio. La Paz também ficava muito distante e as linhas de comunicação entre as montanhas e o Chaco eram quase inexistentes. Como o princípio de *uti possidetis* fez com que a posse de terras superasse a documentação legal, a reivindicação do Paraguai tornou-se a mais forte. No entanto, os dois países estavam havia muito tempo distraídos por outras questões e só agora se sentiram pressionados a resolver a disputa territorial.

Após a Guerra da Tríplice Aliança, a Argentina fez uma tentativa fraca de anexar o Chaco, mas o Brasil reprimiu a iniciativa, querendo manter um estado-tampão entre os dois países[93]. Em 1887, o Paraguai e a Bolívia tentaram resolver a disputa ao assinarem o Tratado Aceval-Tamayo, que dividiu o Chaco em três partes: a parte ocidental estava sob a posse da Bolívia; a parte leste, do Paraguai; e a do meio permaneceria uma terra sem dono. O tratado nunca foi ratificado pelo congresso paraguaio, mas foi reconhecido como um protocolo para manter o status quo. Cada país foi autorizado a construir uma série de pequenos fortes para demarcar seu território. Uma vez que a repartição da terra havia sido informal, a Royal Dutch Shell queria ter certeza de que seus títulos de terra seriam protegidos caso descobrisse petróleo. Sendo assim, a empresa começou a pressionar o exército paraguaio a expulsar as guarnições bolivianas.

A situação política da Bolívia era bem complexa. Em 1926, Hernando Siles Reyes foi eleito presidente. Ele era um reformador jovem cujo estilo inclusivo significaria

---

[92]   Julio José Chiavenato, *La Guerra del Petróleo* (Buenos Aires: Punto de Encuentro, 2007).

[93]   Bruce W. Farcau, *The Chaco War: Bolivia and Paraguay, 1932–1935* (Westport, CT: Praeger, 1996).

uma ruptura com as táticas opressivas utilizadas por seus antecessores, incluindo Bautista Saavedra. Siles fundou o Partido Nacionalista e era amplamente apoiado por jovens e intelectuais. Contudo, ele não se opunha ao uso excessivo da força. Em julho de 1927, uma revolta indígena eclodiu nas montanhas, entre as cidades de Potosí, Oruro e Sucre. Mais de dez mil camponeses atacaram fazendas e cidades em protesto contra a sua expropriação de terras. Durante décadas, os ricos proprietários de terras invadiram terras de tribos para expandir sua produção agrícola. E os membros das comunidades indígenas foram forçados a pagar impostos aos proprietários de terras como servos feudais. Frustrados por sua constante indignação, eles finalmente levantaram. Siles alegou apoiar firmemente a comunidade indígena, mas ele enviou tropas para sufocar a rebelião. Tais forças, que se uniram a milícias locais, reuniram os líderes de forma brutal. O presidente justificou suas táticas dizendo que o movimento havia sido infiltrado por comunistas e anarquistas, o que não deixava de ser verdade. O levante foi eventualmente contido, mas o ocorrido ocasionou uma rixa ainda mais profunda entre os membros da classe alta e a população indígena[94]. Isso levaria a um grande prejuízo no campo de batalha, pois muitos soldados se recusavam a lutar por um país que não respeitava suas liberdades civis.

A possibilidade de encontrar petróleo no Chaco criou diversas suposições em Assunção. Se tais reservas existissem, eles poderiam reunir grandes fortunas e encher os cofres surrados do governo. Portanto, houve uma grande dose de entusiasmo para que a cidade formalizasse sua reivindicação da região. No dia 5 de dezembro de 1928, agindo sob a pressão da Dutch Royal Shell, as tropas paraguaias atacaram o forte de Vanguardia. Seus defensores foram pegos de surpresa e rapidamente derrotados. No processo, seis soldados morreram antes que o inimigo começasse a incendiar as estruturas de madeira deterioradas. O presidente Siles inicialmente considerou a mediação internacional, mas acabou optando por retomar o forte. Infelizmente, o exército não podia enviar reforços porque as estradas estavam intransitáveis; a estação chuvosa havia começado e, portanto, ele decidiu retaliar atacando o forte paraguaio de Boquerón, cujo acesso era mais simples.

Percebendo que os dois países estavam à beira de uma guerra, a Liga das Nações interveio, declarando o Paraguai como um estado agressor. Os dois lados foram obrigados a retornar às posições originais e Assunção teve que indenizar a Bolívia pelos custos dos danos ao forte[95]. O incidente marcou uma pequena vitória para o presidente Siles; no entanto, o início da Grande Depressão desestabilizou a economia, gerando uma desordem social generalizada e o impeachment do presidente em maio de 1930.

As falhas sociais que corriam por baixo da superfície foram se tornando fissuras abertas. Com medo de ver o país mergulhar em anarquia, sob o comando

---

[94] Robert J. Alexander e Eldon M. Parker, *A History of Organized Labor in Bolivia* (Westport, CT: Praeger Publishers, 2005).

[95] Margaret La Foy, *The Chaco Dispute and the League of Nations* (Bryn Mawr, PA: Bryn Mawr College, 1941).

do general Carlos Blanco, os militares executaram um golpe de estado em junho. Quando a ordem foi restaurada, Blanco convocou eleições gerais para o ano seguinte e Daniel Salamanca, um político taciturno e irascível, foi eleito com distinção. Um de seus principais objetivos era intensificar a presença da Bolívia no Chaco. A Standard Oil utilizou seu lobista Spruille Braden para pressionar a classe política a frustrar as ambições territoriais do Paraguai, mas a empresa também queria um porto no rio Paraguai para exportar o petróleo que estava produzindo em Sanandita e Camiri. Por fim, a empresa queria evitar a possibilidade de o governo boliviano nacionalizar as operações altamente lucrativas de extração do petróleo, mantendo-o distraído com uma guerra distante[96].

Para incentivar o apoio do público, Salamanca afirmou que o controle do Chaco permitiria que a nação se vingasse pela desonra da Guerra do Pacífico, pois o país recuperaria o acesso ao mar que fora perdido. Ele ordenou a construção imediata de novos fortes no Chaco para reforçar sua reivindicação. Tropas e equipamentos foram implantados na região. E foi nessa ocasião que a grande desvantagem logística da Bolívia se tornou aparente. A região não apenas se localizava muito distante das montanhas, mas as estradas para o Chaco eram pistas de terra que se transformavam em pântanos intransponíveis durante a estação chuvosa.

A Argentina também começou a desempenhar um papel dominante no conflito. Desde a Guerra da Tríplice Aliança, Buenos Aires havia mantido um forte controle sobre a economia paraguaia e seu governo. Os argentinos controlavam enormes faixas de terra, bem como as maiores empresas, como a Milanovich Ltd., uma empresa de transporte que conduzia quase 80 por cento do comércio do país, e a Ferrocarril Central do Paraguai, a principal empresa ferroviária. Com exceção de seu nome, o Paraguai mantinha um status de estado fantoche. Além disso, Buenos Aires também estava em profundo conluio com a Royal Dutch Shell. Essa década foi chamada de Década da Infâmia, na medida em que tudo e todos pareciam estar à venda. As empresas britânicas, em particular, exerciam enorme influência sobre a Argentina; eles possuíam abatedouros, ferrovias e empresas de telefonia. A Royal Dutch Shell, por exemplo, possuía grandes operações no país e usou seu aparelho de lobbying para promover seus interesses no Chaco. O presidente da Argentina, Agustín Pedro Justo, um dos líderes mais corruptos da infame história política do país, estava mais do que disposto a favorecer tais interesses. Ele e seu pernicioso ministro das Relações Exteriores, Carlos Saavedra Lamas, conduziriam a guerra de uma forma velada. Proprietários de empresas e banqueiros argentinos fizeram fortunas vendendo armamentos aos beligerantes a preços altamente inflacionados.

Os dois países não eram equivalentes nem no papel. A população da Bolívia era três vezes maior do que a do Paraguai, com mais de 2,5 milhões de habitantes. O

---

[96] Chiavenato, *La Guerra Del Petróleo.*

tamanho de sua economia também era o triplo da de seu vizinho, mas enfrentava um período difícil. A Grande Depressão devastara a economia. Em 1931, a produção de estanho havia diminuído um terço, caindo de quarenta e cinco mil, no ano anterior, para apenas trinta e uma mil toneladas. O impacto nas contas fiscais foi brutal para o governo, que foi obrigado a implementar cortes orçamentários draconianos. Além disso, o governo cortou sua força de trabalho pela metade, provocando um grande aumento na taxa de desemprego. Com os cofres do governo se esvaziando, em 1932, o presidente Salamanca pediu assistência econômica ao barão do estanho. Patiño contribuiu com 25.000 libras para modernizar a Força Aérea Boliviana. Embora o Paraguai também tivesse sido atingido pelo declínio global da atividade comercial, sua economia era mais fechada e o impacto não fora tão grave para o país. A Argentina também prestava assistência ao país secretamente. Além disso, o Paraguai tinha uma enorme vantagem logística: Assunção ficava ao lado do Chaco e a cidade podia mobilizar recursos de forma mais rápida e menos custosa; uma vantagem crucial para o desdobramento dos resultados.

Os dois lados beiraram o estopim da guerra durante quatro anos, de forma que ocorreram vários confrontos fronteiriços enquanto os exércitos se deslocavam para conseguir vantagens em suas posições. Os esforços internacionais para mediar o processo não conquistaram qualquer progresso e as relações diplomáticas se romperam. O conflito finalmente eclodiu em junho de 1932 debaixo de uma chuva inesperada em um campo alagado no meio do Chaco. A região havia sido descoberta por reconhecimento aéreo e o major boliviano Óscar Moscoso foi alocado para conquistá-la. Dada a natureza árida da região, controlar o centro da área alagada seria vantajoso. De fato, grande parte da guerra que ocorrera posteriormente se desprendera ao redor de lagoas, nascentes e poços.

Ao chegar, Moscoso descobriu que o pequeno pedaço de terra com acesso à água estava sob a proteção de um esquadrão de soldados paraguaios. O presidente Salamanca havia enviado explícitas ordens para que a força expedicionária tomasse a região do lago pacificamente, sem qualquer uso da violência. Infelizmente, o major nunca recebeu tal comando; ele atacou os defensores e acabou matando um cabo. O ocorrido enfureceu o exército do Paraguai e, um mês mais tarde, eles deram início à guerra por meio de um contra-ataque.

Inicialmente, o presidente Salamanca considerou tentar minimizar o incidente. Seu país não estava em condições de embarcar em uma aventura militar dispendiosa em função de uma região que poderia acabar se revelando apenas uma inútil terra coberta de vegetação rasteira. Os reflexos da Grande Depressão estavam agravando as tensões sociais existentes e, portanto, o presidente estava interessado em desviar a atenção do público. Dessa forma, o contra-ataque paraguaio significou um ato direto de agressão e a imprensa boliviana incitou a opinião pública por meio de uma série de artigos alarmistas que acabaram ocasionando uma onda de nacionalismo. O presidente Salamanca aproveitou imediatamente o clamor público e ordenou um ataque completo de retaliação. O exército recebeu ordens para retomar a região alagada, que tinha sido batizada de Chuquisaca, e também para atacar os fortes de Corales, Toledo e Boquerón. O alto comando de La Paz se opunha radicalmente à escalada. Eles consideravam que as unidades do Chaco estavam mal treinadas e armadas de forma inadequada. Eles queriam tempo para recrutar mais soldados e obter equipamentos melhores. No entanto, o presidente Salamanca não queria convocar uma mobilização geral, pois geraria uma grande desvantagem durante a guerra. Em vez de mobilizar os vastíssimos recursos do país contra um adversário muito menor, ele optou por proceder com a guerra a fogo lento. Consequentemente, a superioridade territorial e populacional da Bolívia não foi um fator decisivo no campo de batalha.

A Bolívia não tinha muitos fatores a seu favor. O país alocou quatro mil soldados no Chaco, com linhas de abastecimento mal posicionadas. Havia tensão entre o poder executivo e o exército. O presidente Salamanca não confiava muito no chefe do exército, o general Filiberto Osorio, pois o considerava obstinado e questionador. Além disso, o ressentimento internacional para com o país estava em ascensão. O ataque boliviano aos outros três postos avançados paraguaios foi rotulado pela Liga das Nações como um ato de agressão; e a organização aplicou um embargo à venda de armas à Bolívia.

Esse fato marcou a primeira das três desvantagens que colocariam o país em uma posição deplorável. Conforme ocorrera em guerras anteriores, a logística foi um grande problema. A Bolívia já não tinha acesso ao litoral, sua frente militar se encontrava bem distante dos principais centros populacionais e agora fora prejudicada pelo embargo às armas; o país foi para a luta com um braço firmemente atado atrás de suas costas. O Paraguai, por sua vez, tinha sua capital próxima ao campo de batalha e contava com a assistência de um vizinho próspero e generoso — vantagens que compensariam sua inferioridade populacional e econômica.

A segunda desvantagem boliviana era o clima. Tal qual ocorrera na Guerra do Pacífico e na Guerra do Acre, questões ambientais tornariam a situação crítica para a Bolívia. No Altiplano, que era o lar da maioria dos combatentes bolivianos, o clima é frio, a terra rochosa e há muita água. Há poucos mosquitos no ar rarefeito. Nas duas guerras anteriores, os soldados das montanhas haviam sido obrigados a lutar no calor do deserto torrencial do Atacama e nas densas florestas da região amazônica. Agora, eles estavam sendo empurrados para a terra árida coberta de vegetação rasteira do Chaco, onde a água era escassa e havia diversas cobras venenosas. Os dias eram abusivamente quentes e as noites frias causavam muito desconforto. Além disso, a presença de enxames de mosquitos ocasionava doenças como malária e febre amarela. É claro que os paraguaios estiveram expostos às mesmas dificuldades, mas eles estavam mais acostumados a essas condições, pois viviam em prados do outro lado do rio.

A terceira desvantagem boliviana era sua liderança fraca. Em 1932, na véspera do conflito, o Paraguai elegeu Eusebio Ayala como presidente. Foi seu segundo mandato, pois havia governado uma década antes. Ayala era competente, afável e agradável e tinha uma relação estreita com os militares, particularmente com o general José Félix Estigarribia, o chefe do exército. Astuto e sagaz, Estigarribia possuía um pedigree militar impecável. Ele era graduado na Saint-Cyr, a prestigiosa academia militar francesa, e fora treinado no Chile[97]. Ayala e Estigarribia conduziriam uma campanha militar juntos durante todo o conflito, imbuindo a liderança com metas e consistência; o que contrastava com as constantes mudanças de direção que caracterizavam as operações bolivianas.

O contra-ataque contra Boquerón forçou Assunção a convocar uma mobilização geral. Homens jovens se apresentaram em locais de alistamento e, em um mês, mais de trinta e cinco mil recrutas passaram a receber treinamento básico. Três meses após o ataque de retaliação, o Paraguai lançou uma ofensiva para retomar o forte. O Chaco não passava de um solo improdutivo, mas o presidente Ayala afirmava que essa guerra era uma questão de orgulho nacional. Na realidade, ele estava sendo fortemente pressionado pela Dutch Royal Shell e pelo governo argentino para proteger a região. A Bolívia adotara uma abordagem semelhante. O presidente Salamanca enviou um telegrama para o major Manuel Marzana, que comandava seu posto avançado, pedindo que ele esperasse a qualquer custo. Sua força de quatrocentos homens rivalizava uma força de invasão de quatro mil soldados. Quando a divisão do general Estigarribia se aproximou, eles foram detectados pelo reconhecimento aéreo da Bolívia. A supremacia aérea seria sempre uma vantagem tática para o país andino graças à generosidade de Patiño, mas nunca foi uma vantagem capaz de mudar o resultado da guerra sozinha.

Os aviões sobrevoaram atirando com metralhadora nas colunas avançadas, mas não puderam detê-las. No dia 9 de setembro de 1932, o ataque inimigo começou. Os paraguaios acharam que a operação seria simples por estarem em um número muito maior que os defensores, mais de dez para um. Dessa forma, eles lançaram vários ataques frontais para invadir a fortificação de Boquerón. Contudo, os ataques foram repelidos por armas de fogo de artilharia e máquinas superiores. Isso convenceu o general Estigarribia de que precisava cercar a fortaleza e sitiá-la. Ainda que os dois países estivessem lutando com armas e tecnologias do século XX, as táticas medievais de cerco continuariam sendo uma característica constante na Guerra do Chaco. Os bolivianos aguardaram cercados por quase duas semanas, mas sua situação se tornou tênue. Munições e água começaram a acabar, e um sentimento de desespero tomou conta dos soldados. E, devido às más condições de viagem, os reforços maiores ainda estavam a três meses de distância. O alto comando boliviano decidiu enviar uma pequena corporação de reforços para ajudar a reabastecer as tropas.

Liderada pelo capitão Victor Ustariz, uma corporação de cinquenta e oito homens marchou em direção a Boquerón. O capitão chegou no dia 20 de setembro sob

[97] José Félix Estigarribia, *The Epic of the Chaco: Marshal Estigarribia's Memoirs of the Chaco War, 1932–1935* (Austin, TX: University of Texas Press, 1950).

o manto da noite e atacou o inimigo ao amanhecer. Ustariz não conseguiu romper a barreira, mas sua ação reuniu os homens dentro do forte e os motivou a aguentar firme. Furioso, Estigarribia mobilizou mais soldados, sitiando o reduto com um total de doze mil homens. O cordão de isolamento mortal suprimiu Boquerón por quase um mês. O desespero tomou conta das fileiras e os homens foram forçados a comer seus cavalos e mulas. A Força Aérea Boliviana tentou reabastecer a base, mas muitos dos caixotes enviados caíram em mãos inimigas. Sem munição, água e comida, Marzana finalmente se rendeu no final do mês.

A queda de Boquerón foi um grande golpe psicológico para o exército boliviano. O pânico se instaurou nos postos avançados distantes uns dos outros e muitos homens desertaram. Fortalecido, Estigarribia decidiu embarcar em uma campanha ofensiva para mover a área de operação para o rio Pilcomayo, na borda ocidental do Chaco. Ele atacou e conquistou os postos avançados de Corrales, Toledo e Arce. A primeira parte da guerra havia sido uma constante gangorra em que o Paraguai e a Bolívia trocaram uma série de fortes fronteiriços. Contudo, o conflito estava se alternando para uma fase mais móvel, de maneira que o exército paraguaio estava conquistando um território que pertencera anteriormente à Bolívia. Isso forçou La Paz a mudar de tática e adotar uma postura mais defensiva. Na realidade, o Paraguai perdeu uma oportunidade perfeita de por fim ao conflito, pois os militares bolivianos estavam em completo estado de desordem. Estava bem claro que La Paz precisava de uma medida mais drástica ou perderia a guerra. Portanto, o presidente Salamanca decidiu substituir o general Osório por seu forte aliado, o general José Leonardo Lanza. Ele, por sua vez, nomeou o coronel Bernardino Bilbao Rioja para liderar as operações de campo.

O coronel Bilbao Rioja era um estrategista experiente e um pioneiro da aviação militar. Ele reuniu seus homens, cavou trincheiras e criou uma linha defensiva na estrada do Km 7. Essa manobra deteve o avanço paraguaio, permitindo que o exército em retirada pudesse se reagrupar. Lanza acreditava que o exército precisava diminuir suas linhas de suprimento estabelecendo uma série de grandes depósitos em Villa Monte, Ballivián e Muñoz. Entretanto, o congresso estava perdendo a confiança na capacidade do presidente de continuar conduzindo a guerra e queria fazer uma mudança mais profunda.

Por isso, eles decidiram substituir Lanza pelo general Hans Kundt, um oficial alemão e veterano da Primeira Guerra Mundial. Ele era uma figura bem conhecida na Bolívia, pois lá havia chegado como um jovem oficial na virada do século. Antes de ser chamado de volta para a Alemanha no início da Grande Guerra, ele executara um programa de treinamento muito bem-sucedido. Kundt era a personificação da figura militar prussiana e lutou com bravura e distinção na frente oriental, ganhando várias condecorações. Ele era, inclusive, muito bem quisto por seus homens. Mas Kundt não era tão capaz quanto Estigarribia, pois este não apenas sabia motivar e conduzir bem suas tropas, como suas habilidades táticas eram impecáveis. Entretanto, o congresso boliviano tinha grandes esperanças na atuação do alemão.

Eles pediram à República de Weimar que enviasse Kundt de volta e forçaram o presidente Salamanca a entregar o controle de todos os setores militares[98]. O presidente estava feliz em cumprir tal ordem, acreditando que por Kundt ser estrangeiro, seria pouco provável que se intrometesse em assuntos políticos, concentrando-se apenas no andamento da guerra. De fato, o principal objetivo do líder alemão era acabar com o conflito rapidamente. Ele acreditava que a única forma de a Bolívia conseguir fazê-lo era embarcando em uma unidade ofensiva em que permitisse ao país implantar sua superioridade populacional e de riqueza.

Os recursos militares que haviam sido solicitados durante o cerco de Boquerón finalmente chegaram à arena de operações, de forma que Kundt pôde ter acesso às tropas e munições necessárias para começar sua campanha. Durante o primeiro semestre de 1933, ele lançou uma série de ataques contra os fortes fronteiriços que haviam sido confiscados no ano anterior. Ele conseguiu retomar muitos deles, mas seu foco passou a ser a imponente cidadela de Nanawa. Kundt acreditava que ao conquistar a fortificação dessa região, ele poderia subir até o flanco do Paraguai e marchar em direção a Assunção. Ele reuniu um exército de nove mil soldados e avançou. O general repetiu a carnificina insensata da Primeira Guerra Mundial através de consecutivas ondas de ataques frontais. O inimigo estava abrigado em trincheiras e revestimentos fortificados e os soldados estavam armados com metralhadoras e morteiros que geravam uma baixa considerável na força de ataque. Apesar de seu enorme sacrifício, os bolivianos não conseguiram tomar a fortaleza. Dois mil homens foram mortos em combate, incluindo muitos dos melhores oficiais e soldados do exército; até que eles finalmente foram forçados a recuar. Esse confronto marcou o maior avanço ao sul conquistado pelo exército boliviano, e agora Estigarribia estava livre para retomar sua ofensiva.

O exército boliviano tornou-se novamente desordenado. Os problemas de comunicação, organização e motivação eram claros. Qualquer retrocesso poderia facilmente degradar a situação culminando em uma derrota, já que muitos dos soldados indígenas tinham pouca ou nenhuma afinidade com seu país ou sua causa. Além disso, eles estavam lutando em uma terra desconhecida que tinha pouco a ver com a deles. O espírito marcial nas fileiras se encerrara. O exército sofreu mais reversões em Alihuatá e Campo Grande, mas a perda mais humilhante ocorreu no início de dezembro de 1933, em Campo Vía. Estigarribia conseguiu secretamente sitiar duas divisões de soldados bolivianos. Um regimento de três mil soldados foi capaz de romper e fugir, mas dez mil homens foram capturados, juntamente com todos os seus equipamentos e provisões. Tal manobra foi a única grande derrota da história militar boliviana. Uma semana após o desastre de Campo Vía, o general Kundt renunciou e voltou a Cochabamba. Após um ano à frente do exército, ele nunca mais voltou ao campo de batalha novamente.

....
[98] Hans Kundt e Raúl Tovar Villa, *Campaña del Chaco: El General Hans Kundt, Comandante en Jefe del Ejército in Bolivia* (La Paz: Editorial Don Bosco, 1961).

A derrota esmagadora de Campo Vía e a renúncia de Kundt fizeram parecer que a guerra tinha acabado. Em um ato de compaixão humanitária, uma vez que as férias do Natal cristão se aproximavam, o presidente Ayala concordou com um cessar-fogo no dia 19 de dezembro. Estigarribia saudou a trégua, pois seus homens precisavam descansar, consolidar sua posição e incorporar o tesouro de munições, combustíveis e equipamentos que tinham sido adquiridos na guerra. Mas o cessar-fogo acabou sendo um erro colossal. Em vez de usar a trégua para preparar um plano de paz, os bolivianos a usaram para mudar sua liderança, se reagrupar e retomar a guerra.

Sua primeira manobra foi nomear um novo comandante militar. O bastão foi designado ao general Enrique Peñaranda, o quarto e último líder do conflito. Peñaranda havia conquistado a fama ao liderar o regimento que escapou de Campo Vía. Não obstante, ele apoiou-se fortemente em dois de seus tenentes próximos, o coronel Angel Rodriguez e David Toro. Rodriguez era um estrategista militar de elite e Toro era um gênio maquiavélico. Esses dois oficiais planejaram grande parte das decisões durante a última fase da campanha. A segunda manobra foi o reagrupamento do exército boliviano. Em janeiro de 1934, os primeiros de trezentos oficiais mercenários chilenos começaram a chegar e a se integrar nas unidades da linha de frente. As tropas também receberam novos equipamentos para substituir o que havia sido perdido, adquirindo armamentos modernos. Por último, houve também o ganho de um volume de novos recrutas que pode recuperar o número de soldados que havia caído consideravelmente devido às perdas e capturas.

Muitos soldados paraguaios aproveitaram o cessar-fogo para visitar suas famílias. O alto comando havia concordado com as folgas, considerando que o conflito já havia praticamente acabado; mas logo ficou claro que os bolivianos estavam tirando proveito da calmaria para se preparar para uma nova ofensiva. Não ocorrera qualquer atividade diplomática, mas as fontes de inteligência relataram ao fronte o movimento de homens e suprimentos. Dessa forma, a licença foi cancelada e os soldados foram obrigados a retornar a suas unidades. No dia 7 de janeiro de 1934, a trégua expirou e Estigarribia decidiu retomar seu ataque. Entretanto, ele já havia perdido o *momentum*; era o início de uma temporada de chuvas e seu exército não podia nem sequer se mover. Estradas sujas haviam virado campos de lama e era praticamente impossível qualquer avanço. Além disso, os bolivianos estavam mais motivados. Suas fileiras haviam sido reabastecidas com novos recrutas e eles agora estavam entrando em ação mais perto de casa, de forma que podiam ter melhor acesso a suprimentos e reforços.

Consequentemente, eles conquistaram uma série de pequenas vitórias nas batalhas de La China, Campo Jurado e Conchitas. Na Batalha de Cañada Strongest, Peñaranda inviabilizou uma página da cartilha de Estigarribia cercando duas de suas divisões. As unidades estavam tentando cercar e tomar Ballivián, o bastião do exército no rio Pilcomayo. O forte tinha mais de dezoito mil soldados e enormes estoques de munição, armas e combustíveis, de modo que destruí-lo paralisaria o exército paraguaio e destruiria sua capacidade de lutar. No dia 10 de maio, o plano deu errado, pois os atacantes foram vistos por um pelotão de reconhecimento boliviano. O astuto coronel Rodriguez ordenou que suas unidades cercassem os soldados que se aproximavam. Uma disputa sangrenta se seguiu e mais de quatro centenas de paraguaios morreram. Sem chance de escapar, mil e duzentos homens se renderam. A capitulação resultou em uma enorme captura de armas, canhões e caminhões. Foi a maior vitória boliviana da guerra, mas dias de trevas se aproximavam.

Apesar do recuo paraguaio em Ballivián, Estigarribia recuperara seu *momentum*, decidindo deslocar o palco de operações mais para o norte, em direção ao rio Paraguai.Ele conduziu seus homens em uma série de ataques relâmpagos contra o inimigo nos campos desérticos de Picuiba e Carandayti. Seu objetivo era cercar Ballivián, eliminando o bastião por completo. Estigarribia estava sendo pressionado a encerrar a guerra rapidamente. A situação econômica no Paraguai estava se tornando desesperadora e o presidente Ayala havia informado que o país estava ficando sem recursos e que, portanto, Estigarribia não poderia buscar equipamentos adicionais. Junto a isso, os bolivianos começaram a perceber que a grande concentração de homens e munições era, na realidade, mais desvantajosa do que vantajosa. O exército havia se ancorado em um canto da região do Chaco, limitando sua capacidade de se mover livremente pela região para tirar proveito do adversário que estava se enfraquecendo. Ainda assim, o presidente Salamanca temia que Ballivián fosse um símbolo político forte demais para ser abandonado. A liderança do país, porém, logo seria abalada com mais uma desastrosa derrota que a forçaria a adotar medidas mais agressivas.

Na metade do ano, La Paz decidiu focar-se no rio Paraguai. O governo continuava sendo pressionado pela Standart Oil para assegurar um porto a fim de poder comercializar seu petróleo com facilidade. A operação militar seria lançada a partir do forte de Ingavi, mas os paraguaios descobriram o plano e decidiram impedir o ataque. Em vez de confrontar o inimigo em Ingavi, eles decidiram cortar a região de sua rota de abastecimento. Essa medida envolveu a tomada de um forte menor, o Cañada El Carmen.

Esse forte estava sendo comandado pelo major Oscar Moscoso, o oficial boliviano que havia liderado o primeiro conflito da guerra. Suas forças haviam sido consideravelmente reduzidas para apoiar algumas das batalhas em curso. Ele recebera ordens para enviar reforços para ajudar as forças sitiadas em Picuiba e Carandaiti. E ele também enviara três mil homens para reforçar o forte de Ballivián. Não obstante, ele ainda podia contar com duas divisões. Estigarribia decidiu que conduziria uma força de bloqueio entre El Carmen e Ballivián para impedir que os dois fortes pudessem fornecer reforços um ao outro. Ele então ordenou que seus homens se deslocassem em ambos os lados dos fortes e circulassem ao redor, eliminando qualquer esperança de fuga ou resgate. El Carmen se localizava no meio do deserto, sem acesso à água. No dia 16 de novembro, como a edificação se encontrava sem água há semanas e as forças já estavam sem vontade de lutar, El Carmen se rendeu, com sete mil homens e todos os seus equipamentos, deixando Ballivián totalmente exposta.

A notícia chegou a Ballivián no meio de uma festa agitada. Muitos políticos e membros da equipe sênior estavam embriagados. Contudo, sabendo que o inimigo o cercara, Peñaranda não teve outra escolha senão ordenar que seus homens queimassem os depósitos de munição e recuar em direção a Villa Montes, o último reduto disponível. A retirada foi desordenada e o inimigo manteve-se firme na perseguição. Houve tentativas de contra-ataque em Guachalla e Estrella, mas o moral dos soldados bolivianos estava estilhaçado. As lembranças dos métodos repressivos utilizados pelo governo para conter as insurreições ainda eram recentes e, conforme o inimigo se aproximava, muitos desertaram. Eles atravessaram o rio Pilcomayo e fugiram para salvar suas vidas na Argentina.

A situação estava tão ruim que o presidente Salamanca decidiu modificar novamente o alto comando. Dez dias após a retirada de Ballivián, ele voou para Villa Monte, sem escoltas ou guarda-costas. Peñaranda e os oficiais superiores sabiam o que estava por vir. Toro, que tinha ambições presidenciais, astutamente orquestrou um golpe de estado para derrubar o líder. Oficiais superiores cercaram a casa onde Salamanca estava hospedado, obrigando-o a renunciar. No dia seguinte, as rédeas do poder passaram então para o vice-presidente José Luis Tejada Sorzano.

Os líderes culparam o presidente deposto pela queda do forte Ballivián, argumentando que sua recusa da proposta de dispersar as tropas e equipamentos para outros postos avançados havia criado condições tentadoras de ataque. Eles também disseram que sua mesquinhez na mobilização de recursos do país foi a razão pela qual a guerra não estava ocorrendo de forma bem-sucedida. Sendo assim, eles racionalizaram que ele tinha de sair; eles nunca duvidaram de sua própria competência.

Como o inimigo vivia uma grande desordem, Estigarribia decidiu fazer uso de sua vantagem e colocar um fim no conflito. Em meados de janeiro de 1935, ele avançou para a margem do rio Parapetí, que é a fronteira ocidental do Chaco. Isso fez com que ele passasse a controlar toda a região do Chaco. Infelizmente, ocorrera uma vitória pírrica e o avanço implacável no território boliviano havia transformado o Paraguai em um país agressor aos olhos da Liga das Nações. Portanto, todas as sanções e embargos relativos a armas que haviam sido aplicados à Bolívia foram agora invertidos. Ao ouvir a notícia, Assunção reagiu renunciando à sua participação na organização internacional[99].

A queda de Salamanca permitiu que o alto comando arregaçasse suas mangas. No dia 10 de dezembro, o governo solicitou uma mobilização geral e um novo exército foi preparado para a batalha. As tropas e os recursos foram transferidos para Villa Montes. Eles se fixaram em florestas exuberantes localizadas na base da

---

[99] William R. Garner, *The Chaco Dispute: A Study of Prestige Diplomacy* (Washington, DC: Public Affairs Press, 1966).

Cordilheira dos Andes, de forma que dessa vez os soldados estavam em um território familiar. Essa era a terra deles. Eles sabiam disso. Eles adoraram e estavam dispostos a morrer por ela.

Os paraguaios também estavam animados. A guerra estava correndo bem e havia uma recompensa maravilhosa a ser conquistada. Os campos de petróleo de Camiri despontavam no horizonte. O Paraguai não possuía petróleo e contava unicamente com a provisão de recursos energéticos da Argentina para todas as suas necessidades. Como as devastações causadas pela guerra eram intermináveis, Buenos Aires não estava interessada em propagá-la ainda mais. Dessa forma, a capital começou a reduzir o fornecimento de combustíveis para forçar os paraguaios a negociarem. Isso deixou Assunção ainda mais ansiosa para colocar suas mãos sobre Camiri. Antes de mais nada, contudo, Estigarribia precisava destruir Villa Monte.

O coronel Bilbao Rioja, o oficial heroico que revertera a derrota após a Batalha de Boquerón posicionando-se no Km 7, foi encarregado de moldar a defesa. Amparado por tropas renovadas e motivadas, ele estava bem preparado para repelir o ataque iminente. Redes de trincheiras interligadas e fortificadas foram escavadas em torno do perímetro da batalha. Foram construídos bunkers reforçados para servir como quartéis e postos de comando. As equipes de artilharia demarcaram todos os arredores do forte para poder arremessar uma barragem interminável de bombas sobre o inimigo que se aproximava. Os paraguaios atacaram no dia 16 de fevereiro de 1935. Diferentemente do que ocorrera em suas operações anteriores, quando conseguiram habilmente cercar e sitiar um posto avançado, Estigarribia foi forçado a lançar um ataque frontal. As manobras de cerco eram simples nas planícies vazias do Chaco, mas eram muito mais difíceis de coordenar e executar no terreno acidentado andino. Grupos de soldados possessos, um após o outro, atacaram os defensores, que estavam muito bem posicionados. Os paraguaios estavam desesperados para destruir a fortaleza e apoderar-se das torres de petróleo. Dezenas de soldados foram impiedosamente mortos por metralhadoras e retalhados por estilhaços de artilharia. As tropas romperam as defesas exteriores e houve várias ocasiões em que quase penetraram no forte, mas o número de vítimas estava começando a se elevar. O Paraguai estava ficando sem homens. Os recrutadores recorreram, inclusive, a meninos de quatorze anos de idade e homens com mais de cinquenta anos para reabastecer suas fileiras. Depois de uma semana de carnificina sem sentido, o alto comando percebeu que a campanha era inútil. Villa Monte era impenetrável e as linhas de abastecimento do Paraguai eram extensas e vulneráveis a ataques. Os papéis haviam se invertido. Os bolivianos agora estavam mais perto de casa e os paraguaios, longe. Contudo, Estigarribia percebeu que os bolivianos estavam refugiados nas trincheiras e, por isso, decidiu contornar o forte e avançar em direção aos campos de petróleo.

A pressão paraguaia acerca de Camiri disseminou ondas de choque por toda La Paz. Subitamente, a Standard Oil mudou sua postura belicosa e argumentou que a guerra tinha de acabar. Com o Chaco tomado e seus campos de petróleo ameaçados, a empresa precisava por fim ao conflito ou enfrentaria perdas inaceitáveis. O Paraguai também estava disposto a acabar com a guerra, pois sua economia estava destruída e a população esgotada. Mesmo a cidade tendo o vento a seu favor, Assunção já não podia mais permanecer lutando. Por fim, vale ressaltar que a comunidade internacional também estava colocando pressão sobre as duas nações para que parassem de lutar. Duas guerras assolavam a América do Sul. A Europa e a Ásia estavam sendo invadidas por déspotas. Dessa forma, era hora de acabar com tal massacre[100]. No dia 14 de junho de 1935, os dois lados concordaram com um cessar-fogo.

Oficiais e soldados saíram de suas trincheiras para abraçar uns aos outros e confraternizar. A guerra representava um custo colossal com o qual nenhum dos dois países poderia arcar. A Bolívia perdera cinquenta mil homens e o Paraguai, trinta e cinco mil, mas como sua população era um terço da Bolívia, suas perdas haviam sido proporcionalmente maiores. O Paraguai conquistou a maior parte da região do Chaco, mas os lendários depósitos de petróleo nunca foram encontrados. Durante anos, garimpeiros paraguaios, britânicos e franceses perfuraram poços em toda a região, mas todos eles estavam secos[101]. Mais de oitenta e cinco mil pessoas perderam suas vidas lutando por um local vazio naquela terra coberta de vegetação rasteira.

A Guerra do Chaco foi o último grande conflito entre duas nações sul-americanas. Haveria adiante confrontos fronteiriços na região amazônica e vestígios das Guerras de Borracha que estavam em curso, mas o Chaco seria a última região disputada no continente. Uma série de tratados internacionais finalmente definiram as fronteiras, encerrando as incertezas que atraíam a exploração de capitalistas internacionais. A guerra seguinte seria parcialmente travada em função de território marítimo, mas o motivo principal eram os corações e as mentes dos eleitorados domésticos.

---

[100] Leslie B. Rout, *Politics of the Chaco Peace Conference, 1935–39* (Austin, TX: Institute of Latin American Studies, University of Texas Press, 1970).

[101] Farcau, *The Chaco War*.

8 AS MALVINAS: A GUERRA NO ATLÂNTICO SUL

AS MALVINAS: A GUERRA NO ATLÂNTICO SUL

O ruído suave do motor do Atar 101 zunia ao fundo conforme o capitão-tenente Roberto Curilovic, conhecido como "Tito", pilotava cuidadosamente seu Super Étendard a uma altitude de dez metros. Um comboio de três navios inimigos havia sido localizado a duzentos quilômetros ao norte das Malvinas, tornando-se um alvo expressivo. Na tarde do dia 25 de maio de 1982, dia da independência da Argentina, Tito partiu da base aérea naval de Rio Grande junto com seu parceiro de ala Julio Barrazza, conhecido como "Leo". Às 16h30, seu radar Agave de origem inglesa localizou a formação de navios em um ponto distante no horizonte. Os dois aviões configuraram seus computadores em modo de ataque e lançaram seus mísseis Exocet AM 39. A tripulação argentina não sabia, mas um dos navios na formação era o cruzador protegido porta-aviões HMS *Hermes*. Ele não apenas era um dos principais componentes da linha de frente de defesa da OTAN, como era o navio de comando da força-tarefa. Afundar um patrimônio tão valioso seria o fim da aventura britânica.

Os alarmes das plataformas soaram quando os radares dos três navios detectaram os mísseis que se aproximavam. Virando-se para a direção do ataque para se tornar um alvo o mais reduzido possível e se posicionar de forma menos transversal ao radar, a tripulação de um dos três navios direcionou seus lançadores de mísseis de forma que pudessem interferir no radar. O vento carregou a nuvem de vestígios de alumínio e a levou para longe do porta-aviões, na direção do SS *Atlantic Conveyor*, um navio supercargueiro roll-on roll-off. Os vestígios dos lançadores expandiram a imagem do container do navio no radar; e o sistema de controle do míssil estava programado para se fixar no alvo com a maior seção transversal. Segundos antes do impacto, os mísseis Exocet, que já deslizavam no mar, de repente se viraram para o navio comerciante, que estava carregado de combustíveis, munições e suprimentos, detonando-o em uma bola de fogo ofuscante. A reação rápida, um sopro do vento e pura sorte evitaram a derrota da marinha britânica.

As Malvinas, também conhecidas como Ilhas Falkland, consistem em um posto avançado desolado bem no meio do Atlântico Sul. As duas principais ilhas são a Malvina Ocidental e a Oriental. Cada ilha possui cem quilômetros de extensão, totalizando uma área de doze mil quilômetros quadrados. Elas são separadas por um corpo de água chamado Canal de San Carlos. Com pouquíssimos habitantes, em 1982 suas principais indústrias eram a pesca e o pastoreio. O arquipélago havia sido colonizado por muitos países, incluindo a França, Holanda, Espanha e Grã--Bretanha. Após sua guerra de independência, a Argentina também estabelecera uma dominância nas ilhas. Contudo, o país foi deposto em 1833, quando os britânicos retomaram o poder. Desde então, eles intensificaram seus esforços de colonização, estabelecendo indústrias baleeiras e pesqueiras. A invenção do navio a vapor permitiu que as ilhas se tornassem uma estação estratégica de abastecimento de carvão durante a segunda metade do século XIX[102].

A situação subitamente mudou na virada do século XX, quando a marinha decidiu usar o petróleo como sua principal fonte de combustível, minimizando assim a importância de estações voltadas para o abastecimento movido a carvão. A Primeira Guerra Mundial ocasionara o declínio do império e, consequentemente, a importância do carvão foi ainda mais reduzida. Junto a isso, as ilhas eram vistas como um símbolo do imperialismo europeu. A Argentina reivindicou a região alegando que as ilhas haviam sido parte do vice-reino colonial. Em 1953, o presidente Juan Domingo Perón fez uma oferta para comprar o arquipélago, mas a Inglaterra recusou. Os moradores das ilhas repreenderam veementemente a iniciativa e o governo concordou com seu pedido. Duas décadas mais tarde, quando Perón estava de volta ao poder, a Inglaterra ofereceu compartilhar as ilhas; ele agarrou-se à ideia, mas faleceu três semanas depois e a oferta acabou sendo arquivada.

A Guerra das Malvinas foi um dos últimos conflitos fronteiriços na América do Sul. A maioria das principais disputas havia sido solucionada ao longo de dois séculos de guerras e negociações. Quatro anos antes, uma questão acerca dos limites do Estreito de Beagle quase ocasionou uma guerra. A marinha argentina chegou a colocar-se em posição e era apenas uma questão de horas até atacar o Chile, mas a mediação do papa resolveu o problema. As reivindicações concorrentes pelas ilhas nada mais eram do que uma reflexão tardia. Elas ficavam longe demais. A capital de Port Stanley ficava a mais de doze mil quilômetros de distância de Londres e a mil e quinhentos quilômetros de Buenos Aires. Havia rumores de que a região abrigava grandes depósitos de petróleo perto da costa, mas nada foi descoberto. Na realidade, a colônia britânica esvaziava de forma dolorosa os cofres do governo.

A década de 1970 não foi fácil para o Reino Unido. Lutando para se erguer diante da devastação que a Segunda Guerra Mundial e o colapso de seu império haviam causado, a economia do país estava desequilibrada. No início da década de 1980, o país havia mergulhado em uma recessão sem fim. A forte concorrência com a Alemanha e o Japão ocasionara um declínio na indústria manufatureira. Mais de três milhões de cidadãos britânicos ficaram desempregados e motins sangrentos passaram a assolar a nação. As mudanças tecnológicas, particularmente a ascensão de trens movidos a energia elétrica, o advento da energia nuclear e a proliferação de turbinas a gás, reduziram ainda mais a demanda por carvão. Isso intensificou consideravelmente a agitação trabalhista, especialmente entre os mineiros bem organizados.

Frustrado pelo mal-estar social e econômico em curso, o eleitorado britânico recorreu à extrema direita em 1979, elegendo Margaret Thatcher como Primeira-

---

[102] Bonifacio del Carril, The Malvinas/Falklands Case (Buenos Aires: CIGA, 1982).

-Ministra. Ela imediatamente implementou um novo conjunto de políticas para desregulamentar a economia, privatizar empresas estatais e flexibilizar leis trabalhistas[103]. Naturalmente, tais medidas ocasionaram uma reação violenta. O país foi tomado por uma série de greves paralisantes e tensões sociais generalizadas. A popularidade de Thatcher despencou. Sendo pressionada contra a parede, ela precisava urgentemente encontrar uma forma de unir a nação e desviar a atenção do público para longe de seus assuntos internos.

A década de 1970 também foi um período difícil para a Argentina. A morte do presidente Perón em 1974 desestabilizou o país. O cargo da presidência foi designado à sua esposa, Isabel Martínez de Perón, que fora sua vice-presidente. Sendo ex-dançarina de cabaré e tendo cursado a escola apenas até a quinta série, ela não tinha o conhecimento e as habilidades necessários para liderar um país. Durante os dois anos que se seguiram, ela foi fortemente controlada por José López Rega, um astrólogo fascista que era seu ministro do bem-estar social, apesar de seus laços com a Aliança Anticomunista Argentina, um suposto grupo de extermínio.

Ao mesmo tempo, uma insurgência de esquerda se espalhava por toda a América do Sul. Diante do fortalecimento de militâncias trabalhistas e estudantis, em março de 1976 os militares realizaram um golpe e lançaram um programa de repressão brutal. Dezenas de milhares de pessoas desapareceram, foram assassinadas ou enviadas a um exílio. Além disso, no início da década, a economia argentina também foi atingida por uma série de choques petrolíferos, forçando o país a depender de empréstimos externos para equilibrar suas contas externas. A má gestão macroeconômica ocasionou uma combinação de alta inflação e recessão profunda, de modo que a agitação social só se intensificou.

Assim como Margaret Thatcher, a junta militar argentina também buscava desesperadamente uma forma de desviar as atenções do público para longe da esfera doméstica. Os militares já haviam recorrido anteriormente a uma trama política, subornando a equipe de futebol peruana a não chegar às finais da Copa do Mundo. Agora, eles precisavam de outro truque publicitário. O general Leopoldo Galtieri havia derrubado recentemente o general Roberto Viola e precisava conquistar o apoio popular. Por essa razão, ele ordenou uma invasão completa das Ilhas Malvinas e Geórgia do Sul. Buenos Aires esperava que o Reino Unido estivesse ocupado demais com seus próprios problemas domésticos para se importar. Além disso, os argentinos duvidavam que houvesse um contra-ataque, pois seria muito dispendioso para o país que estava economicamente limitado. Eles acreditavam ainda que a chegada do inverno ao Atlântico Sul dissuadiria a Marinha Real Britânica de retomar das ilhas.

A junta esperava que a invasão desencadeasse um enorme fervor nacionalista na Argentina, sem que o país tivesse de enfrentar o custo de uma represália militar. Eles não sabiam, mas a invasão caiu como uma dádiva de Deus para a Primeira-Ministra Thatcher, pois ela também buscava ansiosamente uma distração para seu país.

....

[103] Eric J. Evans, Thatcher and Thatcherism (London: Routledge, 1997).

O ambiente internacional estava complexo durante a década de 1970. O mundo ainda estava abalado pelos profundos reflexos da Guerra Fria. Os Estados Unidos e a União Soviética haviam orquestrado guerras por procuração na África e no Sudeste Asiático. Quando comunistas subversivos conquistaram grande parte da América do Sul, América Central e Caribe gerando levantes esquerdistas, os Estados Unidos combateram a onda de esquerda através da criação de programas clandestinos, como a Operação Condor, para fomentar ditaduras militares que suprimiam e eliminavam movimentos comunistas. A Argentina foi um dos principais aliados dos Estados Unidos em tal processo[104].

A década de 1970 também foi um período marcado por enormes fluxos de capital. Os choques petrolíferos haviam deixado os bancos de grandes centros financeiros nivelados com o dinheiro que precisava ser reinvestido. Os líderes militares argentinos estavam prontos e dispostos a assumir novos empréstimos e usaram tais fundos para modernizar seus equipamentos. Eles adquiriram os mais avançados aviões e mísseis, modernizando o arsenal nacional.

Os compromissos da Guerra Fria haviam forçado a Grã-Bretanha a dedicar enormes recursos ao seu aparato militar. Sua marinha estava bem reduzida em relação ao período da Segunda Guerra Mundial, mas ainda assim possuía diversos porta-aviões, cruzadores e fragatas, que eram componentes essenciais da frente norte da OTAN e não poderiam ser postos em risco para proteger colônias remotas. Dessa forma, ambos os países se depararam com os meios e as razões para lutar. Os dois procuravam uma distração e um conflito militar parecia ser a saída. Um mês antes da invasão oficial, um incidente ofereceu o precursor para o que estava por vir. Um grupo de metalúrgicos argentinos, muitos deles militares disfarçados, fora contratado nas Ilhas Geórgia do Sul para destruir uma antiga estação baleeira. Eles subitamente proclamaram a ilha como território argentino e hastearam a bandeira nacional. Os homens foram presos e repatriados, mas as multidões de Buenos Aires aprovaram veementemente o ocorrido. Essa campanha de referência convenceu os generais a orquestrarem um plano mais audacioso.

A invasão foi chamada de Operação Azul e começou no dia 2 de abril de 1982. Um esquadrão de mergulhadores tomou conta da praia de Port Stanley. Em seguida, chegaram veículos anfíbios. Despreparado para o ataque, um grupo de sessenta e nove marinheiros reais apresentou uma leve defesa, mas sabendo que seria inútil resistir. Eles estavam distantes demais para esperar reforços e haviam sido amplamente superados em número para ter alguma chance de sobrevivência[105]. Portanto, eles se renderam. No dia seguinte, uma força de invasão menor conquistou as Ilhas Geórgia do Sul, eliminando toda a presença britânica no Atlântico Sul.

---

[104] Cecilia Menjívar e Néstor Rodriguez, When States Kill: Latin America, the U.S., and Technologies of Terror (Austin: University of Texas Press, 2005).

[105] Martin Middlebrook, The Fight for the "Malvinas": The Argentine Forces in the Falklands War (New York: Penguin, 1990).

A iniciativa supostamente seria uma questão de curta duração. A junta queria demonstrar para o mundo que era capaz de conquistar as ilhas, mas uma multidão de duzentas mil pessoas espontaneamente foi para as ruas de Buenos Aires comemorar a vitória. A manifestação de apoio público convenceu a junta a substituir a força de invasão por uma força de ocupação. A população lotou a Praça de Maio, a principal praça do centro de Buenos Aires, elogiando o governo. As pessoas cantaram canções proclamando a derrota dos britânicos e advertindo os chilenos de que eles seriam os próximos[106]. O incidente no Estreito de Beagle deixara a Argentina com um gosto amargo na boca e, por isso, havia um sentimento geral de ressentimento entre os dois países.

Com medo de seus vizinhos do leste, os chilenos estavam mais do que dispostos a ajudar os britânicos. Durante a guerra, eles forneceram valiosas informações de serviço secreto, interceptações de rádio e transmissões telefônicas e relataram movimentos de navios. O posto chileno de inteligência de Punta Arenas encaminhava todas as informações sobre o tráfego de aeronaves para Santiago, de onde eram enviadas aos adidos militares britânicos, que as retransmitiam para Londres. As informações eram confiáveis, mas, com frequência, chegavam desatualizadas ao posto de comando da frota. O serviço britânico de inteligência tentou reduzir o tempo de retransmissão ao levar secretamente de avião equipamentos de coleta de informações e radar para serem instalados ao longo da fronteira A junta chilena ignorou a situação, pois eles sabiam que, se os britânicos não derrotassem os argentinos, seria apenas uma questão de tempo até que eles também fossem atacados.

Por essa razão, quando os argentinos começaram a transportar treze mil recrutas e soldados profissionais para substituir os fuzileiros navais que haviam invadido as praias, o alto comando britânico já sabia o que estava acontecendo. Os navios argentinos carregavam pesados equipamentos, incluindo tanques e peças de artilharia. O comando do campo foi concedido ao general Mario Menéndez, um veterano das operações contrainsurreição. Ele concentrou a maior parte de suas forças na ilha ocidental, principalmente ao redor de Port Stanley e do pequeno aeroporto em Goose Green. O alto comando de Buenos Aires estava certo de que os britânicos não viajariam para um destino tão longe apenas para resgatar uma área tão pouco próspera.

E foi o fato de que os argentinos não compreendiam totalmente a situação interna do Reino Unido que foi prejudicial, uma vez que a Primeira-Ministra Thatcher estava, na realidade, ansiosa para mostrar sua determinação contra poderosos grupos de interesse. Logo após a invasão, ela convocou seu gabinete e começou a analisar suas opções. Uma delas era um ataque nuclear contra Buenos Aires que, felizmente para todos os envolvidos, foi uma opção descartada. A Primeira-Ministra estava determinada a reconquistar as ilhas e ordenou que a Marinha Real pre-

---

[106] Martin Middlebrook, The Argentine Fight for the Falklands (South Yorkshire, England: Pen & Sword Military Classics, 2003).

parasse uma força de invasão. O Almirantado Britânico designou o contra-almirante Sandy Woodward para liderar a flotilha. O almirante deu início ao movimento, preparando navios, tropas e equipamentos para a execução.

A armada embarcou de Portsmouth, na Inglaterra, no dia 19 de abril, aproximadamente duas semanas após a conquista argentina de Port Stanley. Ela navegou junto a nove navios de guerra que estavam em um exercício da OTAN na costa de Gibraltar. A força-tarefa de noventa e três navios parou na Ilha da Ascensão, no meio do Atlântico Sul, para reabastecer combustíveis e adquirir estoques adicionais. A ilha é uma rocha vulcânica gigante que se projeta para fora do oceano.

Dentre os estoques adicionais estavam armamentos, incluindo mísseis AIM-9L Sidewinder, que era a versão mais recente de míssil aéreo americano e tinha a capacidade de atingir aeronaves inimigas de qualquer direção. A versão anterior, AIM-9, só podia rastrear uma aeronave alvo em combate quando um avião perseguia a parte traseira de outro, pois os motores quentes do alvo esquentam o míssil. Entretanto, como a parte frontal de busca do AIM-9L era refrigerada, este podia escolher as partes mais quentes no céu e, por isso, o novo Sidewinder representaria uma enorme vantagem para os pilotos britânicos, sendo responsável por dezenove abates aéreos de aeronaves[107].

A decisão norte-americana de apoiar os britânicos foi tomada com hesitação. Mover esforços para defender posses coloniais era considerado um hábito do passado. Além disso, a Grã-Bretanha estava arriscando patrimônios importantes da OTAN para recuperar uma ilha inútil. Não obstante, o presidente Ronald Regan possuía uma forte afinidade com a Primeira-Ministra Thatcher. Eles compartilhavam ideologias semelhantes e ele admirava sua tenacidade. Sendo assim, ordenou que o Pentágono deixasse a relutância de lado e fornecesse quaisquer equipamentos ou serviços de inteligência de que os britânicos precisassem. Um fluxo constante de aviões voou saindo de bases dos Estados Unidos em direção à Ilha de Ascensão para levar as melhores tecnologias do país ao seu parceiro especial. Seus satélites foram redirecionados para orbitar sobre o hemisfério do sul para fornecer informações confidenciais sobre os movimentos de navios e comunicações interceptadas a Londres em tempo real. Consequentemente, a Grã-Bretanha conseguiu desfalcar a vantagem que os argentinos tinham em relação à proximidade.

A força-tarefa levou ao todo três semanas para chegar ao arquipélago. Ela estava dividida em duas partes. A principal era formada por dois porta-aviões e seus navios de apoio, e estava encarregada de garantir a superioridade aérea no palco de operações. A parte que vinha atrás era formada por navios anfíbios, que incluía requisitados navios de cruzeiro, como o *Queen Elizabeth 2* da Cunard e o *SS Canberra* da Peninsular and Oriental Steam Navigation Company (P&O). Ao longo do caminho, o contra-almirante Woodhouse preparou suas equipes realizando exercícios

---

[107] Brad Roberts, The Military Implications of the Falkland/Malvinas Islands Conflict (Washington, DC: Congressional Research Service, Library of Congress, 1982).

dia e noite. Os marinheiros aperfeiçoavam suas habilidades atirando em alvos flutuantes, enquanto os pilotos faziam simulações de combates aéreos de perseguição a curta distância. Grande parte desse processo foi televisionada pela BBC, com o intuito de demonstrar a inabalável determinação da Grã-Bretanha.

Além do HMS *Hermes*, a flotilha também foi acompanhada pelo porta-aviões HMS *Invincible*. Os dois cruzadores porta-aviões carregavam, juntos, um total de vinte caças Sea Harrier projetados e construídos pela British Aerospace como aeronaves cuja decolagem e pouso são verticais e/ou curtos (V/STOL). Os Sea Harriers não apenas seriam capazes de operar em navios sem o uso de pesadas catapultas e engrenagens de parada, como eram ideais para serem usados em campos despreparados. Isso os tornou perfeitos para apoio anfíbio, onde pistas de pouso eram difíceis de encontrar.

Ao chegarem ao sul, os marinheiros e soldados almejavam conseguir algum progresso na frente diplomática. A embaixadora norte-americana das Nações Unidas, Jeane Kirkpatrick, trabalhou arduamente para evitar uma guerra entre dois dos mais próximos aliados dos Estados Unidos. Ela não entendia por que valia a pena lutar por aquelas ilhas açoitadas pelo vento. Nos bastidores, o Secretário do Departamento de Estado Alexander Haig circulou entre os dois países tentando forçá-los a ir à mesa de negociações. O presidente peruano Fernando Belaúnde ofereceu seus serviços ao Secretário Haig, mas havia pouco interesse para negociar entre os beligerantes. As rodas já estavam em movimento e os cães de guerra estavam em marcha.

A primeira parte da viagem foi agradável, conforme a armada atravessava os trópicos. Contudo, o céu azul e as águas turquesa logo deram lugar a nuvens escuras e à parte gelada do Atlântico Sul. Com o inverno se aproximando, as equipes se prepararam para agir. Era chegada a hora de a Grã-Bretanha mostrar sua fúria. A primeira operação britânica foi chamada de Operação Paraquet, e consistia em duas partes. Inicialmente, foi estabelecida uma zona restrita de quatrocentos quilômetros em torno das ilhas, o que transformou quaisquer navios dentro da área em combatentes armados e, portanto, alvos que poderiam ser atacados. Isso foi feito para limitar a chegada de reforços e o reabastecimento das tropas argentinas ali estabelecidas. A segunda parte foi a reconquista das Ilhas Geórgia do Sul. O arquipélago ficava distante do continente e era defendido por um pequeno grupo de soldados.

O HMS *Antrim* ficou encarregado de realizar tal missão, e foi acompanhado do HMS *Plymouth*. Um contingente de cento e cinquenta homens das Forças Especiais (SAS) foi designado para tomar a ilha. No dia 25 de abril, os dois navios arremessaram uma estrondosa barragem de artilharia nas colinas mais próximas para assustar os defensores. O truque funcionou. Os argentinos se renderam sem sequer travar uma luta, mas a vitória quase se transformou em um enorme desastre quando dois helicópteros transportando uma equipe das Forças Aéreas Especiais (SAS) caiu em uma tempestade. Felizmente, não houve qualquer baixa. A retomada das Malvinas tinha começado bem.

No dia 1º de maio, a força-tarefa britânica chegou à zona restrita, mas três grupos de batalha inimigos estavam convergindo ao mesmo tempo. O navio porta-aviões *ARA Veinticinco de Mayo* se aproximava pelo norte, enquanto uma força-tarefa liderada pelo cruzador ARA *General Belgrano* avançava pelo sul. Juntos, eles criariam um ataque em pinça sobre a frota britânica. No entanto, o submarino de propulsão nuclear HMS *Conqueror* havia ficado atrás do ARA *General Belgrano* por alguns dias. Vale ressaltar, contudo, que o navio da II Guerra Mundial não apresentava uma ameaça clara à frota, que estava à frente de um par de destróieres armados com mísseis Exocet. O contra-almirante Woodward decidiu fazer uma demonstração de força e ordenou que o HMS *Conqueror* atacasse o ARA *General Belgrano*, mas o cruzador já tinha se deslocado para fora da zona de exclusão.

O comandante Chris Wreford Brown, o capitão do submarino, precisava de esclarecimentos sobre como proceder e enviou uma mensagem para Londres. A resposta foi rápida. A ordem de afundá-lo veio diretamente da Primeira-Ministra Thatcher[108]. Assim, na tarde do dia 2 de maio, o HMS Conqueror disparou três torpedos. Dois deles atingiram o ARA General Belgrano, um acertou o arco e o outro a extremidade do navio, afundando-o em menos de quarenta e cinco minutos. Cerca de um terço da tripulação morreu sem conseguir escapar da água gélida que rapidamente invadiu o navio; mas cerca de setecentos homens foram resgatados. A demonstração de força foi bem-sucedida e a marinha argentina rapidamente se afastou da zona de exclusão. A perda do cruzador convenceu Buenos Aires de que seu carro-chefe estava em risco. Por isso, a capital decidiu que as aeronaves a bordo do porta-aviões deveriam se deslocar para bases terrestres, para que tais bens valiosos não ficassem em risco. Assim, a fase seguinte da campanha foi aérea.

A chegada da frota britânica coincidiu com um ataque britânico ao aeroporto de Port Stanley. Temendo que os argentinos transferissem seus bombardeiros a jato para as Malvinas, Londres decidiu conquistar o aeródromo de forma preventiva. Essa tarefa foi designada à Força Aérea Real. Um velho Vulcan de bombardeio foi então enviado da Ilha de Ascensão junto com um reforço para voar mais de 12.600 quilômetros com o objetivo de destruir as pistas com bombas de mil libras. O Vulcan havia sido projetado no final dos anos 1940 como um bombardeiro nuclear e já estava completamente obsoleto. Na realidade, esse bombardeiro em particular estava a apenas três semanas de ser desmantelado quando foi convocado. Entretanto, ele teve uma última missão para voar. A viagem completa levou vinte horas e demandou a ajuda de onze navios-tanque para que fosse concluída. Os bombardeiros não eram reabastecidos por via aérea há mais de duas décadas e, por isso, precisavam ser remodelados para os novos navios de combustíveis. A ousada operação, chamada de Operação Black Buck, deixou uma cratera no meio da pista

---

[108] Sandy Woodward, One Hundred Days: The Memoirs of the Falklands Battle Group Commander (Annapolis, MD: Naval Institute Press, 1997).

de pouso, tornando-a inutilizável para os aviões a jato de alta performance[109]. Isso forçou os argentinos a basear todas as suas campanhas aéreas no continente, limitando sua gama operacional.

A chegada da frota britânica à costa das Malvinas marcou o início da fase de desembarques. Até aquele momento, os britânicos já haviam reconquistado as Ilhas Geórgia do Sul, afundado o ARA *General Belgrano* e bombardeado o aeroporto de Port Stanley. Os argentinos teriam de entrar em ação em breve. O contra-almirante Woodward sabia que os aviões inimigos logo atacariam, por isso ordenou que três de seus destróieres Tipo 42 ficassem em posição de piquete no extremo mais distante de sua formação. Os navios estavam armados com radares de longo alcance e mísseis antiaéreos Sea Dart. Todos os três, o HMS *Sheffield*, o HMS *Glasgow* e o HMS *Coventry*, haviam sido projetados no início da Guerra Fria. Seus armamentos haviam sido adaptados para atacar bombardeiros soviéticos de movimento lento e altitude elevada e mísseis de cruzeiros, e não jatos de baixa altitude se deslocando rapidamente. Eles logo perceberiam o quão estavam mal preparados.

O HMS *Sheffield* foi o primeiro navio a sentir a intensidade da fúria argentina. No dia 4 de maio, os aviões de patrulha argentinos haviam detectado bem cedo o destróier britânico e a marinha ordenou que duas aeronaves Super Éntendard de Río Grande o eliminassem[110]. Os jatos franceses estavam carregados de mísseis Exocets da Aérospatiale — eram mísseis de setecentos quilos que voavam com o dobro da velocidade do som e tinham um alcance de setenta quilômetros. As táticas de disparo exigiam que os pilotos voassem em altitudes muito baixas para evitar a detecção. Quando um alvo era encontrado, as tripulações eram ordenadas a avançar para a janela de lançamento, disparar armas e, em seguida, a aeronave retomava a altitude anterior e retornava à base.

Os pilotos argentinos decolaram e partiram em direção à região-alvo. Eles trabalharam arduamente para permanecer abaixo do horizonte do radar, mas foram descobertos pelo HMS *Coventry*. O destróier foi para estações de batalha e avisou o HMS *Sheffield* sobre o ataque que se aproximava, mas sua mensagem nunca foi recebida. A tripulação do HMS *Sheffield* estava em uma condição de prontidão descontraída; houvera uma longa série de alarmes falsos e, dessa forma, a tripulação decidiu tratar a ameaça com indiferença.

Os pilotos argentinos entraram na área de alcance, dispararam seus mísseis e escaparam. O sistema de radar do HMS *Sheffield* relatou a entrada de pequenos sinais sonoros, mas o oficial responsável pela vigilância contestou tal informação por não ter detectado qualquer avião. Foi aí que, de repente, um vigia avistou duas nuvens de fumaça no horizonte. Um dos mísseis acertou a água, mas o outro atingiu as extremidades do destróier. A ogiva nunca detonou, mas vinte membros da tripula-

[109] Andrew J. Brookes, *Vulcan Units of the Cold War* (Oxford: Osprey Publications, 2009).

[110] Paul Eddy, Magnus Linklater e Peter Gillman, War in the Falklands: The Full Story (New York: Harper & Row, 1982).

ção morreram, vinte e quatro ficaram feridos e o navio foi perdido. O propulsor do míssil foi derramado na sala de máquinas e se inflamou. Como o impacto desativou a rede de água, a tripulação não pôde combater o incêndio. Fumaça e chamas se espalharam por todo o convés enquanto as equipes de controle de danos batalhavam para tentar salvar o navio que estava quase perdido. Quando o número de baixas começou a aumentar, o comandante ordenou que seus homens abandonassem o navio. O casco do navio permaneceu flutuando por alguns dias, mas a agitação do mar o fez afundar. Isso marcou a primeira derrota em combate da marinha britânica desde a Segunda Guerra Mundial, e muitas outras estariam por vir.

A perda seguinte ocorreu uma semana depois. No dia 12 de maio, o HMS *Glasgow*, outro destróier Tipo 42, e o HMS Brilliant, uma fragata Tipo 22, estavam em serviço de piquete quando foram atacados por um esquadrão de A-4 Skyhawks, jatos da Douglas Aircraft Company projetados durante a década de 1950 como bombardeiros a jato transportados por porta-aviões. Os Skyhawks haviam sido burros de carga durante a Guerra do Vietnã. Embora não fossem tão eletronicamente sofisticados quanto os jatos mais novos, eram altamente maneáveis e eficazes. Os bombardeiros argentinos se aproximaram dos dois navios em altitude baixa e muito rapidamente. O HMS *Brilliant* avistou a ameaça que se aproximava e acionou seu sistema de mísseis Sea Wolf. A bateria de curto alcance entrou em ação rapidamente, derrubando dois Skyhawks. Logo outro esquadrão de bombardeiros apareceu no horizonte e pressionou o ataque. Dessa vez, contudo, o sistema antiaéreo defensivo não se envolveu no conflito e um dos aviões deixou cair uma bomba que perfurou o casco do HMS *Glasgow*. A artilharia atravessou o navio sem explodir, mas deixou um buraco na linha d'água, rompendo as linhas de combustível e desativando os dois principais motores. O navio não afundou, mas estava fora de serviço e teve de voltar a Portsmouth.

O naufrágio do HMS *Sheffield* e os grandes danos causados ao HMS *Glasgow* reforçaram o perigo extremo que a força aérea argentina representava. Restavam pelo menos quatro Exocets em Río Grande e Londres estava desesperada para eliminá-los. O SAS lançou a Operação Mikado, que foi vagamente inspirada no ataque israelense em Entebbe, onde cem comandos a bordo de um grupo de aviões C-130 Hercules conseguiram resgatar 106 reféns. A ideia por trás da Operação Mikado era que noventa comandos britânicos voariam para o aeródromo de Río Grande e destruiriam os mísseis, bem como qualquer outro avião militar. Para se preparar para a missão, um helicóptero Sea King sem acessórios especiais, carregando uma equipe de reconhecimento da SAS, partiu no dia 18 de maio para criar um posto de observação nos arredores da base. No meio do caminho, o helicóptero passou por uma densa névoa e perdeu seu caminho. Ao chegar a terra, a tripulação decidiu voar para a fronteira chilena e descarregar os soldados para que pudessem prosseguir a pé[111]. Eles nunca chegaram ao seu destino e foram, por fim, removidos por

---

[111] Alastair MacKenzie, Special Force: The Untold Story of 22nd Special Air Service Regiment (London: I. B. Tauris, 2011).

submarinos. O helicóptero Sea King ficou sem combustível e não pôde retornar, voando então para a base aérea chilena de Punta Arena; lá, a tripulação destruiu sua aeronave e escapou. Eles foram finalmente capturados por uma patrulha chilena, enviados a Santiago e repatriados. Embora a junta chilena tenha apresentado protestos contra Londres em função da incursão em seu espaço aéreo, a maioria das pessoas considerou o protesto um ardil, pois estava claro que Santiago estava ajudando e incentivando o inimigo argentino. Entretanto, a luta estava prestes a entrar em uma fase mais complexa e a Grã-Bretanha precisaria de toda a ajuda possível.

A força de invasão finalmente chegou no dia 18 de maio. Já a formação de navios e balsas, transportando a força de desembarque anfíbia, estava viajando a uma velocidade mais lenta. Isso permitiu que a porção avançada da frota abrisse o caminho. Os Sea Harriers realizaram um grande ataque ao aeroporto de Porto Stanley, preparando a área para o desembarque. As operações anfíbias começaram no dia 21 de maio, sob a liderança do major-general Julian Thompson. As incursões militares das Marinhas Reais na 3ª Brigada de Comando foram as primeiras a partir, alcançando a praia de San Carlos. Os argentinos ficaram surpresos com a escolha do local de desembarque, pois o esperavam em Port Stanley, que ficava do outro lado da ilha. Uma série de simulações fez com que os argentinos continuassem supondo, mas logo perceberam que a operação anfíbia estava ocorrendo a cem quilômetros de distância. San Carlos havia sido escolhida porque as tropas podiam desembarcar sem ter de lidar com ameaças de artilharia e contra-ataques. A chegada também ocorrera dentro do Canal de San Carlos, o que forneceu proteção aos navios contra componentes da armada. No entanto, o estreito trecho de água também reduzia sua capacidade de manobra, tornando-os mais vulneráveis no caso de ataque aéreo.

Não demorou muito para que os bombardeiros chegassem. No mesmo dia em que os desembarques começaram, o HMS *Ardent* foi atacado por um esquadrão de Skyhawks. A fragata estava bombardeando o Goose Green quando os bombardeiros apareceram. O comandante Alan West ordenou imediatamente que seu navio realizasse manobras defensivas, mas foi atingido por um par de bombas MK-82. A artilharia explodiu no convés do hangar, incendiando o navio. O capitão West estava tentando se juntar à frota e procurar ajuda, quando o HMS *Ardent* foi assolado por outro esquadrão de Skyhawks que crivou o navio com mais bombas. O ataque deixou o navio em chamas e incapacitado de navegar. Sem qualquer alternativa disponível, West ordenou que sua tripulação abandonasse o navio.

A frota foi atacada durante todo o dia enquanto os navios de desembarque lançavam ao mar seus carregamentos. Isso fez com que o dia se tornasse brutal para a Marinha Real. Além do naufrágio do HMS *Ardent*, outros quatro navios de guerra foram gravemente danificados. Ficou claro que os britânicos estavam diante de um adversário formidável.

Infelizmente, a operação anfíbia se deslocava extremamente devagar. A situação ficou pior devido às más condições do tempo, que retardaram o carregamento dos barcos. Os paraquedistas não tinham experiência com pousos em praias e houve muita confusão quando eles alcançaram a costa. Os navios precisavam desesperadamente de cobertura aérea, mas a nebulosidade baixa cobria os Sea Harriers. Como os porta-aviões estavam mais afastados mar adentro, eles frequentemente enfrentavam condições meteorológicas mais severas.

Os argentinos não desistiram. Seus campos de aviação não foram tão afetados pelo clima. Sucessivas ondas de Skyhawks atacaram a frota ancorada. Com os transportes alinhados ao longo da praia, tornaram-se conhecidos como "bomb alley" e, durante um período de cinco horas, mais de sessenta aeronaves atacaram a base inimiga. Voando no nível dos telhados e a mais de oitocentos quilômetros por hora, os jatos de ataque conseguiram escapar dos sistemas antiaéreos de controle de incêndio dos navios, que não podiam paralisar as aeronaves. Os pilotos envolveram o terreno acidentado da ilha para disfarçar sua chegada. Conforme os jatos se elevavam sobre as colinas que tinham vista para o porto, seus para-brisas se deparavam com a visão dos navios aguardando. Os Skyhawks se propagavam pela água e perfuravam buracos nos navios desafortunados. Muitas das munições não conseguiam explodir no impacto porque eram arremessadas de altitudes tão baixas que não dava tempo de serem armadas. Ainda assim, a imensa entalpia dos projéteis disparados fazia com que eles lacerassem os navios, provocando incêndios, danificando equipamentos ou mutilando membros da tripulação.

O fracasso da Operação Mikado evidenciou que os britânicos precisavam ter informações em tempo real sobre ataques futuros para que pudessem preparar suas defesas. Eles alocaram um par de aviões de vigilância Nimrod em uma base aérea secreta chilena no Pacífico para monitorar todos os movimentos dentro e fora de Río Grande. As informações obtidas ajudaram, mas não conseguiram combater a escala dos ataques. As operações dos Nimrod violavam terminantemente a neutralidade chilena, mas Santiago não se importava. O Chile não apenas estava auxiliando a destruição de seu inimigo, mas muitos viam tal posição como um ato de gratidão pelo importante papel desempenhado pela Grã-Bretanha em diversas guerras contra a Bolívia e o Peru.

O ataque seguinte ocorreu no dia 23 de maio, quando o HMS *Antelope*, uma fragata Tipo 21, foi atacado por seis Skyhawks. Uma bomba atingiu abruptamente o navio e perfurou o casco sem explodir. No entanto, ela detonou quando uma equipe tentou desarmá-la, afundando o navio no processo. A marinha decidiu que a melhor maneira de se defender contra os ataques era alocar uma linha de armas mais perto da costa. Barreiras de chumbo fundido foram despejadas pelo céu, borrifando estilhaços na água enquanto os incursores se aproximavam, mas a tática teve sucesso limitado. Os sistemas britânicos de armas eram ineficazes contra os ágeis jatos. Por isso, eles decidiram usar duas iscas para atraí-los para longe dos desembarques.

O HMS *Coventry*, outro destróier Tipo 42, e o HMS *Broadsword*, uma fragata Tipo 22, foram ordenados a se posicionarem na parte norte do terreno inimigo no dia 25 de maio. Aviões argentinos aglomeravam-se como enxames de zangões.

Era o Dia da Independência e a junta precisava de uma grande vitória. Os famosos Skyhawks logo avistaram os dois navios. O HMS *Broadsword* estava armado com o sistema de mísseis Sea Wolf, mas seus sistemas de controle de fogo não conseguiram entrar em modo de bloqueio antes que os rápidos jatos lançassem suas bombas. Um deles saltou da superfície do oceano e destruiu o helicóptero Lynx da fragata antes de afundar no mar. O outro rompeu o destróier, explodindo a parte inferior ao principal centro de operações e a sala de máquinas mais próxima. O fogo se alastrou e o navio começou a afundar. Em vinte minutos, o capitão ordenou que a tripulação abandonasse o navio. Explosões destruíram os decks antes que o navio de fato virasse e afundasse. O HMS *Coventry* estava perdido, mas os desembarques foram salvos. Mais tarde naquele dia, no entanto, um Exocet eliminaria o HMS *Atlantic Conveyor* e colocaria a operação muito perto da derrota — se eles tivessem conseguido afundar o porta-aviões HMS *Hermes*.

Com as bases inimigas estabelecidas e os suprimentos em terra firme, a maioria das tropas partiu para Port Stanley. Enquanto isso, o batalhão de paraquedistas 2 Para, sob o comando do tenente-coronel "H" Jones, foi enviado para tomar Goose Green. O aeródromo foi defendido por um regimento de novecentos homens e ameaçou o flanco direito da força invasora. A maioria dos argentinos era de recrutas novatos, mas eles estavam altamente motivados e estavam em posição nas colinas que levavam até a cidade. Na noite de 28 de maio, os paraquedistas atacaram, mas os recrutas realizaram uma violenta luta de fogo. Os britânicos não esperavam encontrar tanta resistência e não conseguiram alcançar seu objetivo durante a madrugada. Quando o sol apareceu, os homens não tinham qualquer lugar para se esconder e foram atingidos pelo fogo destruidor de metralhadoras. Quando o coronel Jones percebeu o quão desesperadora a situação havia se tornado, ordenou um ataque frontal contra a principal posição argentina. Ele era famoso por sua bravura imprudente. Ele liderou pessoalmente a missão, mas foi imediatamente morto.

O comando foi designado então ao major Chris Keeble, que solicitou um apoio aéreo aproximado. Seus homens ainda estavam abatidos quando um par de Sea Harriers surgiu do horizonte arremessando uma dúzia de bombas de fragmentação na posição argentina. A artilharia mortal está repleta de centenas de submunições projetadas para se espalhar por uma área muito grande. Isso torna essa arma muito eficaz contra grupos desprotegidos. As bombas de fragmentação espalharam terror pelas fileiras argentinas e elas começaram a recuar. Após quinze horas de luta, o major Keeble enviou uma nota ao comandante-chefe dizendo que, se seus homens não apresentassem rendição, ele ordenaria mais ataques com bombas de fragmentação. As bombas haviam semeado tanto terror nas fileiras que eles decidiram se render[112]. No final, os argentinos registraram cinquenta perdas. Já os paraquedistas, perderam dezessete homens. Contudo, o desenrolar do conflito em Goose Green deixou claro que a campanha terrestre seria tão difícil quanto a fase de desembarque.

....

[112] Gregory Fremont-Barnes, Battle Story: Goose Green 1982 (London: The History Press, 2013).

Quando o *momentum* começou a se voltar contra a Argentina, o Peru decidiu aderir ao conflito. A inegável assistência que os Estados Unidos e o Chile haviam prestado convenceu os peruanos de que não existia neutralidade no conflito. A Argentina sempre fora um aliado contra o Chile, por isso era hora de devolver o favor. Sendo assim, no início de junho, o presidente Belaúnde concordou em vender um esquadrão de Vs Mirage aos argentinos, juntamente com munições, a preços baixíssimos. No dia 3 de junho, um esquadrão de dez caças decolou de sua base aérea em La Joya, no Peru, e seguiu em direção ao aeródromo de Tandil, na província de Buenos Aires. O esquadrão transpôs a fronteira chileno-boliviana, preferindo o lado boliviano, até entrar no espaço aéreo argentino. As aeronaves nunca experimentaram a batalha, mas sua presença foi vista como uma grande fonte de solidariedade regional, bem a tempo para a fase final da guerra, a defesa de Port Stanley.

O plano de batalha contra Port Stanley inicialmente incluía o uso de transportes por helicóptero para transportar as tropas de San Carlos, mas o naufrágio do HMS *Atlantic Conveyor* mudara os planos. Sendo assim, não havia outra opção senão atravessar a ilha a pé. A fim de acelerar o processo, uma unidade de infantaria da Welsh Guards foi embarcada no RFA *Sir Galahad* e no RFA *Sir Tristan*, para fornecer reforços na chamada Bahía Agradable (Bluff Cove). Entretanto, o mar estava agitado e os navios se abrigaram em Fitzroy, um pequeno porto. Sem qualquer proteção de fragatas ou destróieres, os dois navios eram alvos fáceis. O oficial de desembarque suplicou ao comandante dos navios para desembarcar as tropas para que elas pudessem se dispersar, mas ele se recusou a fazê-lo, dizendo que seu destino era Bluff Cove. Até aquele momento, o céu estivera cinzento e nublado, porém, assim que as nuvens se dissiparam e o sol apareceu, os observadores aéreos argentinos tiveram uma visão clara dos navios ancorados. Eles imediatamente solicitaram um ataque aéreo. O comandante do RFA *Sir Galahad* tinha acabado de decidir desembarcar sua tripulação quando um esquadrão de Skyhawks apareceu, arremessando artilharias e colocando o navio em chamas. A tragédia se intensificou, pois mais de quarenta homens foram incinerados. E um número ainda maior ficou gravemente queimado. Como resultado, a principal força que atacaria Port Stanley ficou sem reforços.

Finalmente, os comandos chegaram às mediações de Port Stanley no dia 11 de junho e passaram a se preparar para o ataque final. Quando os homens chegaram, o major-general Jeremy Moore passou a substituir o major-general Julian Thompson. Ele deveria ter liderado a campanha terrestre desde o início, mas havia sido detido e não conseguira navegar junto com a força-tarefa original. Contudo, seu ingresso não resultou em qualquer mudança no plano de batalha e a operação prosseguiu. Até aquele momento, os britânicos haviam reunido nove mil homens e a defesa argentina estava concentrada em um círculo de colinas circundantes. O ataque britânico consistiria em duas fases noturnas, quando a escuridão daria cobertura ao fogo de metralhadora e aos bombardeios aéreos dos soldados. O primeiro ataque seria direcionado ao sul. O objetivo principal era assegurar o Monte

Longdon, cujas alturas permitiam que os argentinos controlassem as mediações de Port Stanley. O segundo ataque seria direcionado ao norte, para invadir o Monte Tumbledown, que ficava na entrada para a cidade.

A primeira parte do ataque começou às 23h do dia 11 de junho, quando o 3 Para atacou o Monte Longdon. Rastreadores se espalharam pelo céu e foguetes iluminaram a noite enquanto os paraquedistas lutavam para chegar até a montanha escarpada. Lutar à noite é uma experiência particularmente terrível, ainda que se tenha o auxílio de capacetes com óculos de visão noturna. Os defensores derrubaram granadas pela colina, gerando grandes baixas. Quando os atacantes obtiveram a soberania do cume, o general Menéndez convocou um ataque de artilharia que matou muitos de seus próprios homens. Ainda assim, os paraquedistas lutaram e, ao romper do dia, o Monte Longdon estava sob o domínio dos britânicos. Infelizmente, o preço fora muito alto. Houve um total de cinquenta e quatro mortes: vinte e três britânicos e trinta e um argentinos. E mais de cento e sessenta e sete ficaram feridos.

A segunda parte do ataque ocorreu duas noites depois, no dia 13 de junho, quando o Segundo Batalhão das Guardas Escocesas conquistou o Monte Tumbledown. O general Menéndez já havia compreendido que essa era sua última linha de defesa, de forma que perdê-la resultaria na derrota total. Por isso, ele convocou o 5º Regimento do Corpo de Fuzileiros Navais de elite para proteger os cumes. Mais de setecentos fuzileiros navais argentinos se posicionaram.

Atualmente, as Guardas Escocesas, que originalmente eram guarda-costas pessoais do rei, são essencialmente conhecidas por sua função cerimonial. Por exemplo, os soldados fazem a guarda do Palácio de Buckingham e acompanham comitivas da rainha. Porém, vale ressaltar que eles compõem uma força de combate e, naquela noite gélida, tiveram um bom desempenho ao escalar o monte, posicionando-se atrás das rochas espalhadas pelo terreno acidentado. Um pelotão de guardas flanqueou os defensores e montou uma armadilha de metralhadoras. Quando a Guarda Escocesa abriu fogo, os argentinos se dissiparam procurando cobertura. Percebendo que o Corpo de Fuzileiros Navais argentino estava em desordem, a Guarda Escocesa realizou um ataque frontal e tomou o reduto. Muitos pensaram que a Batalha do Monte Tumbledown seria a mais sangrenta, mas morreram apenas trinta homens na batalha: vinte argentinos e dez britânicos.

A queda das colinas circundantes permitiu que os britânicos obtivessem controle total sobre a cidade. Helicópteros ergueram peças de artilharia e os britânicos começaram a atacar a aldeia. A constante saraivada de bombas penetrando destruiu o moral argentino. Os recrutas se renderam em massa. Os Sea Harriers chegaram intensificando o caos, fazendo mais ataques com bombas de fragmentação. Até aquele momento, a Força Aérea Naval argentina havia reduzido seus ataques devido às significativas perdas. Finalmente, depois de três semanas de lutas violentas, Menéndez se rendeu no dia 14 de junho. Os britânicos foram superados em número desde o início da guerra, mas sua excelente coordenação entre as unidades terrestres, marítimas e aéreas, bem como sua forte liderança de oficiais comissionados e suboficiais, permitiu que o país vencesse. Assim como ocorrera em muitos dos conflitos anteriores, a Guerra das Malvinas foi uma perda de vidas sem sentido. As baixas britânicas totalizaram 255 mortos e 775 feridos; enquanto as argentinas totalizaram 648 mortos e 1.657 feridos. Três civis morreram durante o bombardeio. Dessa vez, as vidas não foram sacrificadas por uma commodity, mas pelos corações e mentes de duas populações, para desviar sua atenção do que estava acontecendo no âmbito interno dos países.

O uso da guerra para fins domésticos é uma proposta arriscada, com penalidades e recompensas extremas. Clausewitz ressaltou que é difícil prever os resultados de conflitos militares, e chamou essa teoria de "névoa da guerra". Para a Primeira-Ministra Margaret Thatcher, o envolvimento com as Malvinas se revelou um enorme sucesso, mesmo com a enorme desvantagem da Grã-Bretanha em executar uma campanha do outro lado do planeta. A vitória foi o catalisador de que ela precisava para abrir uma fonte de apoio público. O ocorrido não apenas reverteu sua imagem negativa, como também a levou à vitória nas eleições gerais de 1983. Ela permaneceu no cargo até 1990, liderando uma revolução ideológica que transformou o país e a maior parte do mundo. Sua rigorosa tenacidade e o legado de sua vitória no Atlântico Sul contribuíram para o colapso da União Soviética. E o contrário ocorreu com os ditadores argentinos. A perda humilhante significou a morte da junta militar. Três dias após a derrota, o general Galtieri foi derrubado. Oprimidas por anos de repressão, as forças democráticas argentinas foram ressuscitadas.

A Guerra das Malvinas não foi uma guerra entre dois Estados sul-americanos, mas os países regionais desempenharam papéis importantes. O Chile forneceu serviços secretos de inteligência que se tornaram parte integrante da campanha britânica. Anos depois, Margaret Thatcher auxiliou o ex-ditador chileno Augusto Pinochet quando ele foi preso em Londres, argumentando que seu país era profundamente grato por sua cooperação durante a operação. A ajuda que o Peru prestou à Argentina não foi tão marcante, mas ajudou a mostrar um sentimento de solidariedade regional.

No fim, a Guerra das Malvinas foi um episódio sangrento de guerra moderna. Diferentemente do que é apresentado na mídia popular, os argentinos tiveram bom desempenho na luta. Eles enfrentaram uma das marinhas mais sofisticadas do mundo e quase conseguiram derrotá-la. Seus marinheiros, soldados e, principalmente, os aviadores, agiram com distinção e bravura. Embora nenhum outro país da América do Sul estivesse diretamente envolvido, essa guerra foi um exemplo emblemático de como é uma luta latina.

NEGÓCIOS INACABADOS

América do Sul não é uma região conhecida por sua beligerância, mas sua história foi tão violenta quanto a de outras partes do mundo. Desde a independência, os países membros travaram uma longa sequência de guerras que transformou a América do Sul em uma colcha de retalhos de países independentes. Os conflitos evoluíram de gaúchos carregando lanças para guerras de trincheiras e depois para o uso de mísseis de cruzeiro de voo baixo. Um grande elenco de personagens dominou o palco: heróis altruístas como o major paraguaio Pedro Duarte, que assumiu as consequências do ataque dos aliados na Batalha de Yatay Creek durante a Guerra da Tríplice Aliança, e Eduardo Abaroa, o engenheiro boliviano que defendeu a ponte Topáter sozinho durante a Guerra do Pacífico; líderes enérgicos como o general Manuel Bulnes, o líder militar chileno que prosperou em condições extremamente adversas durante a Guerra da Confederação, e Óscar Benavides, o incansável major peruano que foi enviado para expulsar os colombianos do Putumayo durante a Guerra entre a Colômbia e o Peru de 1932. Houve também um número considerável de covardes e bufões, com o general boliviano Hilarión Daza aparecendo no topo dessa lista; suas inabilidades militares transformaram seu exército em uma multidão de bêbados cambaleando ao longo deserto de Atacama e, além disso, ele contribuiu enormemente para a derrota dos aliados. O general Hans Kundt não ficaria muito atrás na lista. O general prussiano se destacava no campo de parada, mas era desastroso no campo de batalha. As guerras evidenciaram o melhor e o pior do soldado sul-americano, desde a multidão brasileira que participou em grande parte da Guerra do Acre até os aviadores argentinos altamente disciplinados que colocaram a Marinha Real britânica à beira de uma derrota.

Muitos fatores moldaram as guerras, influenciados por atributos institucionais e liderança militar. Em todos os conflitos, as capacidades organizacionais dos militares foram essenciais para a determinação dos resultados. Os legados navais herdados da corte portuguesa imbuíram o Brasil com os recursos marítimos necessários para determinar o resultado das Guerras da Cisplatina e do Prata, que foram os primeiros conflitos a dar destaque à importância da marinha. A frota imperial conquistou o controle do Rio da Prata e atravancou a força vital de Buenos Aires. O profissionalismo do corpo de oficiais chileno permitiu que o país dominasse dois de seus maiores adversários durante a Guerra da Confederação e Guerra do Pacífico, mas a pequenez dos recrutas tornou-se um sério risco, principalmente durante a Guerra do Pacífico. Dada sua extensa costa, era de se esperar que o Chile dedicasse muitos recursos à marinha. Isso permitiu que o país estabelecesse o comando dos mares em ambas as guerras e vencesse as disputas. Os poderes institucionais do exército paraguaio permitiram que o país mantivesse distância dos dois maiores países da América do Sul, mas os enormes tamanhos dos adversários finalmente o dominaram. Enquanto isso, a proficiência do alto comando colombiano o convenceu a se rearmar antes de iniciar um conflito no meio da Amazônia.

De fato, a qualificação do corpo de oficiais é um fator chave em qualquer conflito militar. A coordenação da estratégia e da execução das táticas depende totalmente do treinamento, das competências e do comprometimento dos indivíduos responsáveis pela implementação. Independentemente da disponibilidade de equipamentos e soldados, esse fator pode fazer toda a diferença na obtenção de uma vitória ou derrota. A Bolívia e o Peru ilustraram isso diversas vezes. Embora apresentassem riquezas e tamanho expressivos, muitas vezes foram prejudicados pela qualificação ruim de seus corpos de oficiais. O exército da Bolívia era desequilibrado, com muitos oficiais e um número insuficiente de soldados — um legado do Império Espanhol, pois o corpo de oficiais era um dos poucos âmbitos que os crioulos podiam usar para adquirir mobilidade social ascendente. Famílias sul-americanas de classe média competiam para matricular seus filhos em programas de treinamento de oficiais, mas poucos indivíduos se voluntariavam para as fileiras de alistamento. Tal lacuna ficou evidente para todos durante os três conflitos bolivianos: a Guerra da Confederação, a Guerra do Pacífico e a Guerra do Chaco. As campanhas militares também foram prejudicadas por problemas internos de liderança. A instabilidade do sistema político boliviano distraiu o alto comando de tal maneira que seus integrantes estavam mais interessados no que acontecia em La Paz do que na frente de batalha em si. A decisão do general Narciso Campero de voltar para casa com a quinta divisão de elite durante a Guerra do Pacífico foi um movimento tático deliberado para torpedear o presidente Hilarión Daza. Da mesma forma, o presidente José Manuel Pando estava mais preocupado com o risco de deixar a capital politicamente instável sem defesa do que em manter seu exército protegendo a lucrativa indústria da borracha no Acre. Mas é claro que o incidente mais triste foi a decisão do general Enrique Peñaranda de derrubar o presidente Daniel Salamanca no meio de uma retirada definitiva durante a Guerra do Chaco. Infelizmente, o Peru não ficou muito para trás. A decisão de Lima de não auxiliar Arica enquanto estava sob cerco chileno foi motivada principalmente pelo desejo do presidente Mariano Ignacio Prado de eliminar as perspectivas políticas do coronel Francisco Bolognesi, que tinha a tarefa de defender o porto.

Os conflitos societários foram outro fator institucional que afetou a eficácia do exército. A Guerra da Confederação foi, ao mesmo tempo, uma guerra civil peruana e um conflito entre a aliança e o Chile. A animosidade penetrou das duas maneiras. A luta era entre o norte e o sul do Peru, bem como entre as populações indígenas e crioulas. Um fenômeno semelhante ocorreu durante a Guerra do Chaco, quando muitos dos recrutas quíchuas e aymaras sentiram que não havia razão para lutar por um país que pouco se importava com suas liberdades civis básicas. Isso ocasionou uma alta taxa de deserção e rendições no exército boliviano, mesmo quando os bolivianos possuíam mais armas, munições e equipamentos que o adversário. Vale ressaltar que o oposto também ocorreu.

Fortes vínculos culturais poderiam criar uma identidade comum que permitiria que os países dominassem adversários superiores. Isso aconteceu durante a Guerra da Tríplice Aliança. A campanha foi essencialmente uma guerra genocida de extermínio contra os guaranis, cujo orgulho havia impregnado a população paraguaia com uma força capaz de deter uma força enormemente superior. Esse elo permitiu, inclusive, que recrutassem descendentes de guaranis de países inimigos. O forte sentimento chileno de identidade compartilhada também imbuía seus soldados da vontade de lutar contra um inimigo muito maior. A capacidade do senador Benjamín Vicuña Mackenna de converter a perda do navio *Esmeralda* em uma vitória e o comandante Arturo Prat em um mártir nacional mobilizou o país para lutar uma guerra ilegal pelo ganho de alguns comerciantes britânicos.

As condições climáticas também foram importantes. A maioria das pessoas considera a América do Sul um paraíso tropical, mas vale ressaltar que o continente sediou guerras travadas em condições extremas. Enfrentando desde o calor ardente do Deserto de Atacama, a árida terra coberta por vegetação rasteira do Chaco até as congelantes temperaturas do Atlântico Sul, os soldados e marinheiros sul-americanos foram forçados a suportar as piores privações. Muitas vezes, o ambiente opressivo era de fato insuportável. A comunidade indígena da Bolívia não se saía bem quando exposta ao calor do Atacama, à umidade da Amazônia ou à árida terra coberta por vegetação rasteira do Chaco. Já os recrutas brutos do norte da Argentina nunca tinham enfrentado o frio das Ilhas Malvinas. Além disso, o sistema imunológico da polícia colombiana enviada ao Putumayo não estava preparado para a exposição às doenças tropicais que assolavam a Amazônia.

Outra importante qualidade institucional que afetou as guerras foi a habilidade dos militares de gerenciamento logístico. Todos os conflitos enfrentaram dificuldades de abastecimento importantes, em grande parte devido às grandes distâncias entre as principais cidades da América do Sul. Esse quadro se verificou nas tropas portuguesas imperiais alocadas nos pampas uruguaios e sob o ataque constante dos gaúchos de Artigas, nas guarnições de guerra no Putumayo e também na armada avançada localizada nas Ilhas Malvinas. Um dos maiores desafios em muitas das guerras sul-americanas foi a capacidade de manter as tropas alimentadas e armadas. A escassez de água se tornou, muitas vezes, um obstáculo, uma vez que muitos dos conflitos foram travados em regiões extremamente áridas. Portanto, os oficiais de logística precisavam fazer provisões para toda a água e forragem.

Não obstante, o denominador comum em quase todos os conflitos eram questões fronteiriças. O colapso inesperado do Império Espanhol deixou questionamentos sem resposta sobre as linhas de demarcação. A maioria das disputas foi resolvida de forma amigável, mas as regiões que possuíam recursos naturais valiosos eram muitas vezes contestadas por meio de guerras. Muitos desses conflitos foram incentivados por potências estrangeiras, principalmente pela Grã-Bretanha. O país desempenhou um papel central no desenvolvimento da região, muito mais do que qualquer outra nação. Até mesmo os Estados Unidos tiveram um papel menor, especialmente durante o século XIX, quando o país ainda estava no meio de sua gestação.

Conflito	Disputa fronteiriça	Envolve um recurso natural valioso	Estímulo externo
Guerras da Cisplatina e do Prata	Não	Sim	Sim
Guerra da Confederação	Não	Não	Não
Guerra da Tríplice Aliança	Não	Sim	Sim
Guerra do Pacífico	Sim	Sim	Sim
Guerras da Borracha	Sim	Sim	Sim
Guerra do Chaco	Sim	Sim	Sim
Guerra das Malvinas	Sim	Não	Sim

Muitos dos conflitos fronteiriços foram resolvidos por meio da criação de estados-tampão. É importante ressaltar que eles foram fundados através de divisões regionais que impedissem as interações entre países hostis, o que nos leva a uma das principais conclusões do livro.

Meu principal objetivo era desenvolver uma compreensão mais profunda sobre a América do Sul, para entender por que a região nunca se uniu em uma única entidade política. Eu queria entender quais eram as forças que impediram que os diferentes países se unissem. Do ponto de vista geográfico, as guerras sul-americanas ajudam a explicar a formação do mapa político: os quatro principais vice-reinos do Brasil, Peru, Nova Granada e Rio da Prata estão no centro do quebra-cabeça sul-americano. Os estados modernos que se tornaram legados dessas unidades coloniais hoje são os quatro maiores países da América do Sul. No entanto, eles são separados por quatro pequenos países — Uruguai, Paraguai, Bolívia e Equador — que foram criados como tampões para impedir contatos. Tal qual isolantes ajudam a afastar correntes elétricas, os estados-tampão foram destinados a reduzir qualquer interação.

A criação dos estados-tampão foi uma solução conveniente para um problema diplomático, mas eles foram projetados sem levar em consideração a viabilidade econômica dessas nações e o impacto que teriam no continente. Muitas das novas nações careciam dos recursos naturais ou da escala necessária para serem economicamente sustentáveis. Dois deles não tinham acesso ao litoral, dificultando o comércio com a comunidade internacional. Consequentemente, os estados-tampão tornaram-se alguns dos países mais empobrecidos e desafiados da América do Sul. Além disso, eles impediram o fluxo dos fatores de produção que são essenciais para a integração econômica, pois a livre circulação de bens, capitais e mão de obra promove a cooperação e a integração.

A única forma de a América do Sul avançar para um nível mais elevado de integração política é intensificando o comércio e os investimentos, o que significa que os estados-tampão são a chave para o futuro da região. É preciso criar-se um plano comum para fortalecer essas nações, canalizando para elas o capital necessário para construir novas estradas, ferrovias e infraestrutura. Isso permitirá que elas sejam convertidas de meros isolantes a canais de comércio e investimentos. Tal avanço na cooperação percorrerá um longo caminho para apagar os rancores recorrentes que compõem a psique da região.

No fim, as guerras sul-americanas foram confrontos violentos com inúmeros episódios de atrocidades e violações dos direitos humanos. Muitas das rivalidades e ódios que ainda permeiam as sociedades sul-americanas foram originalmente gerados nesses conflitos, mas as guerras também foram caldeirões importantes que formaram estados e moldaram nações. Como em outras partes do mundo, tais conflitos poderiam ser usados como catalisadores para gerar maior cooperação e integração. É por isso que precisamos compreender melhor as forças e ramificações oriundas das lutas entre latinos.

BIBLIOGRAFIA

ABECIA BALDIVIESO, Valentín. *La dramática historia del mar boliviano*. La Paz, Bolivia: Librería Editorial "Juventud," 1986.

ALEXANDER, Robert J. and ELDON M. Parker. *A History of Organized Labor in Bolivia*. Westport, CT: Praeger Publishers, 2005.

ALVAR LÓPEZ, Manuel. *Manual de dialectología hispánica: el español de América*. Barcelona: Ariel, 1996.

BANDEIRA, Moniz. *La Formación de los estados en la Cuenca del Plata: Argentina, Brasil, Uruguay, Paraguay*, 1st ed. Buenos Aires: Grupo Editorial Norma, 2006.

BARRETT, William E. *Woman on Horseback: The Biography of Francisco López and Eliza Lynch*. New York: Fredrick A. Stokes Company, 1938.

BENTO DA SILVA, Francisco and RODRIGUES DE ALBUQUERQUE, Gérson. "O Bolivian Syndicate e a questão do Acre," *História Viva*, January 3, 2004.

BETHELL, Leslie (Ed.), *Colonial Brazil*. Cambridge: Cambridge University Press, 1987.

BETHELL, Leslie. *Colonial Spanish America*. Cambridge: Cambridge University Press, 1987.

BETHELL, Leslie. *The Paraguayan War, 1864–1870*. London: Institute of Latin American Studies, 1996.

BONTINE CUNNINGHAME GRAHAM, Robert. *Retrato de un dictador: Francísco Solano López, 1865–1870*. Buenos Aires: Inter-Americana, 1943.

BOSCH, Beatriz. *Urquiza: gobernador de Entre Ríos, 1842–1852*, 2nd. ed. Paraná, Argentina: Editorial de Entre Ríos, 2001.

BREMER, Stuart. "Dangerous Dyads: Conditions Affecting the Likelihood of Interstate War, 1816–1965," *Journal of Conflict Resolution* 36, no. 2 (1992): 309–341.

BROOKES, Andrew J. *Vulcan Units of the Cold War*. Oxford: Osprey Publications, 2009.

BÚLNES, Gonzalo. *Historia de la Campaña del Perú en 1838*. Santiago de Chile: Imprenta de los Tiempos, 1878.

CARRIL, Bonifacio del. *The Malvinas/Falklands Case* Buenos Aires: CIGA, 1982.

CAVIERES, Eduardo and Crístobal Aljovín de Losada. *Chile-Perú, Perú-Chile en el Siglo XIX: La formación del estado, la economía y la sociedad*. Valparaíso, Chile: Ediciones Universitarias de Valparaíso, Pontificia Universidad Católica de Valparaíso, 2005.

CENTENO, Miguel Angel. *Blood and Debt: War and the Nation-State in Latin America*. University Park, PA: Pennsylvania State University Press, 2002.

CHARLES, Daniel. *Master Mind: The Rise and Fall of Fritz Haber, a Nobel Laureate Who Launched the Age of Chemical Warfare.* New York: Ecco, 2005.

CHIAVENATO, Julio José. *La Guerra del Petróleo.* Buenos Aires: Punto de Encuentro, 2007.

CLEATON, Christin. *Spaniards, Caciques, and Indians: Spanish Imperial Policy and the Construction of Caste in New Spain, 1521–1570.* Saarbrücken, Germany: VDM Verlag, 2008.

CLUNY, Claude Michel. *Atacama: ensayo sobre la Guerra del Pacifico, 1879–1883.* México, DF: Fondo de Cultura Economica, 2008.

COLLIER, Richard. *The River that God Forgot: The Story of the Amazon Rubber Boom.* New York: Dutton, 1968.

DANILO ARZE AGUIRRE, René. *Breve Historia de Bolivia.* Sucre: Universidad Andina Simón Bolívar, 1996.

DE LA PEDRAJA, René. *Wars of Latin America, 1948–1982: The Rise of the Guerrillas.* Jefferson, NC: McFarland & Company, Inc., 2013.

DE LA PEDRAJA, René. *Wars of Latin America, 1982–2012: The Path to Peace.* Jefferson, NC: McFarland & Company, Inc., 2013.

DE LA PEDRAJA, René. *Wars of Latin America: 1899–1941.* Jefferson, NC: McFarland & Company, Inc., 2006.

DIEHL, Paul F., and GOERTZ, Gary. *War and Peace in International Rivalry.* Ann Arbor, MI: University of Michigan Press, 2000.

DONOSO ROJAS, Carlos and ROSENBLITT BERDICHESKY, Jaime. *Guerra, región, y nación: la Confederación Peru-Boliviana, 1836–1839.* Santiago de Chile: Ediciones de la Dirección de Bibliotecas, Archivos y Museos, 2009.

ECHÁVEZ-SOLANO, Nelsy and DWORKIN Y MÉNDEZ, Kenya C. (Eds.), *Spanish and Empire.* Nashville, TN: Vanderbilt University Press, 2007.

EDDY, Paul, LINKLATER, Magnus, and GILLMAN, Peter. *War in the Falklands: The Full Story.* New York: Harper & Row, 1982.

ENCINA, Francisco Antonio. *Portales: Introducción a la historia de la época de Diego Portales, 1830–1891.* Santiago, Chile: Nascimento, 1934.

ESTIGARRIBIA, José Félix. *The Epic of the Chaco: Marshal Estigarribia's Memoirs of the Chaco War, 1932–1935.* Austin, TX: University of Texas Press, 1950.

EVANS, Eric J. *Thatcher and Thatcherism.* London: Routledge, 1997.

FAGUNDES, Antonio Augusto. *Revolução Farroupilha: Cronologia do Decênio Heróico, 1835 à 1845,* 2nd ed. Porto Alegre, Brasil: Martins Livrerio, 2003.

FARCAU, Bruce W. *The Chaco War: Bolivia and Paraguay, 1932–1935.* Westport, CT: Praeger, 1996.

FELIÚ CRUZ, Guillermo. *Historiografía Colonial de Chile,* Santiago de Chile: Fondo Histórico y Bibliográfico. Santiago: José Toribio Medina, 1958.

FERGUSON, Niall. "Complexity and Collapse: Empires on the Edge of Chaos," Foreign Affairs, March/April 2010.

FLÓREZ, Luis. *El español hablado en Colombia y su atlas lingüístico: presente y futuro de la lengua española.* Madrid: OFINES, 1964.

FOOTE, Nicola and HARDER HORST, René. *Military Struggle and Identity Formation in Latin America: Race, Nation, and Community During the Liberal Period.* Gainesville: University Press of Florida, 2010.

FREMONT-BARNES, Gregory. *Battle Story: Goose Green 1982.* London: The History Press, 2013.

GALDÁMEZ LASTRA, Fabio. *Historia militar de Chile: estudio crítico de la campaña de 1838–1839.* Santiago de Chile: Trabajo Premiado En El Certámen Del Centenario, 1910.

GANSON, Barbara Anne. *The Guaraní Under Spanish Rule in the Río de la Plata.* Palo Alto, CA: Stanford University Press, 2003.

GARNER, William R. *The Chaco Dispute: A Study of Prestige Diplomacy.* Washington, DC: Public Affairs Press, 1966.

GAYLORD WARREN, Harris and WARREN, Katherine F. *Paraguay and the Triple Alliance: The Postwar Decade, 1869–1878.* Austin, TX: University of Texas at Austin, 1978.

GÓES, Marcus D. João: *O Trópico Coroado.* Río de Janeiro: Biblioteca do Exército Editora, 2008.

GRAHAM-YOOLL, Andrew. *Imperial Skirmishes: War and Gunboat Diplomacy in Latin America.* New York: Interlink Books, 1983.

GUERRA, João Paulo. *Descolonização Portuguesa: O Regresso das Caravelas,* 1st ed. Alfragide, Portugal: Oficina do Livro, 2012.

HARTLEY Jeffrey, William. *Mitre and Urquiza: A Chapter in the Unification of the Argentine Republic.* Madison, NJ: Library Publishers, 1952.

HENSEL, Paul R. and ALLISON Michael E. "The Colonial Legacy and Border Stability: Uti Possidetis and Territorial Claims in the Americas." Paper presented at the *International Studies Association Meeting,* Montreal, 2004.

HEWLETT, John Henry. *Like Moonlight on Snow: The Life of Simón Iturri Patiño.* New York: R. M. McBride & Company, 1947.

HOLLETT, David. *More Precious than Gold: The Story of the Peruvian Guano Trade.* Madison, NJ: Fairleigh Dickinson University Press, 2008.

JACKSON, Joe. *The Thief at the End of the World: Rubber, Power, and the Seeds of Empire.* New York: Viking, 2008.

KIPLE, Kenneth F. *A Movable Feast: Ten Millennia of Food Globalization.* Cambridge: Cambridge University Press, 2007.

KLOOSTER, Wim. *Revolutions in the Atlantic World: A Comparative History.* New York: New York University Press, 2009.

KOKOTOVIC, Misha. *The Colonial Divide in Peruvian Narrative: Social Conflict and Transculturation.* East Sussex, England: Sussex Academic Press, 2007.

KUNDT, Hans and TOVAR VILLA, Raúl. *Campaña del Chaco: el general Hans Kundt, Comandante en Jefe del Ejército en Bolivia.* La Paz: Editorial Don Bosco, 1961.

LA FOY, Margaret. *The Chaco Dispute and the League of Nations*. Bryn Mawr, PA: Bryn Mawr College, 1941.

LAGOS, Ovidio. *Arana, Rey del Caucho: terror y atrocidades en el alto Amazonas*. Buenos Aires: Emecé, 2005.

LEUCHARS, Christopher. *To the Bitter End: Paraguay and the War of the Triple Alliance*. Westport, CT: Greenwood Press, 2002.

LIMA, Oliveira. *Dom João VI No Brazil: 1808–1821*. Río de Janeiro: De Rodrigues & Co., 1908.

LYRA, Heitor. *História de Dom Pedro II, 1825–1891*. São Paulo: Companhia Editora Nacional, 1940.

MACK FARAGHER, John. *A Great and Noble Scheme: The Tragic Story of the Expulsion of the French Acadians from their American Homeland*. New York: W.W. Norton, 2005.

MACKENZIE, Alastair. *Special Force: The Untold Story of 22nd Special Air Service Regiment*. London: I. B. Tauris, 2011.

MACLEOD, Murdo J. and WASSERSTROM, Robert (Eds.). *Spaniards and Indians in Southeastern Mesoamerica: Essays on the History of Ethnic Relations*. Lincoln, NE: University of Nebraska Press, 1983.

MAESTRI, Mário. *Guerra no Papel: História e Historiografia da Guerra no Paraguai, 1864–1870*. Porto Alegre, Brazil: PPGH FGM Editora, 2013.

MARCHANT, Anyda. "Dom João's Botanical Garden," *Hispanic American Historical Review*. 41, no. 2 (1961), 259–274.

MARCO, Miguel Angél de. *La Guerra del Paraguay*, 1st ed. Buenos Aires: Planeta, 2003.

MARLEY, David F. *Wars of the Americas: A Chronology of Armed Conflict in the New World, 1492 to the Present*. Santa Barbara, CA: ABC-CLIO, 1998.

MATHEW, William M. *La firma inglesa Gibbs y el monopolio del guano en el Perú*. Lima: Banco Central de Reserva del Perú, 2009.

MENJÍVAR, Cecilia and RODRIGUEZ, Néstor. *When States Kill: Latin America, the U.S., and Technologies of Terror*. Austin: University of Texas Press, 2005.

MESQUITA, Otoni M. de. *La Belle Vitrine: Manaus Entre Dois Tempos 1890–1900*. Manaus: EDUA, 2009.

MIDDLEBROOK, Martin. *The Argentine Fight for the Falklands*. South Yorkshire, England: Pen & Sword Military Classics, 2003.

MIDDLEBROOK, Martin. *The Fight for the "Malvinas": The Argentine Forces in the Falklands War*. New York: Penguin, 1990.

MOLANO, Walter Thomas. *In the Land of Silver: 200 Years of Argentine Political-Economic Development*. North Charleston, SC: CreateSpace, 2012.

MONIZ BANDEIRA, Luiz Alberto "O Barão de Rothschild e a questão do Acre," *Revista Brasileira de Política Internacional* 43, no. 2 (2000).

MORITZ SCHWARCZ, Lília. *The Emperor's Beard: Dom Pedro II and the Tropical Monarchy of Brazil*, 1st American ed. New York: Hill and Wang, 2004.

OSCAR ACEVEDO, Edberto. *La intendencia del Paraguay en el Virreinato del Río de la Plata*. Buenos Aires: Ediciones Ciudad Argentina, 1996.

PAYRÓ, Roberto P. *El Río de la Plata: de colonias a naciones independientes: de Solís a Rosas, 1516–1852*. Buenos Aires: Alianza Editorial, 2006.

PINEDA CAMACHO, Roberto. *Holocausto en el Amazonas: una historia social de la Casa Arana*. Bogotá: Planeta Colombiana Editorial, 2000.

RAMÍREZ, Carlos María. *Artigas: debate entre "El Sud-América" de Buenos Aires y "La Razón" de Montevideo*. Montevideo: A. Barreiro y Ramos, 1884.

RAVEST MORA, Manuel. "La Casa Gibbs y el monopolio salitrero peruano: 1876–1878," *Historia* 41, no. 1 (2008): 63–77.

RELA, Walter. *Colonia del Sacramento: historia política, militar, diplomática 1678–1778*. Montevideo, Uruguay: Academia Uruguaya de Historia, 2006.

ROBERTS, Brad. *The Military Implications of the Falkland/Malvinas Islands Conflict*. Washington, DC: Congressional Research Service, Library of Congress, 1982.

ROBINS, Nicholas A. *Mercury, Mining, and Empire: The Human and Ecological Cost of Colonial Silver Mining in the Andes*. Bloomington, IN: Indiana University Press, 2011.

ROCA José Luis, *Ni con Lima ni con Buenos Aires: la formación de un Estado nacional en Charcas* (Lima: Instituto Francés de Estudios Andinos, 2007).

ROCCO, Fiammetta. *Quinine: Malaria and the Quest for a Cure that Changed the World*. New York: Harper Collins, 2003.

RODRÍGUEZ ALCALÁ, Guido and ALCÁZAR, José Eduardo. *Paraguay y Brasil: documentos sobre las relaciones binacionales, 1844–1864*. Asunción: Editorial Tiempo de Historia, 2007.

ROMERO, Javier. "The War of the Pacific," *Strategy and Tactics* 262, no. 5 (2013)

ROSS, Gordon. *Argentina and Uruguay*. New York: Macmillan, 1916.

ROUT, Leslie B. *Politics of the Chaco Peace Conference, 1935–39*. Austin, TX: Institute of Latin American Studies, University of Texas Press, 1970.

RUIZ MORENO, Isidoro J. *El Misterio De Pavón: las operaciones militares y sus consecuencias políticas*. Buenos Aires: Claridad, 2005.

SALAS-EDWARDS, Ricardo. *The Liquidation of the War on the Pacific: Nitrate and the War. A Fantastic Indemnity. The Government of Chili and the Creditors of Peru. The Question of Arica and Tacna. The Relations between Chili and Bolivia. What Chili Spends On Armament*. London: Dunlop & Co., Ltd., 1900.

SANTA CRUZ, Oscar de. *El general Andrés de Santa Cruz, Gran Mariscal de Zepita y el Gran Perú: documentos históricos*. La Paz, Bolivia: Escuela Tipográfica Salesiana, 1924.

SCHEINA, Robert L. *Latin America's Wars, Volume I: The Age of the Caudillo, 1791–1899*. Washington, DC: Brassey's Incorporated, 2003.

SCHEINA, Robert L. *Latin America's Wars, Volume II: The Age of the Professional Soldier, 1900–2001*. Washington, DC: Brassey's Incorporated, 2003.

SCHOFIELD SAEGER, James. *Francisco Solano López and the Ruination of Paraguay: Honor and Egocentrism*. Lanham, MD: Rowman & Littlefield, 2007.

SKIDMORE, Thomas E. Brazil: *Five Centuries of Change*, 2nd ed. Oxford: Oxford University Press, 2010.

TULLY, John. *The Devil's Milk: A Social History of Rubber*. New York: Monthly Review Press, 2011.

VALE, Brian. *Cochrane in the Pacific: Fortune and Freedom in Spanish America*. London: I. B. Tauris, 2008.

VAN VALEN, Gary. *Indigenous Agency in the Amazon: The Mojos in Liberal and Rubber-Boom*. Bolivia, 1842–1932. Tucson: University of Arizona Press, 2013.

WERLICH, David P. *Peru: A Short History*. Carbondale: Southern Illinois University Press, 1978.

WOODWARD, Sandy. *One Hundred Days: The Memoirs*

INDICE TEMÁTICO